高等职业教育教材

Operations
Management
of
Start-up
Enterprises

# 创业企业运营管理

蒋小龙
钟秉盛 主编
袁 媛

化学工业出版社
·北京·

## 内容简介

本书是高职高专工商企业管理专业教材，分为10个项目，介绍了创业企业管理概论、创业项目选择评估、创业企业注册管理、创业企业选址管理、创业企业融资管理、创业企业团队管理、创业企业资源管理、创业企业战略定位、创业企业商业模式和创业企业市场管理。本书简化了理论分析，结合高职教育的特点，突出实用性和可操作性。

本书可作为高职高专院校工商管理、创业管理、市场营销等相关专业课程教材，也可供创业企业管理人员参考使用。

### 图书在版编目（CIP）数据

创业企业运营管理 / 蒋小龙，钟秉盛，袁媛主编. —北京：化学工业出版社，2021.6
ISBN 978-7-122-38782-0

Ⅰ.①创… Ⅱ.①蒋…②钟…③袁… Ⅲ.①企业经营管理-高等职业教育-教材 Ⅳ.①F272.3

中国版本图书馆CIP数据核字（2021）第053227号

---

责任编辑：王　可　蔡洪伟　王　芳　　　　　　装帧设计：张　辉
责任校对：张雨彤

---

出版发行：化学工业出版社（北京市东城区青年湖南街13号　邮政编码100011）
印　　装：三河市延风印装有限公司
787mm×1092mm　1/16　印张15¾　字数415千字　2022年5月北京第1版第1次印刷

---

购书咨询：010-64518888　　　　　　　　　　　售后服务：010-64518899
网　　址：http://www.cip.com.cn
凡购买本书，如有缺损质量问题，本社销售中心负责调换。

---

定　价：48.00元　　　　　　　　　　　　　　　　　　　　　版权所有　违者必究

# 编写人员名单

**主　编：** 蒋小龙　　广东机电职业技术学院
　　　　　钟秉盛　　广东财贸职业学院
　　　　　袁　媛　　广东工贸职业技术学院
**副主编：** 陶　峥　　广东机电职业技术学院
　　　　　杨红玲　　广东轻工职业技术学院
　　　　　江玉芬　　广东机电职业技术学院
　　　　　胡红玉　　广东交通职业技术学院
**参　编：** 蒋　超　　广州荆成汇企业管理咨询有限公司
　　　　　王苑康　　广州国保科技有限公司
　　　　　乔春阳　　广东亮眼科技发展有限公司
　　　　　胡　辉　　小聚（广州）信息科技有限公司
　　　　　黄宗辉　　广东省再就业与创业促进会
　　　　　仇惠燕　　广东天健国际家居装饰商贸广场有限公司
　　　　　符文宏　　深圳市深拓自动化科技有限公司

# 前　言

近年来，就业岗位需求锐减、应届大学生毕业人数屡创新高，让全社会都开始关注和倡导自主创业。国家和有关方面纷纷出台优惠政策加以扶持，高校普遍开设创业讲座、创业课程对毕业生进行自主创业的引导，媒体纷纷在舆论氛围上推波助澜，许多大学生也跃跃欲试，一时间关于创业的话题非常热门。但是，创业企业能维持5年以上的仅仅为10%左右，如何将自主创业的企业经营好、坚持下去，是非常重要的。

在企业管理活动中，创业企业的领导者必须能够有效地设计达到目标的步骤、有效地规划自我活动和团队活动、有效地控制自我行为与调控团队行为、有效地组织和调动各类可控资源、有效地与团队一起成长并带领团队腾飞。无论是一般创业者，还是经验丰富的职业经理人，无论埋头于具体事务，还是在政府或大型企业中使用和调动各种资源，都要具备一定的管理知识和管理能力，掌握一定的管理技能和管理方法，并结合自身专业能力的不断提升，来实现初创型企业的发展。

本书以"认识初创型企业、创业企业发展规律、创业企业管理流程、管理初创型企业"的管理全过程为主线，涵盖了创业企业管理的主要核心内容，详细介绍了创业企业管理概论、创业项目选择评估、创业企业注册管理、创业企业选址管理、创业企业融资管理、创业企业团队管理、创业企业资源管理、创业企业战略定位、创业企业商业模式、创业企业市场管理等10个项目的知识。本书相关案例的选用充分考虑了国际国内创业企业管理发展趋势、文化背景，侧重培养资源运营及管理能力，既易于理解掌握，又有利于指导资源运营管理的具体实践。每个学习项目中包含"学习目标""项目结构"等引导读者学习项目知识，每个任务配合案例分析提升实际能力，项目后安排相应的复习思考、综合案例、实训项目等巩固理论知识。三位一体的学习系统将知识、技能、能力科学地衔接起来，使学生系统地掌握实用的创业管理知识和技能，并有机会在实践中加以练习与运用，提高职业素质和创业能力，使他们能够成为国家行业发展急需的具有创业管理能力和素养的人才。本书可作为一般大学或高职高专院校工商管理、创业管理、市场营销等相关专业课程的配套教材，也可作为初创型企业管理能力训练的辅导教材。

本书由蒋小龙、钟秉盛、袁媛主编。蒋小龙负责总体思路设计并编写项目一、项目三，袁媛、乔春阳负责编写项目二，杨红玲、黄宗辉负责编写项目四，钟秉盛、蒋超、胡辉负责编写项目五、项目八，陶峥、王苑康负责编写项目六，蒋小龙、胡辉负责编写项目七，胡红玉、仇惠燕负责编写项目九；江玉芬、符文宏负责编写项目十。书中创业案例均由参编企业负责人提供，编写过程中还参考和引用了国际、国内相关著作和教材的资料与案例，在此对所有为本书付出努力的人员致以诚挚的谢意。

由于编写人员水平有限，书中难免存在疏漏之处，敬请同行专家和读者给予批评指正。

蒋小龙<br>2019 年 12 月

# 目 录

## 项目一　创业企业管理概论　1

任务1　认识创业　2
一、创业的概念　2
二、与创业相关的概念　3
三、大学生创业　4
任务2　认识创业企业　7
一、创业企业的概念　8
二、创业企业的现状和作用　9
三、创业企业的特点　11
四、创业企业经营管理的关键环节　13
任务3　创业企业成长管理　15
一、企业的生命周期理论　16
二、企业成长概念　17
三、企业成长因素　17
四、企业成长路径　19

## 项目二　创业项目选择评估　24

任务1　创业项目选择　25
一、创业项目定义　25
二、创业项目特点　26
三、合理选择创业项目的重要性　27
四、合理选择创业项目的依据　27
五、创业项目选择的领域及原因　28
任务2　创业项目评估　30
一、创业者素质　31
二、技术评估指标　32
三、产品评估指标　33
四、市场评估指标　33
五、财务评估指标　34
六、环境评估指标　35
七、发展规划　35
八、社会效益　35

## 项目三　创业企业注册管理　39

任务1　企业名称登记　40
一、确定企业的法律形式　40
二、公司取名须包含的基本要素　41
三、企业名称的规范要求　42

| | | | |
|---|---|---|---|
| 四、如何进行企业名称登记注册 | 43 | 二、验资和验资证明 | 49 |
| 任务 2 拟定公司章程 | 45 | 三、验资报告样本 | 49 |
| 一、企业章程的概念 | 45 | 任务 4 企业工商注册流程 | 50 |
| 二、公司章程的基本内容 | 46 | 一、有限责任公司工商注册流程 | 50 |
| 任务 3 注册资本及验资 | 48 | 二、公司工商登记后主要事项 | 52 |
| 一、注册资本（金） | 48 | | |

## 项目四  创业企业选址管理    55

| | | | |
|---|---|---|---|
| 任务 1 选址因素 | 56 | 一、考察商圈 | 60 |
| 一、市场因素 | 56 | 二、确定选址范围和目标 | 61 |
| 二、商圈因素 | 57 | 三、取得合适的经营场所 | 62 |
| 三、资源因素 | 57 | 任务 3 互联网企业选址 | 63 |
| 四、物业因素 | 58 | 一、网店选址 | 63 |
| 五、辖区因素 | 58 | 二、微店选址 | 65 |
| 六、个人因素 | 58 | 任务 4 零售业、餐饮企业选址 | 68 |
| 七、价格因素 | 58 | 一、零售店铺选址 | 68 |
| 任务 2 选址步骤 | 59 | 二、餐饮企业选址 | 70 |

## 项目五  创业企业融资管理    74

| | | | |
|---|---|---|---|
| 任务 1 创业企业融资现状 | 75 | 一、各种融资渠道与方式的比较与选择 | 90 |
| 一、我国创业企业融资难的原因分析 | 76 | 二、各种融资渠道与方式的选择技术 | 91 |
| 二、创业企业融资困难的解决对策 | 78 | 三、融资渠道与工具选择策略 | 92 |
| 任务 2 创业企业融资模式 | 82 | 任务 4 创业企业融资方案策划 | 93 |
| 一、债权融资模式 | 83 | 一、创业企业融资程序 | 94 |
| 二、股权融资模式 | 85 | 二、创业企业融资决策 | 95 |
| 三、内部融资和贸易融资模式 | 87 | 三、创业企业融资方案策划技术 | 96 |
| 四、项目融资和政策融资模式 | 88 | 四、创业企业融资能力提升技术 | 100 |
| 任务 3 创业企业融资渠道与方式 | 89 | | |

## 项目六  创业企业团队管理    105

| | | | |
|---|---|---|---|
| 任务 1 认识创业团队 | 106 | 二、创业企业团队的问题 | 107 |
| 一、创业企业团队的特点 | 107 | 任务 2 创业团队构建 | 109 |

| | | | |
|---|---|---|---|
| 一、选择合伙人 | 109 | 二、激励团队的方法 | 116 |
| 二、创业团队构建 | 113 | 任务4 创业团队管理 | 120 |
| 任务3 创业团队激励 | 115 | 一、团队驾驭的目标 | 121 |
| 一、激情与速度 | 115 | 二、团队管理方法 | 121 |

## 项目七　创业企业资源管理　130

| | | | |
|---|---|---|---|
| 任务1 认识创业资源 | 131 | 二、整合创业资源 | 138 |
| 一、创业资源概论 | 131 | 三、撰写商业计划书 | 140 |
| 二、创业资源管理流程 | 133 | 任务3 获取创业资源 | 141 |
| 三、创业资源和创业的关系 | 133 | 一、获取创业资源的原则 | 142 |
| 四、创业资源的重要性 | 134 | 二、获取创业资源的途径 | 144 |
| 任务2 整合创业资源 | 137 | 三、高效利用创业资源 | 145 |
| 一、拼凑创业资源 | 137 | | |

## 项目八　创业企业战略定位　150

| | | | |
|---|---|---|---|
| 任务1 创业战略概论 | 151 | 任务2 创业企业战略规划 | 158 |
| 一、创业战略定义 | 151 | 一、创业企业战略特点 | 159 |
| 二、创业战略特点 | 152 | 二、创业战略规划的必要性 | 159 |
| 三、创业战略类型 | 154 | 三、创业型企业战略规划特征 | 160 |

## 项目九　创业企业商业模式　165

| | | | |
|---|---|---|---|
| 任务1 认识商业模式 | 166 | 一、制定商业模式的过程 | 173 |
| 一、商业模式的定义 | 167 | 二、控制商业模式的风险 | 181 |
| 二、商业模式的内容 | 168 | 三、商业模式衡量标准 | 182 |
| 三、成功商业模式的特点 | 170 | 任务3 创新商业模式 | 182 |
| 四、商业模式的作用 | 172 | 一、商业模式创新的重要性 | 183 |
| 任务2 制定商业模式 | 172 | 二、创新商业模式的方法 | 184 |

## 项目十　创业企业市场管理　189

| | | | |
|---|---|---|---|
| 任务1 创业市场环境分析 | 190 | 二、创业宏观环境分析 | 192 |
| 一、当前创业市场环境的特点 | 191 | 三、创业微观环境分析 | 194 |

| | | | |
|---|---|---|---|
| 任务2 寻找和评估创业市场机会 | 198 | 三、制定促销策略 | 213 |
| 一、市场机会的内涵与分类 | 198 | 任务4 开发和维护客户 | 218 |
| 二、寻找市场机会的途径和方法 | 199 | 一、开发客户 | 218 |
| 三、寻找市场机会的原则和条件 | 202 | 二、维护客户 | 224 |
| 四、评估创业市场机会 | 202 | 任务5 制定市场优势策略 | 226 |
| 任务3 产品市场定位 | 205 | 一、竞争优势的确立 | 227 |
| 一、产品组合 | 206 | 二、提升自己的核心竞争力 | 228 |
| 二、价格策略 | 208 | 三、制定灵活有效的竞争策略 | 230 |

**参考文献**     241

# 项目一 创业企业管理概论

 **创业寄语**

彼得·德鲁克：世界目前的经济已由"管理型经济"转变为"创业型经济"，企业唯有重视创新与创业精神，才能再创生机。

 **学习目标**

**素质目标**
1. 掌握创业企业的概念及界定标准。
2. 培育个人创业创新能力，提高企业存活率。
3. 在培养创业意识中增强个人自我约束能力、企业管理能力。

**技能目标**
1. 掌握创业过程中的管理技巧，积极掌握企业管理的主动权。
2. 掌握在创业中的资源运营能力，在创业中更好适应外界环境。

**知识目标**
1. 掌握创业企业的概念及特点。
2. 了解创业企业经营管理的关键环节。
3. 掌握创业企业成长。
4. 掌握创业企业持续成长的影响因素和成长路径。

 **项目结构**

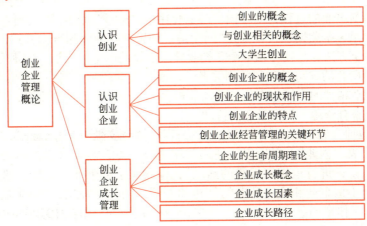

**职业指引**

创业企业大多都是小微企业，作为民营经济的主力军，遍布于各行各业，成为推动科技创新和促进经济增长的重要力量。要认识创业企业、小微企业，了解其特点。初创型企业规模小、资源有限，但却非常适应环境，对于外部环境的变化反应迅速，行动灵活。创业企业首先要考虑生存问题，然后是发展问题。如何实现可持续成长，避免过早倒闭，更是初创企业发展中的重点和难点，是理论和实践都要重点关注研究的问题。

## 任务 1　认识创业

 **引导案例**

### 大学生服务社团演变成创业团队

广东某高职院校机电专业 3 名应届毕业大学生，于 2018 年 6 月注册成立企业，以提供校园电器维修服务为主要业务，其中包括电器上门维修、校园饮用水供应、地摊销售、小家电代理销售、课程代理报名、设计印刷等服务。这个团队于 2016 年组建，当时只是学生自发组织的一个志愿者服务社团，为在校的学生和住校老师提供一些生活和学习上、工作上的服务。然而在大学三年的运作和磨合中，他们逐渐形成了团队的核心力量，在校园内也具备了一定的知名度，这坚定了他们创业的信心。如今他们已实现公司化运作，通过市场化经营逐步拓展业务，走上创业之路。

（资料来源：上海市创业公共服务信息网）

思考：大学生创业的优势有哪些？

### 一、创业的概念

其实"创业"二字，由来已久。如《资治通鉴·唐纪》中的"创业与守成孰难"，就出现过"创业"这两个字。古文中的"创业"更接近辞海中的解释，即"创基立业"，而今天的创业，其内涵要丰富许多。创业是一个含义非常广泛的概念，目前国内外研究者对创业的定义还没有形成一致性意见。

综合国内外的相关文献，一般来说，可以将创业从广义和狭义两个角度来定义。广义的创业泛指创造新事业的过程，如中国传统文化中的"创业"就包含"开创基业，经世济民"的含义。杰弗里·蒂蒙斯教授认为，"创业是一种思考、推理和行为方式，这种行为方式是机会驱动、注重方法和与领导相平衡。创业导致价值的产生、增加、实现和更新，不只是为所有者，也为所有的参与者和利益相关者。"南开大学商学院副院长张玉利教授认为，"创业应是具有创业精神的个体与有价值的商业机会的结合，是开创新视野，其本质在于把握机会，创造性地整合资源、创新和超前行动。"

狭义的"创业"特指"创建一个新企业的过程"。英语文献中常用 enterprise 和 enterpreneurship 这两个词来代表"创业"，但后者的使用频率更高一点，在英文里的解释是"新建企业的过程中承担风险，进行运作和组织的活动"，即狭义上的创业。美国管理学会认为创业即指对新企业、小型企业和家庭企业的创建和经营。刘常勇提出，"创业是指创业者依自己的想法及努力工作来创造一个新企业，包括新公司的成立、组织中新单位的成立，以及提供新产品或新服务，以实现创业者的理想。创业本身是一种无中生有的历程"。郁义鸿、李志能等人认为，"创业是一个发现和捕捉机会并由此创造出新颖的产品或服务，实现其潜在价值的过程。"

本书所指的"创业"都是指狭义上的"创业"概念，即创办企业的活动和过程。而在"创业"这个概念的基础上，如果再加上"大学生"这一限定词，特指在校大学生或者毕业大学生个人或合伙设立公司、开办企业的过程。

## 二、与创业相关的概念

### 1. 创业与创新

很多时候诸多学者会把创业与创新两个概念混为一谈，其实这两个概念既相互区别又相互联系。在管理学中，创业活动必定会涉及创新活动，但创新活动并不一定都是创业活动，创业和创新并不能等同，这是两个相互交叉但又有区别的概念。创业和创新都能被个人和组织包括营利性组织和非营利性组织实施，创新是对现有事物的更新改造过程，它为组织和个人带来新的东西，但并不一定能获得商业利益，而创业则是在创新的基础上，把创新应用于技术、制度、管理、产品等方面，产生一定的经济效益，并承担一定的风险。因此，创业与创新密切相连，创新是创业的前提和基础，没有创新，就谈不上真正意义上的创业。

### 2. 创业与学业

现在很多大学生由于创业而荒废了自己的学业，而当年从哈佛大学辍学创办微软公司的比尔·盖茨先生却建议大学生要努力完成自己的学业，不要模仿他本人中途辍学创业，因为学业对创业其实也很重要。学业是积累知识、增强能力、提高素质、培养创新精神和实践能力的过程，是创业的基础。不同的创业类型需要创业者具有不同的学业经历，具有不同的学业经历的人，在现实生活中会选择不同的创业项目。学业经历是创业者选择创业项目的基本前提，创业则是学业积累的结晶及成果。

### 3. 创业与就业

即将毕业进入职场的大学生，往往会徘徊于就业和创业之间，其实创业也是就业的一种类型，只不过创业是更高要求、更高层次、更高能力的就业。就业是指在社会上已有的岗位中找到适合自己的工作，是人们所从事的为获取报酬或经营收入所进行的活动。就业是一个成年人生活的一个重要组成部分，只有通过就业，才能在社会中找到自己的位置，在对社会做出贡献的同时，也获得自己物质和精神报酬。创业是更积极、更主动的就业，它不同于就业之处在于解决个人就业的同时可能会为其他人提供就业岗位，在为社会贡献更多力量的同时也使自己获得更多的回报，在更高一层的平台上充分发挥自己的才能，实现自己的人生理想。

 **知识广角**

### 国外大学生创业的发展

国外大学生创业最早开始于美国。美国大学生从来没有什么分配或推荐工作的概念，学生毕业后基本都是自谋职业，政府、社会和学校更大力提倡他们进行自主创业。在美国独特的经济文化环境下培养出来的大学生，均以创业为荣，创业是他们实现自我价值的重要途径。对学校和国家而言，大学生创业则能促进学术的进步和经济的繁荣。说到美国大学生自主创业，就不能不提在美国高校中十分流行的创业计划竞赛。美国的大学生创业计划竞赛是以实际技术为背景，跨学科的优势互补的团队之间的综合较量。竞赛的意义也不局限于大学校园，从某种程度上说，创业计划竞赛是高校、社会、大学生和企业之间的一种重要的沟通与互动。美国大学校园的创业计划竞赛起源于1983年。当时得克萨斯州立大学奥斯汀分校的两位学生希望借鉴法学院模拟法庭的形式举办商业计划竞赛。两位创业计划竞赛创办人经历千辛万苦，终于成功举办了世界上首次大学生创业计划竞赛，并引起了媒体和企业界的关注，许多著名高校争相效仿。麻省理工学院、斯坦福大学和哈佛大学等一流高校先后创办了类似竞赛，其中又以麻省理工学院的创业计划竞赛最为著名。

麻省理工学院的"10万美金创业计划竞赛"已有很多年的历史，影响巨大。那些从麻省理工学院创业竞赛中诞生的公司绝大部分发展迅速，最近一项统计表明，美国高科技行业表现最优秀的公司，其中有26%出自麻省理工学院创业计划大赛。据麻省理工学院的统计，自2010年以来，该校毕业生和教师平均每年创建150多个新公司。麻省理工学院的师生已经累计创办了上万家公司，雇用了数百万人，创造出数千亿美元的销售业绩，对经济发展做出了卓越贡献。

在美国，大学生自主创业遍及全国，成功的故事比比皆是。苹果、雅虎、网景、戴尔等一大批高科技公司都是在美国高校的创业氛围中诞生的。大学生创业已经成为美国经济发展的重要驱动力。

## 三、大学生创业

### （一）大学生创业概念

大学生自主创业是指大学生改变就业观念，利用自己的知识、才能和技术以自筹资金、技术入股、寻求合作等方式创立新的就业岗位，即创业者不做现有就业岗位的竞争者，而是为自己、为社会更多的人创造就业机会。

本书所指的"大学生"是一个特殊的创业群体，包括高职高专及本科两个层次，不包括硕士和博士研究生。他们可以是在校边读书边创业的大学生、休学创业的大学生、毕业即创业的大学生，也包括毕业后先就业再创业的大学生。对于第四类大学生，即毕业后直接就业，在企业中积累工作经验，然后再选择时机创办企业的大学生，凡在毕业后两年内自主创业者也列入本书的研究对象，这样划分的依据有两个：第一是大学生毕业后两年左右的时间内，其创业行为仍然在较大程度上受到大学期间学习生活经历的影响；第二是鼓励大学生创业的一些优惠政策也一般以毕业后两年为限，比如上海市工商行政管理部门推出的《上海市工商行政管理局关于鼓励创业促进就业的若干意见》中有这样两项措施：①毕业两年内的高校毕业生投资设立注册资本50万元以下的有限责任公司可"零首付"注册，自公司成立之日起两年内缴足注册资本；②对本市失业人员、协保人员、农村富余劳动力、毕业两年以内的高校毕业生、残疾人、城镇退役士兵从事个体经营的，自其在工商部门注册登记之日起三年内，免收管理类、登记类、证照类等有关行政事业收费。因此，本书中把毕业后五年内创业的行为仍然界定为我们讨论的大学生创业行为。

### （二）大学生创业特点

#### 1. 大学生创业群体优势

作为接受过高等教育的大学生，与其他创业群体相比，有其自身的很多优势，比较有代表性的有以下几条。

（1）知识文化水平高，技术优势明显。由于接受过高等教育，大学生的知识文化水平一般都达到了一定的层次。部分技术性较强专业的大学毕业生具有较高层次的技术优势，其创业方向就会偏向高科技、高技术含量的领域，掌握技术对于创业开办高科技企业的优势是不言而喻的。"用智力换资本"是大学生创业的捷径之一，一些风险投资家往往就因为看中了大学生所掌握的先进技术，而愿意对其创业项目进行资助。

（2）自主学习能力强，接受新事物快。由于创业需要如决策、管理、金融、销售、人际关系等方面的知识，而这些知识不可能在大学里全部学到，尤其是一些大学里学技术毕业后靠技术创业的大学生，只能靠自学来掌握这些知识，这时自学能力的优劣就会对创业的顺利与否产生较大的影响。经历了高考的残酷竞争，大学生的自主学习能力一般都比较强，加上对新事物有较强的领悟力以及持有开放态度，就会比一般创业者更有优势。

（3）计算机操作熟练，获取信息能力较强。由于信息技术的高速发展，当今世界俨然成为一个信息社会，谁掌握第一手信息，谁就能掌握主动权。对于一个创业者而言，如果没有获取相关信息的能力，其创业的道路将变得更加艰难。而对于可以熟练操作计算机的大学生，通过网络及软件获取相关信息只是小菜一碟。

（4）年纪轻，精力旺，热情高。大学生往往对未来充满希望，自信心较足，对认准的事情有激情去做。他们有着年轻的血液、蓬勃的朝气，思维比较活跃，加上"初生牛犊不怕虎"以及"敢想敢干"的精神，这都是创业所需的基本素养。

（5）家庭负担较小，机会成本低。除了一部分贫困的大学生，大部分的大学生毕业时父母基本还在工作，加上没有成家，其家庭负担相对较小，同时家庭经济情况较好的学生在其创业时很可能获得来自家庭的支持。同时，由于大学毕业生年龄基本上都较小，即使创业几年后以失败告终，也可以重新再创业或者找工作就业，相较于那些过了而立之年且拖家带口的创业者而言，大学毕业生创业失败的机会成本较低。

 知识广角

### 国内大学生创业的兴起

与国外相比，我国大学生创业活动的开展相对较迟，虽然早在20世纪80年代就有学者开始探讨创业的话题，但创业大潮真正开始出现还是源于1998年5月在清华大学举行的中国首届大学生创业计划大赛。在这次大赛上，来自清华大学和北京其他高校的多名学生组成多个竞赛小组，递交了多份创业计划书，开始了我国高校大学生创业探索的步伐。1999年3月，清华大学学生科技创业者协会又举办了第二届创业大赛，这次大赛更加火爆，北大、人大等高校的学生也纷纷参与，共组成60个参赛小组、3000多人次参加大赛的各项活动，这次大赛的一些参赛学生注册了自己的公司，开始了真正的创业。同时，清华大学还专门为学生创业开辟了清华创业园。同年，共青团中央、中国科协、全国学联决定把创业计划竞赛推向全国，并在1999年3月到2000年1月举办了全国首届"挑战杯"大学生创业大赛。这种创业大赛实际上是学生自主创业意识的启蒙，通过竞赛，创业的意识深深根植在参赛者的心中，迅速而广泛地影响着广大高校学生。为了鼓励大学生创业，政府部门都不断地推出了相应的优惠政策。

（1）大学毕业生在毕业后两年内自主创业，到创业实体所在地的工商行政管理部门办理营业执照，注册资金在50万元以下的，允许分期到位，首期到位资金不低于注册资本的10%（出资额不低于3万元），1年内实缴注册资本追加到50%以上，余款可在3年内分期到位。

（2）大学毕业生新办从事咨询业、信息业、技术服务业的企业或经营单位，经税务部门批准，免征企业所得税两年；新办从事交通运输、邮电通信的企业或经营单位，经税务部门批准，第一年免征企业所得税，第二年减半征收企业所得税；新办从事公用事业、商业、物

资业、对外贸易业、旅游业、物流业、仓储业、居民服务业、饮食业、教育文化事业、卫生事业的企业或经营单位，经税务部门批准，免征企业所得税一年。

（3）国有商业银行、股份制银行、城市商业银行和有条件的城市信用社要为自主创业的毕业生提供小额贷款，并简化程序，提供开户和结算便利，贷款额度在两万元左右。贷款期限最长为两年，到期确定需延长的，可申请延期一次。贷款利息按照中国人民银行公布的贷款利率确定，担保最高限额为担保基金的 5 倍，期限与贷款期限相同。

（4）政府人事行政部门所属的人才中介服务机构，免费为自主创业毕业生保管人事档案（包括代办社保、职称、档案工资等有关手续）2 年。提供免费查询人才、劳动力供求信息，免费发布招聘广告等服务，适当减免参加人才集市或人才、劳务交流活动收费。优惠为创办企业的员工提供一次培训、测评服务。除了政府制定的鼓励政策外，各高校也根据本校学生的特点，纷纷拿出了激励学生创业的措施和方案。

① 清华大学在全国高校中首次将"创业停学与复学"的规定列入学籍管理规定。在校学生可向校方提出创业停学申请，经导师和院方书面同意后可按规定细则办理停学。

② 复旦大学与上海的张江高科技园区共同组建了"复旦大学生创业基金"，大学生可享受"创业基金"规定的一系列优惠政策。

③ 厦门大学每年投入 20 万元用于创业科技竞赛，对创业大赛中获奖的学生在保送研究生时予以优先考虑。对于一年内创办企业获得营业执照的毕业生，校方给予 3000 元的奖励。

由于政府、学校及社会的重视和大力支持，大学生创业热潮在短短的几年时间里扩散到了全国高校，发展势头迅猛。以上海为例，截至 2019 年 12 月，上海市大学生科技创业基金会已经资助大学生创业项目 240 余个，约有 180 家完成工商注册。180 家大学生创业公司，为近千人提供了就业岗位，创业公司核心团队人数约 800 人，其中大学生约 600 人，含应届毕业生约 300 人。

### 2. 大学生创业群体的劣势

当然，每样事物都有其两面性，对于大学生创业群体而言，其劣势也是显而易见的。

（1）社会经验不足，人际关系网络较小。由于一直待在学校里，大部分大学生没有真正踏上过社会，对于社会的一些规则和常识则不甚了解，虽然掌握了一定的理论知识，但终究缺乏必要的实践能力和经营管理经验。同时，大学生的人际关系网络里除了家人、亲戚就是同学，而这些关系对其创业的帮助有限。

（2）创业理想化，承受挫折能力较差。由于大学生还未完全脱离父母的保护，其经历过的困难较少，即使有也只是一些小困难，这导致他们往往盲目乐观，对困难和失败毫无心理准备。加上在电视、报纸、书籍中看到的都是创业成功的例子，心态自然都是理想主义的，认为创业很容易。因而一旦在创业中遇到挫折和失败，许多人就会感到十分迷茫，甚至意志消沉，不去尝试解决困难，而轻易放弃了创业。

（3）市场眼光短浅，项目选择华而不实。缺乏市场眼光及商业管理经验，是影响大学生成功创业的重要因素。不少大学生很乐于向投资人大谈自己的产品如何新奇，技术如何领先与独特，却很少提及这些技术或产品究竟会有多大的市场空间。缺乏真正有商业前景的创业项目是大学生创业失败的主要原因，一个好的创业项目可以没有华丽的技术和创意，但必须要有广阔的市场需求及合适的盈利空间。

（4）创业资金来源较少，融资渠道不畅。创业资金来源渠道较少是大学生创业最大的障碍之一。据麦可思公司的调查报告显示，2018 届大学毕业生的创业资金大多来自个人和家庭的资金。除了极少数申请到政府或高校创业基金的学生外，父母和亲友的资助成了大学生创业的主要资金来源。由于风险较高，一般的金融机构和风险投资人都不太愿意把巨额的资金交给大学生创业者，导致融资、借贷困难重重。因而有创业意愿但家庭经济条件不好的毕业生就不容易实现创业梦想，政府需要在启动资金上帮助经济困难的创业者。

（5）对大学生创业者的社会认同感差。由于一部分大学生自认为具备了一定的专业知识和能力，总感觉高人一等，往往给人眼高手低、好高骛远、看不起蝇头小利、喜欢纸上谈兵等负面的感觉，很多人对大学生都产生了诸多偏见。另外，整个社会文化和商业交往中往往认为大学生年纪太轻，社会阅历太浅，办事不牢靠，不值得信任，也给大学生创业造成了很多的障碍。

### 案例分析

#### 学以致用，自主创业

季某，女，广州某大学艺术设计专业学生，在大二就开始了自己的第一次创业，投资5000多元和别人合伙开了一家奶茶店，但由于经验不足，又对奶茶行业不太熟悉，不久奶茶店的经营以失败告终。第一次创业的失败对季某的打击很大，身心俱疲，病了一个月。但一段时间后，她调整状态，和同学一起投资办起了一个工作室，主要进行广告板和封面的设计，开始了第二次创业。季某的工作室经营一段时间之后，收回了成本，并且能解决自己的生活费，但因为工作室的业务与自己的学习课程产生冲突而取消经营。在有了两次创业的经验和教训的基础上，季某又办了一家画室。因为季某本人对美术很有激情，而且具有通过美术考试升学的亲身体会和成功经验，画室的经营目前较为顺利，并有一定的盈利。

（资料来源：科技创业）

## 任务2　认识创业企业

#### "食惠坚"美食店的成立

"食惠坚"的创业者余先生是来自广东汕头的"80后"，在广州读的大学及MBA，本科是电子商务专业，读书期间靠经营网吧赚得第一桶金约30万元。2014年MBA毕业后，余先生卖掉网吧，开始寻找新的创业机会。本着不熟不做的原则，在开始的1年多时间里，余先生尝试了两个自己熟悉的电子产品经营项目，但都不尽如人意。经历失败的阵痛后，余先生没有灰心，不断地寻找新的项目，把目光转向了传统的餐饮行业。广州餐饮市场非常成熟，传统的中餐、火锅竞争都十分激烈，对于资金少又没有餐饮经营经验的余先生来说，选择餐饮是一个巨大的挑战。余先生发现广州人非常喜欢吃鱼丸、烧烤、牛杂等小吃，如烤鱿鱼、烤肠、烤肉串、麻辣烫、牛肉丸等。串串、烧烤小吃虽然很不起眼，但进入门槛低、投资少、见效快、风险小、产品制作简单、技术含量不高，而且竞争对手实力都很弱，都是个体经营。余先生认为以自己现有的资金和实力，开个串烧小吃店还是一个不错的选择。这样，余先生选择了美食店开始了自己的又一次创业。

发现市场机会且确定创业项目以后，余先生马上投入到忙碌的行动中，亲自张罗注册、选址、装修、招聘等诸多事情，余先生认为开这种小吃店最关键的要素就是位置要好，店面一定要选在最繁华的商圈。广州各大中心商圈寸土寸金，要找到一个合适的门店非常难。天河区是广州的经济及教育区，五山路周围云集了四所大学、两所中学、两所小学，有近10万学生，串烧小吃是学生的最爱，市场潜力巨大。余先生花了5万元转让费拿下五山广场的一个15平方米的门面。关于开业的时机，余先生也做了周密的考虑。考虑到烧烤、牛杂、麻辣烫等小吃一般在天气冷的时候特别好卖，于是决定在冬天开业。

"食惠坚"的定位是时尚美食店，档次比一般小吃店要高一些。余先生请装饰公司精心设计装修门店，采用高质量的设备设施，门店看上去漂亮时尚、干净卫生，整个店面装修花了5万元。余先生共招聘了5名员工，都是20多岁的年轻人，对他们进行相关产品知识的培训、操作技能培训、服务销售培训。员工统一着装，服务热情、快捷、周到。余先生亲自选定进货渠道，确保原材料的质量和新鲜。"食惠坚"的产品除了串烧小吃，还有广州特色的牛腩粉、肠粉等。经过周密策划安排，"食惠坚"在店面位置、店面形象、员工服务、产品质量等方面均达到了预先的设想，全面优于其他的小吃。虽然价格略高一点，但消费者一样能够接受，所以开业大吉，一炮打响。红红火火的生意让余先生心里踏实很多，证明了"食惠坚"的市场进入策略是正确的。小店前3个月每月纯利在1.5万元左右，给了余先生足够的信心和经验。"食惠坚"美食店是一个典型的初创型小微企业，面积15平方米，8个人，年销售额不足200万元。

**思考：**"食惠坚"美食店为什么能成功，从中能得到何种启示？

## 一、创业企业的概念

关于创业企业的界定，不同的学者给出了不同的标准，从时间上看，创业企业一般可以认为是新创企业（New Venture），即成立时间短、业务不成熟的新企业，现有研究主要从企业所处生命周期阶段和企业的成立时间两个方面来对新创企业进行界定。

从企业所处的生命周期阶段来看，Holt（1992）认为企业的创建前阶段、创建阶段和早期成长阶段可以被认为是创业企业，在经历过这三个阶段之后企业进入成熟阶段；Kazanjian（1998）认为企业在发展过程中会经过概念发展阶段、概念商品化阶段、成长阶段和稳定阶段，然后进入到成熟阶段，在成熟阶段之前，可以视为创业企业；Haber 和 Reichel（2005）在总结了创业企业需要经历的阶段之后认为在经过创意阶段、商业概念论证阶段、新企业创立阶段和运营阶段之后会进入成熟阶段。通过总结学者们的研究不难看出，从企业生命周期的角度来定义创业企业具有比较高的灵活性，因不同的学者对企业阶段的划分标准不同，因此很难通过具体的标准来衡量创业企业。另外一种衡量方式是企业的成立时间，Weiss（1981）认为新创企业是成立7年之内的企业，提出7年之内的依据是企业通常在此阶段是不盈利的，过了7年之后企业才普遍开始盈利，因而可将其作为新创企业的界限；Brush 和 Wanderwerf（1992）以制造业企业为研究样本，认为新创企业的成长期应在4～6年；全球创业观察（GEM）将新创企业定义为成立时间在42个月之内的企业；Baum 等（2011）认为从实证研究的角度，将成立4年之内的企业界定为创业企业是相对比较好的选择。本书综合企业生命周期和企业成立时间两种界定方式，借鉴前人研究成果，将创业企业界定为以实现盈利和发展为主要目标，成立时间在42个月之内，处于企业创建期和早期运营阶段的企业。

## 二、创业企业的现状和作用

### （一）创业企业的现状

改革开放四十年之后，中国经济已获得长足发展，创业企业如雨后春笋般涌现。到目前为止，我国民营企业数量已经超过 3000 万家，个体工商户更是达到 7000 万户，民营上市公司也突破了 2000 家。这些民营企业均是一代代创业者、企业家们的创业成果，创业企业为我国经济的发展创造了巨大活力，是维持我国经济高速增长动力的重要组成部分。在推动我国经济持续增长的同时，创业企业还提供了很多就业岗位，解决了我国城市化进程中的就业问题。创业企业的重要作用是值得肯定的，但也要看到我国创业企业存在的不足之处，从整体上看，我国创业企业的整体成长状态和质量水平与美国创业企业存在着明显差距。首先，从单个创业企业发展规模上看，我国创业企业成长瓶颈非常明显，很难形成大企业。现在美国的出口产品中是由 19 个员工以下的公司生产的占比 76%，并且美国当今排名前 10 位的大公司只占其全国经济总量的 10%。而我国民营创业企业前 100 强的产值总额，还不到排名前三的国有企业产值之和。其次，我国创业企业失败率非常高，创业企业平均生命周期极短，很多的创业企业都是昙花一现后便在市场竞争中消失。

进入 21 世纪以来，我国的创业企业发展呈现出各种新的变化。其中，最为明显的是创业企业的成长路径发生了变化，一些企业已经不是基于眼前的市场机会去聚集资源，完成创业过程，而是根据其自身的判断，设定一个创业目标，然后聚集资源去实现这个目标，当目标实现之后，或者在目标实现的过程中形成竞争优势，获得盈利，并保持企业持续成长。这与传统意义的创业企业是有本质区别的。一些富有远见的企业家，在清晰地判断出市场变化的动向之后，创造性地提出新的商业模式，并获得了巨大的成功。我们认为，现代意义的创业企业，反映了我国当前创业企业发展的新动向，这些企业在对市场发展方向进行较正确的判断之后，在市场成长之初即确立企业市场地位的优势，良好地运用了战略优势，形成了企业的核心竞争力，如百度、腾讯、苏宁电器等企业。

不难看出，这种创业企业模式的转变，是一种积极的转变，这使得我国的创业企业在持续竞争力上得到稳步提升。但是，同时也可以看到，创业企业过度考虑战略导向要求，会面临着新的成长困境和风险，比如说为了实现战略，其生存压力会大很多，现金流压力往往比其他以市场为导向的创业企业大很多，同时，由于战略目标是在发展初期确定的，即使在企业发展过程中有所调整，但调整的空间往往不大，资源的专用性决定了其战略目标是存在较大风险的，一旦战略目标被证明为错误的，整个企业将面临灭顶之灾。无论是何种创业发展轨迹，创业企业的成长过程离不开创业企业成长能力及持续经营能力的培养，创业企业的成长能力及持续经营能力支撑着创业企业的持续发展。目前，我国创业企业成长能力及经营能力的提升，存在一些较为突出的障碍，这些障碍已经形成了对我国创业企业发展的重要瓶颈。集中起来，主要表现为如下几个方面：

第一，生存能力薄弱。由于大多数创业者没有企业运营管理经验，在企业生存能力方面存在着较大的缺陷。这与创业企业自身的资源基础有关，也与企业的市场开拓能力、资金融通能力和风险控制能力有关。

第二，可持续发展能力不足。在创业企业获得相对稳定的发展之后，没有足够的实力突破发展限制，致使企业发展停滞不前，进而被新企业超越，落入不得不退出市场关门歇业的地步。

总体而言，我国的创业企业正发生着日新月异的变化，但总体的情况是，创业企业数量多、能力差。创业企业成功率比较低，创业企业总体平均寿命不到 3 年。即使有些创业企业获得了财富积累，取得了丰厚的回报，但企业的成长却陷入停滞不前的困境。很多创业企业家甚至选择主动关闭了自己的企业，这也是受到运营能力及成长制约的结果。创业企业运营及持续成长能力的提升是我国当前创业领域的重大问题。

## （二）创业企业的作用

创业企业是最贴近寻常百姓和创业者的市场因子，规模微小，数量众多，作用巨大，是民营经济的基石，改善民生的重要途径，社会活力的重要标志。社会主义市场经济要有活力，不仅需要"顶天"的大中企业，更需要"立地"的创业企业。2015年国家提出"大众创业，万众创新"，推出一系列优惠政策支持创新创业企业、小微企业的发展，显示出国家对创业企业无比的重视。

### 1. 创业是各国经济增长的重要发动机

创业活动对国民经济总量的增长、就业机会的增加甚至是社会经济结构的优化，都具有重要推动作用。

各国学者、政府和企业界，对创业活动的关注越来越强。美国创业企业的发展，是全世界范围内成功的典范。约翰·奈斯彼特认为创业是美国经济持续繁荣的基础。世界管理学大师彼得·德鲁克对美国的创业企业做了研究，他认为，创业企业已经成为美国经济增长和解决就业问题的重要组成部分，他分析了1985—1995年间美国的就业结构，在数十年的经济发展过程中，大企业对就业增长几乎没有形成任何贡献，新增工作岗位几乎全部来自创业企业。据统计，美国新创企业每年增加100多万个（孙友罡，2005），创业企业已经成为美国经济发展的主要动力之一，美国经济的推动力越来越多地来自创业企业的贡献。

### 2. 创业企业是增加就业、稳定社会的重要力量

随着我国经济结构的调整、农村剩余劳动力的大量增加以及下岗职工的不断增多，社会就业压力前所未有。初创型企业因创办速度快、准入门槛低，成为我国创造就业岗位的主体。全国工业部门就业人数为1.5亿左右，其中在初创型企业就业的人数就有1.1亿左右，占部门就业总人数的73%。1978—1996年，我国农村转移出来的2.3亿劳动力，绝大多数是在初创型企业中找到的就业机会。我们还将面临新生劳动力和现有剩余劳动力的内外压力，所以，大力发展初创型企业不仅是为经济发展出力，也是缓解就业压力的需要。

### 3. 创业企业是促进经济结构调整的重要载体

创业企业经过多年的发展，已开始从商贸服务、一般加工制造等传统领域向高新技术和现代服务业等新兴产业延伸，目前已涵盖了国民经济大部分行业。在发展过程中，初创型企业为增强市场竞争力，依靠灵活决策的优势不断引进新技术、新设备和新工艺，不仅促进了自身的快速发展，还带动电子信息、生物科学等高新技术成果实现产业化。目前我国已涌现出不少成功掌握先进技术的领军企业，它们在促进经济结构调整上发挥着重要作用。

### 4. 创业企业主是大企业的重要伙伴

国内一些大型企业的生产链条由许多初创型企业组成，现在的大型企业许多也是由初创型企业发展起来的。例如在政策导向上发展起来的格力、海尔、康佳等企业就是由创业企业发展成为大企业的典型代表。国外一些大企业也是这样成长起来的，如微软和耐克等公司。大企业的发展和生产链条离不开初创型企业的支持。初创型企业更好、更快发展，在优化产业结构、加快产出速度等方面对大企业也具有一定支持作用，创业企业与大企业是战略合作伙伴，双方互为发展、互为依托。

### 5. 创业活动是各项先进技术实现商业化、产业化的重要途径

科学技术的进步，与技术的商业化之间，存在着一个过渡阶段，好的技术未必能形成良好的实际运用。创业活动，尤其是高科技创业活动，则是对高新技术商业化过程的不断尝

试,总体来说,对高新技术的商业转化起着至关重要的推动作用。这种推动作用,对于经济的持续增长具有重要的意义。

创业企业是各国经济成长的重要动力,是解决就业问题的重要手段。尤其是美国的创业企业,为美国经济的持续增长作出了重要贡献,创业企业已经成为美国经济增长的一个亮点。改革开放四十年来,我国的创业企业也对我国经济、社会发展起到了重要作用,但我国创业企业的整体发展水平,与美国等一些发达国家水平相比,还存在较大差距,主要体现在以下几个方面。首先,我国创业企业整体寿命较短,在面对市场冲击时,容易以倒闭而告终;其次,我国创业企业成长为大型企业的比率很低,绝大多数创业企业不具备持续成长的能力,保持在相对低的规模水平。总体而言,我国创业企业的整体成长能力不足,是制约我国创业企业成长的重要原因。创业企业、创业经济的发展状况,对世界各国经济的可持续发展起着越来越重要的作用。近年来,世界各主要经济体对创业企业、创业经济的重视程度也越来越高。

## 三、创业企业的特点

创业企业与已经有较长历史、经营相对稳定的大中型成熟企业有着较大的差异。而此种差异恰恰可以体现出初创型企业的基本特点。相比大中型企业,创业企业有以下特点。

**1. 创业企业多扎堆于传统行业,行业竞争激烈,生存压力巨大**

创业企业由于自身资金、技术实力有限,所进入的行业一般都是进入门槛较低的传统行业,如建筑、装饰、餐饮、零售、中介服务等。这些行业相对于IT、通信、医药、房地产、互联网等行业进入门槛较低,对资金、技术要求不高,因此大多的创业企业扎堆于这些传统行业,使得这些行业竞争激烈,利润率较低,生存压力巨大,难以持续发展壮大。

 **案例分析**

### 白领的蛋糕店

在杭州某家广告公司做文案工作的吴小姐是个典型的白领,由于自己经常加班,所以比较喜欢吃蛋糕、甜点等小零食,每月消费都在千元左右。在购买时,吴小姐经常看见蛋糕甜品店人潮如织,这使得她琢磨要在自己住的公寓小区里开一家蛋糕店。"小区里住的也都是年轻人,消费量应该很大,每年应该也能挣个几十万吧。"确定想法后,她赶紧咨询同事、朋友们,他们也都非常肯定,说这个项目百分之百挣钱,这更加坚定了吴小姐的信心。随后她立即着手准备开店,选店面、租店、装修、引进烘烤设备、聘请服务员,经过一番筹备,蛋糕店隆重开业。吴小姐还请了从事媒体的同事做了个小片花在电视上宣传,并开展优惠活动,最初一个月顾客购买甜点全部8折优惠。前两天,小区里来询问的人还挺多,可是买的人很少。每天烘烤的面包和甜点由于只有一天保质期,吴小姐不得不痛心地看着大部分甜点被扔掉。就这样整整扔了一个月,她开始反思:蛋糕由于每天必须更新,无法储藏,一旦销售不畅资金就会面临巨大压力。虽然吴小姐有收入颇丰的职业支撑,但也难以独立面对如此大的资金压力与风险,资金压力最后成为吴小姐选择退出的主要原因。最终,她转让了蛋糕店。

(资料来源:创业网)

**思考:** 吴小姐的蛋糕店为什么会造成资金不足?她应该如何来解决这个问题?

## 2. 创业企业规模小，资源有限，技术能力低，竞争力弱，抗风险能力低

创业企业规模极小，体现在资产、销售额、利润、人员等各方面。产品的技术含量和附加值低，知识产权和品牌价值等无形资产也非常欠缺。由于创业企业内部缺少足够的资源和技术力量，外部缺乏信任和社会关系网络，导致创业企业的竞争力较弱。绝大部分创业企业没有形成自己的核心竞争力，无力在激烈的竞争中战胜竞争对手，因此会遭受更高的失败率。创业企业资源有限，抵抗市场风险的能力也较低，遇到宏观环境风险、资金风险、人员流失风险等没有更多办法应对。

 **案例分析**

### 陈强的DIY店

陈强毕业于一家艺术学院，主修的是设计学，毕业后没有找到合适工作的他想到了自己创业。当时，省城刮起了一股DIY之风，陈强被同学拉着玩了两三次软陶。在跟老板的交流中他得知，这家只有两三平方米的软陶店，一个月营业额可以达到三万元。之后陈强考察了市场，在他眼中，只要店面挂出了DIY牌子，保准会火。于是，他动心了。选址是一个痛苦的过程，因为他手里没有太多钱。陈强告诉记者，当时，广州大学城大学生很多，娱乐场所还很少，市场空间很大。不仅如此，因为商圈处于培养期，商铺租金很便宜。当时，他感觉自己像找到了一块宝地，赶紧交了租金，进了设备，总共投资了三万元，开始了自己的DIY创业生涯。

刚刚开业的日子，陈强也尝到了赚钱的喜悦。因为附近娱乐项目少，大学生成群结队地来陈强的店里过DIY的瘾。尤其是女生，有的在店里一待就是一天。陈强采取的是材料费、设备使用费按小时计费的收费标准，免费为顾客提供技术指导。第一个月营业额2000多元，虽然不多，但除去房租、水电费，收支平衡。陈强觉得，只要努力提升店面知名度，生意会越来越好。然而，之后的发展轨迹没有按陈强的规划进行。店面火了大约三个月时间，到了第四个月，生意突然骤减。原来进入12月份，大学生都忙着准备期末考试、各种等级考试，大部分学生开始足不出户地进行恶补了。考试结束后，立刻就是一个多月的寒假，大学城一下子空了，陈强店面的营业额也降到了零。

"没想到自己瞄准的大学生这一特定的消费群体，反而成为失败的导火索。"陈强说，寒假大学生都会回家，暑假90%的大学生会离校，再加上每年大学生都要面临的期中期末考试以及各种执业证书的考试，这些"隐性假期"是他没有考虑到的。开业一年，经历了寒暑假，陈强觉得自己的店面没有坚持下去的价值了。他算了一笔账，加上贬值的设备和DIY原材料，赔了近3万元。

（资料来源：创业网）

**思考**：陈强的DIY店为什么出现亏损？创业企业如何提高抗风险能力？

## 3. 市场竞争意识较强，市场反应快速、灵活

创业企业虽然规模相对微小，但也有其优点。创业企业首先要考虑的是生存问题，老板直接面对市场，对外部市场环境变化非常敏感，市场洞察能力较强，更容易发现市场机会，更适应市场。创业企业组织结构和决策模式简单、快捷，一般决策由老板和几个骨干成员讨论后就可以定下来快速行动，而不像大型企业那样组织结构较为完善，层级较多，层层讨论，互相制约，决策和行动缓慢。创业企业富有创业激情，勇于承担风险，积极创新，具有较强的竞争意识，这些都有利于创业企业的市场竞争与价值创造。

## 案例分析

### 小水果商的经营之道

"最开始创业的那两个月,我自己就是一支队伍。"周士衡笑着说,那时他每天在网上找各种适合做仓库的地址,自己去农产品批发市场采购水果,骑着车在烈日下配送。现在,他已经拥有了一个10余人的小公司,自己做老板。越南青芒、白金蜜瓜、智利黑布林、泰国椰皇……约60平方米的小仓库里,摆着各式各样的水果箱。其中一个房间是办公室,安置3台电脑负责日常的线上经营,另一个房间放着5台冰箱、2台冰柜,用来存储水果。

"这些设备都是这3年来一点点添置的,当初这仓库就是个毛坯房。"创业之初,最缺的就是钱。最穷的时候,除去批发水果的钱后,周士衡身上就剩下不到两百块钱。他干脆在批发市场买了两箱方便面,连吃了半个多月。

早在大学期间,学广告的周士衡就颇有想法。他卖过U盘、小物件,参加设计大赛,还曾与同学一起成立了工作室,承接一些设计方面的业务,在校内小有名气。2013年下半年,他创立了一个水果营销品牌叫"乐果园"。考察市场时,他瞄准了南昌市最大的水果批发市场。他决定把仓库设在离市场较近的黄溪公寓,坚持自己做配送。最初没有客户,他就先从熟人做起,利用微博、微信这些方式,在朋友圈进行传播,朋友们一传十、十传百,慢慢地,"乐果园"通过口碑传播,一点点建立起了客户群,就这样苦熬了大半年。2014年4月他参加了"南昌市青年互联网创业大赛",获得了第二名,得到3万元的创业奖金。在比赛中,他认识了现在的合伙人张裕,两人一拍即合,决定联合做同城水果的配送。两人合伙注册了江西省果道贸易有限公司。有了合伙人,有了一笔创业资金,还有了一批新培养起来的年轻消费群体,背靠水果批发市场拥有最新鲜的货源供应,然而市场推广方面却似乎有些不足。周士衡最初利用微信个人号在朋友圈里营销,尽管客户数量在不断增长,然而由于个人推销本身存在的局限性,周士衡发现,常常出现"漏单"的现象。他和张裕开始考虑做微信公众号,既可以被搜索,又能及时接送产品信息。随后,他发现了一个更广阔的平台,那就是微信商城。商业嗅觉敏锐的周士衡在微信里注册了自己的店铺,取名"果道",依托互联网技术和现代企业管理方式,公司开始初具规模了。

随着业绩越做越好,公司就已发展为10余人的小型企业,3名配送员均为年轻的"80后"。周士衡自己做线上运营管理和平台把控等,张裕与另外几位员工一起负责采购,还有2名店员为店长及店长助理。公司现在每个月营业额达到24万元左右,毛利润约为两三万元。下一步,周士衡与张裕想拓宽市场,实现线上、线下一起营销。他们初步想在青山湖边上再开一家实体店,利用当地的高校资源,把微商做好、做大。

(资料来源:188创业网)

**思考:** 周士衡是怎样灵活地转变经营思路,给我们带来了哪些启示?

## 四、创业企业经营管理的关键环节

企业经营管理的环节主要包括研发、采购、生产、营销、财务管理、人力资源管理等,初创型企业规模虽小,但上述环节都应具备(图1-1)。创业企业首先要考虑的是生存问题,根据企业自身特点,以下几个关键环节是需要把握的。

图 1-1　创业企业经营管理的关键环节

### 1. 市场机会把握

创业企业面临激烈的市场竞争，想要生存下来，就一定要保持对外部环境的警觉性，要善于分析市场环境，挖掘外部环境提供的市场机会，规避外部环境可能造成的威胁。达尔文的进化论研究表明，自然界能够生存下来的物种并不是那些最强壮的，也不是那些最聪明的，而是那些最适应环境的，能够对环境变化作出快速反应的物种。创业企业把握市场机会，并不仅局限于创业之初发现一个机会从而开创自己的企业，在创业以后持续经营的过程中也要不断分析市场，把握市场机会，顺应环境变化，不断创新产品和服务，满足消费者需求。只有如此，才能持续经营下去。

### 2. 商业模式创新

创业企业出于自身技术、资金的限制，想要在产品、服务等方面创新有相当难度，因此要注意商业模式的创新。管理大师彼得·德鲁克认为，当今企业的竞争，不是产品之间的竞争，而是商业模式之间的竞争。泰莫斯定义商业模式是指一个完整的产品、服务和信息流体系，包括每个参与者及其起到的作用，以及每一个参与者潜在利益和相应的收益来源和方式。商业模式主要由四要素构成，这四要素需要一起作用才能够创造并传递价值。第一是客户价值创造，即企业需要想清楚自己为客户创造了什么价值使得客户能选择自己。第二是盈利模式，即企业赚钱的方式是什么，是赚取价差还是中介服务费等？第三是关键资源，即进行价值创造所需的人员、资金、技术、设备、社会关系、品牌等。企业经营管理中资源整合是很重要的一环。第四是关键流程，即企业运营和管理流程，即包括研发、生产、销售、服务等。四要素中，客户价值创造和盈利模式分别明确了客户价值和公司价值，关键资源和关键流程则说明了如何实现客户价值和公司价值。

### 3. 市场竞争策略

创业企业实力相对弱小，所以对于创业企业来说，首先要考虑的生存问题，如何在当下激烈的市场竞争中生存下来，其次才是发展问题。因此，制定并实施正确的市场竞争策略也是创业企业经营管理的关键一环。一般来讲，创业企业常用的市场竞争策略有价格策略和差异化策略。低成本、低价格竞争是最常用也是最管用的市场竞争策略。除了低价竞争，在产品和服务上的差异化竞争也是企业市场竞争的常见策略。

### 4. 企业持续成长

创业企业除了生存问题，发展问题是更难、更高层次的问题。逆水行舟，不进则退，创业企业如果不能持续成长，做强、做大，就难逃倒闭厄运。创业企业自身实力相对弱小，又面临激烈的市场竞争，想发展壮大，持续成长的确不容易。需要认真研究在资源、技术、能力、社会关系、宏观环境等诸多因素中哪些是影响创业（小微）企业成长的关键因素，创业企业通过什么样的方式能够实现持续成长。

# 任务3　创业企业成长管理

 **引导案例**

## "食惠坚"美食店的经营管理

余先生并没有被自己的初步胜利冲昏头脑，他认为这种小吃店并不具备核心竞争能力，很容易被竞争对手模仿。只有好的门店位置是稀缺资源，是不可替代的。2006—2007，"食惠坚"大力进行市场开拓，把每月店面回流的资金和融到的资金全部投入到新店的开设当中，迅速在广州主城五大商圈先后开设了10家分店，抢得了先机。到2007年，"食惠坚"发展为拥有16个门店、110多名员工的连锁品牌年销售额2700万元左右。

"食惠坚"的成功引来众多竞争对手的模仿竞争。越来越多的饮品店、甜品店、美食店也在繁华地带与"食惠坚"形成了激烈的门店竞争。面对市场竞争，余先生认为除了抢先一步占领市场以外还必须进行产品和管理创新，创新是"食惠坚"进一步发展的基础。经过认真思考、学习，余先生大力变革，从产品研发、管理机制、激励机制、发展模式、销售渠道等方面采取了五条有力措施，以解决"食惠坚"发展中遇到的产品、管理、融资、渠道等难题。

第一，成立自己的研发中心，加大新产品的开发设计力度。研发中心学习、钻研各地特色名小吃及饮品，在原来辛辣口味的串烧产品的基础上，引进、吸收了川、港、湘等地的特色名小吃及饮品，并吸取了西式餐饮的部分精华元素，把产品从四个大类20多个品种一下提高到十个大类50多个品种。主要产品覆盖了粤港澳风味小吃，川湘麻辣串烧系列、凉粉、酸辣粉系列等，香港的金蛋丸系列，上海、台湾的烧仙草、奶茶、奶昔、果茶、咖啡、酸梅汤、刨冰等热饮、冷饮系列。因此不论季节交替，"食惠坚"总能提供给顾客满意的不同口味的产品。

第二，建设管理信息系统，优化管理流程。"食惠坚"加大了信息管理的力度，专门花费60万元建立起管理信息系统，把收银管理、实时监控、存货、进货、调货计划等统一到一个集成控制系统，实现了各个门店电子财务、电子供应链、实时监控一体化管理，使管理流程大大优化。

第三，建立灵活有效的激励机制，激发员工的积极性、创造性。"食惠坚"建立了灵活的店长入股机制，鼓励有能力的店长投资入股；一个店长通过入股，每月底薪加奖金加分红，可拿到8000～10000元。一个员工通过底薪加奖金可拿到4000～5000元，这已超过广州本地中餐、火锅、快餐等企业员工的平均收入水平。学习、激励机制使他们有了很强的归属感、积极性、创造性，始终保持饱满的工作精神，团队的凝聚力和战斗力增强。

第四，实施连锁加盟，吸收外来资金加盟。"食惠坚"制定了规范的连锁加盟运行机制，发布了自己的连锁加盟运行手册，鼓励有兴趣并符合条件的投资者加盟"食惠坚"。这样既吸引了外来资金，又加速了市场开发的力度。

第五，与大型超市发展战略联盟，拓宽销售渠道。繁华地段门面难寻、价格高昂，"食惠坚"另辟蹊径，与家乐福、人人乐、新世纪等大型超市建立了战略合作伙伴关系，把"食惠坚"开进了这些大型超市，解决了门店难寻的难题，畅通了销售渠道。

余先生五大举措制定和实施，使得"食惠坚"竞争优势更加凸显，把竞争对手远远甩在了身后。到 2009 年底，"食惠坚"已有 28 家门店、一个生产加工中心、200 多名员工，年产值 4800 多万元。

**思考：** 如果你是余先生，你该如何经营管理以保证该企业持续发展呢？

## 一、企业的生命周期理论

马森·海尔瑞（Mason Haire，1959）首先提出了可以用生物学中的"生命周期"观点来看待企业，认为企业的发展也符合生物学中的成长曲线。在此基础上，他进一步提出企业发展过程中会出现停滞、消亡等现象，并指出导致这些现象出现的原因是企业在管理上的不足，即一个企业在管理上的局限性可能成为其发展的障碍。

伊查克·爱迪思（Ichak Adizes）是美国最有影响力的管理学家之一，延续和发展了企业生命周期理论，他认为组织成长就像有机体一样符合生物学中的成长曲线，从诞生、成长、成熟、衰退至死亡，存在着明显的周期规律。企业生命周期是企业的发展与成长的动态轨迹，包括发展、成长、成熟、衰退几个阶段。企业生命周期理论的研究目的就在于试图为处于不同生命周期阶段的企业找到能够与其特点相适应并能不断促其发展延续的特定组织结构形式，使得企业可以从内部管理方面找到一个相对较优的模式来保持企业的发展能力，在每个生命周期阶段内充分发挥特色优势，进而延长企业的生命周期，帮助企业实现自身的可持续发展。

Gardner（1965）指出，企业生命周期与生物生命周期相比有其特殊性，主要表现在以下几点。第一，企业的发展具有不可预期性。一个企业由年轻迈向年老可能会经历 20～30 年时间，也可能会经历上百年的时间。第二，企业的发展过程中可能会出现既不明显上升也不明显下降的停滞阶段，这是生物生命周期所没有的。第三，企业的消亡也并非不可避免，企业可以通过变革实现再生，从而开始一个新的生命周期。

陈佳贵（1995）对企业生命周期进行了重新划分，他将企业生命周期分为孕育期、求生存期、高速发展期、成熟期、衰退期和蜕变期。这不同于以往以衰退期结束企业生命周期研究，而是在企业衰退期后加入了蜕变期，这个关键阶段对企业可持续发展具有重要意义。

李业（2000）在此基础上又提出了企业生命周期的修正模型。不同于陈佳贵将企业规模大小作为企业生命周期模型的变量，李业将销售额作为变量，以销售额作为纵坐标，其原因在于销售额反映了企业的产品和服务在市场上实现的价值，销售额的增加也必须以企业生产经营规模的扩大和竞争力的增强为支持，它基本上能反映企业成长的状况。李业指出，企业生命的各阶段均应以企业生命过程中的不同状态来界定。因此他将企业生命周期依次分为孕育期、初生期、发展期、成熟期和衰退期。

本书认为任何企业都会经历出生、成长、成熟、衰退以致死亡的这样的一个周期。我们根据企业销售额的变化将生命周期划分为创业期、成长期、成熟期、衰退期 4 个时期，呈现钟形抛物线，如图 1-2 所示。

企业的每个时期在市场机会、资源配置和能力培育上都有不同的特点。处于创业期的企业存在一个可开拓的市场机会，但其内部资源有限，能力培育不足，产品品质不稳定，销售额不大。在企业成长期，市场需求迅速增长，有较多的市场机会，但同时竞争加剧。经过初创期的积累，企业发展迅速，规模不断扩大，急需各种资源；企业能力经过初期的培育得到加强，对各类资源的整合能力增强，并显著地表现为生产技术和产品品质增强。在企业成熟期，外部市场容量趋于饱和，供需基本平衡，市场机会逐渐减少；企业资源丰富、能力增强，产品品质成熟。在企业衰退期，市场产能过剩，过度竞争，市场机会大幅减少；企业能力由于存在刚性而难以对资源有效整合，生产技术落伍，产品老化，企业逐渐衰退。

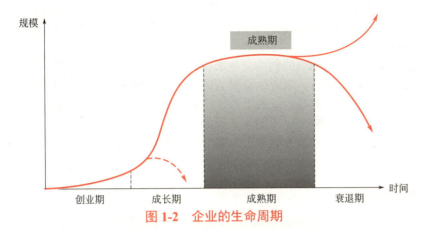

图 1-2　企业的生命周期

## 二、企业成长概念

企业成长是国家经济繁荣的主要基础，是行业竞争优势的主要源泉。企业在激烈竞争中，需要持续健康地成长，否则就时时面临生存危机，难以长久。因此，企业成长问题受到各级政府和工商界人士的密切关注，企业成长理论也成为国内外学界竞相探索的理论前沿。

企业成长是指企业在一个相当长的时间内，保持企业整体绩效水平平衡、稳定增长的势头，或持续实现企业整体绩效的大幅度提升和企业发展质量与水平的阶段性跨越的发展过程。目前，普遍认为企业成长包括量的扩大和质的提高两个方面。

量的扩大指的是企业规模的扩张，这是企业成长最直观的表现，可能体现在收入、资产、雇员人数等方面。但企业某一时刻的规模只是企业之前某一时刻内在成长能力的外在表现，并不代表企业未来成长的可能趋势。

质的提高是企业成长能力的变化，即在生产能力、研发能力、销售能力、管理能力等方面的提升，是企业成长的内在源泉和动力，决定了企业未来成长的可能性，并通过未来某一时刻企业外在规模及变化加以体现。

企业成长的量和质并不是相互独立的，而是存在着密切的联系。企业成长所表现的规模的变化（量的变化）是以企业内在的成长能力的变化（质的变化）为基础的，企业规模的扩大是企业内在的成长能力提高的外在表现。同时企业成长是一个动态过程，表现为企业从某状态向另一状态不断改变和转化的轨迹，包括成长规模的不断变化（量变过程）和成长能力的不断演化（质变过程）。企业的健康成长需要质和量二者的有效结合。

## 三、企业成长因素

一般来说，创业企业需要成长，但企业的成长又会受内因、外因两种因素的影响。

### （一）外部因素

在我国，对于创业企业成长影响较大的外部因素有以下几点。

#### 1. 政策支持

政策支持主要包括政府政策颁布、相关优惠政策宣传、法律保障支持等方面。近年来，政府大力支持创业企业创业，明确了创业企业的地位，制定了一系列工商、税收等优惠政策扶持创业企业成长，起到了积极的作用。

## 2. 社会环境

社会环境支持服务包括社会教育培训机构、创办企业咨询服务、企业信息网络服务、相关企业协会等配套基础设施支持以及社会治安、社会法律服务保障、社会诚信意识等。

## 3. 融资环境

对于创业企业特别是初创期的创业企业来说，融资环境即融资方式是否多样、融资渠道是否畅通、融资成本是否合适、融资体系是否健全等，是创业企业生存和发展的关键核心外部条件。通过近年来我国对创业企业的重点扶持政策也可以看出，政府希望通过相关政策支持，缓解创业企业融资难问题，保证创业企业的资金运作，减轻创业企业的税负压力。虽然一般创业企业前期运作资本需要的不多，但后期发展需要更多的资金。

### 案例分析

#### 杭州营造创业企业成长良好氛围

2015年5月8日，杭州市市场监管局正式启动"千名市场监管干部服务小微企业成长"行动，市场监管部门将发扬"店小二"热情服务、贴心服务、精细服务的精神，走进企业，摸排情况，发现问题，精准对接，服务成长，着力畅通市场监管服务创业企业、小微企业通道，搭建市场监管助推平台，努力营造服务创业企业成长的良好氛围，切实助推创业企业发展壮大。

据统计，杭州每年新成立的创业企业5万余家，总共有30万家小微企业，占到市场主体的90%以上，2015年初，浙江省委、省政府提出在全省实施"小微企业三年成长计划"，与"五水共治""三改一拆""四换三名"等举措一起，打响浙江转型升级的组合拳，杭州的"小微企业三年成长计划"也将在近期启动。

据悉，此次行动将重点走访、调研和服务以下三类企业，其中包括信息、环保、健康、旅游、时尚、金融、高端装备制造七大产业的小微企业；当地重点扶持发展的特色小镇、众创空间、科技孵化园区等重点区域内的小微企业、跨境电子商务园区中的跨境电商企业；2013年以来"个转企"企业，2014年工商制度改革新设的小微企业。

市场监管部门5、6月份集中走访6000家以上的小微企业。走访中不仅要摸清全市小微企业的发展情况，还将政策和服务送上门，将困难和问题带回来，更要为"小微企业三年成长计划"选好苗、育好苗。还将根据这些小微企业情况，按照2∶1比例先确定3000家跟踪对接和服务对象，建立起全市小微企业、创业企业重点培育对象的动态名录，为其建立一户一册的企业成长档案，努力帮助小微企业、创业企业生得快、活得好、做得强。

（资料来源：市场导报）

## （二）内部因素

影响创业企业成长的内部因素主要包括以下三个。

### 1. 资源与知识

资源管理理论认为资源是企业成长的基础，然而创业企业很难获得丰富的资源与大中型企业竞争。创业企业必须集中力量发展那些对其成长最为主要的关键资源，"知识"就是一种无形的、独特的、不易复制、难以模仿的关键资源。企业知识理论认为，企业本质上是一个获取、吸收、利用、共享、保持、转移和创造知识的学习性系统。企业作为学习性系统所拥有的知识存量和知识结构，尤其是关于如何协调不同的生产技能和有机结合多种技术流的学识和积累性知识，是企业绩效与长期竞争优势最深层的决定性因素。

### 2. 能力

企业所积累、创新的知识要能有效转化为企业能力才能获得竞争优势，促进企业成长。企业的能力分为静态能力和动态能力。静态能力主要表现为市场层面的营销能力、社会网络关系能力以及产品层面的研发能力和生产能力。产品层面的研发能力有利于企业关注客户的需求且科学地预测需求变化，不断地提供顾客所需要的产品和服务，从而不断地抓住和创造新的市场机会；生产能力有利于企业提高生产效率、降低生产成本、增强柔性生产能力。市场层面的营销能力有利于企业准确地把握顾客的具体要求，提高市场占有率，扩大企业影响，树立企业形象。社会网络关系能力有利于企业取得外部的帮助、认可其经营的合法性。当静态能力到了独特、不可模仿和难以替代的时候就成为企业的核心能力。

企业动态能力是企业应付各种变化的能力，强调企业必须努力应对不断变化的环境，更新发现自己的能力。针对创业企业的特点，动态能力包括以下几项。

（1）环境洞察能力。在动态、复杂的不确定环境中分析环境、分析竞争对手，识别机会的能力，这对于创业企业来说尤为重要。

（2）组织学习能力。组织必须持续地学习并吸收最新的技术、市场、顾客等相关的知识，来适应环境的快速变化，并借以维持组织的竞争优势。

（3）变革更新能力。变革更新能力，从本质上讲就是企业为了克服学习陷阱以及能力刚性的一种持续的更新动力和能力。当外界环境变化时，新市场的开拓，新技术、新产品的开发，新的消费者需求的满足都要不断地变革创新。

（4）资源配置能力。资源是新创企业创建、成长、扩张的基础，企业资源配置包括企业内外部资源的调动能力和配置能力，新创企业能否对有限资源进行良好的配置直接关系到企业对创业计划的把握和创业战略的实施。

### 3. 战略

在激烈的市场竞争中，制定和实施正确的战略是必需的，尤其是传统成熟行业。这里企业战略分为市场进入战略与市场竞争战略。在创业企业的初创期，创业者面临的首要问题是如何将产品和服务推向市场，被顾客接纳，从而换回投入，以此来维持企业的生存和成长。具体就是要解决用什么产品、进入哪个市场、何时进入以及如何进入等战略问题。因此市场进入战略的选择是新企业初始战略中最主要且最先面临选择的一个。市场进入以后，接下来面临市场竞争的问题，即如何在所进入的市场与现有企业竞争，这就需要制定相应的市场竞争战略。一般，新创企业常用的市场竞争战略有低成本战略和差异化战略两种。

## 四、企业成长路径

从影响创业企业的内外部因素来看，外部因素对创业企业成长有一定的帮扶、促进作用，但主要还是内部自身因素的影响。因为宏观因素对每个创业企业都是一样的作用，然而在同样的宏观因素下有的创业企业能持续成长，有的则快速倒闭，这就表明主要是受企业自身内部因素的影响。如前分析，物质资源不是促进创业企业持续成长的内部主要因素，知识、能力和战略是影响创业企业持续成长的主要内部因素。知识的获取、利用和创新体现为技术、营销、生产等各方面的能力，并在企业竞争中起到主导作用。知识和能力是战略的动力和源泉，帮助战略得以正确地制定和实施，促使新创企业在动态、复杂的环境下保持足够的开放性、预见性和灵活性，快速反应，灵活行动。

知识→能力→战略→竞争优势→企业成长是创业企业持续成长的有效路径。创业企业在实践中可以运用知识管理→能力演进→战略竞争→竞争优势→企业成长这一模式争取竞争优势，获得持续成长，如图1-3所示。应建立学习机制，加强知识管理，通过知识获取不断丰富自身专业及相关知识，在知识利用的过程中不断模仿、创新，使丰富的知识不断演变成较强的能力，并促使一般能力提升为不可模仿、不易替代的核心能力。知识的丰富和能力的提升是创业企业的基础和保证，创业企业可以充分发挥其市场洞察能力强、决策生成速度快、行动灵活的特点，制定和实施适宜的动态竞争战略，从而在市场竞争中获得去差异化优势或低成本优势，实现持续成长。

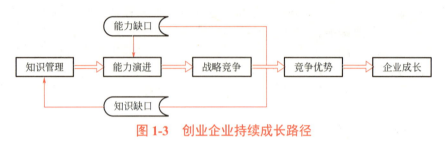

图1-3 创业企业持续成长路径

## 案例分析

### "食惠坚"美食店的持续成长

经过四年的发展，"食惠坚"从无到有，步入快速发展轨道，在广州五大商圈都有4～5家店，成为广州美食店行业领头羊。余先生意识到目前需要对"食惠坚"进行企业文化建设、企业形象包装和企业品牌打造，使"食惠坚"更像一个企业而不仅是一个小吃店。为此，余先生专门认真学习品牌管理方面的知识，到上海、杭州、广州、深圳、台湾等快餐产业发达地区考察快餐店的运营情况，专门请了深圳的新媒体公司对企业形象进行包装、设计、策划，力争使"食惠坚"具有更高的品牌知名度。

"食惠坚"重点围绕企业文化建设、企业形象包装和企业品牌打造进行企业改造。首先，大力建设企业文化，塑造企业活力。余先生亲自领衔管理团队针对"食惠坚"的特点精心打造"食惠坚"的企业文化，提出"食惠坚"的经营使命，传承并发扬中华大众休闲饮食文化。经营目标：致力于成为快速时尚休闲餐饮行业的领先者。经管理念：美味就要"食惠坚"。管理理念：人才至上，效益领先。服务准则：成为顾客的朋友。职业操守：诚实守信，互相尊重。提出以上企业文化后，余先生花大力气对公司员工进行了专门的企业文化培训，力争在经营中贯彻落实。其次，创新开店模式，树立企业形象。为配合企业形象包装、品牌打造的部署，"食惠坚"在具体开店模式上又进行了大胆创新。"食惠坚"不再开10～20平方米的小店，改为开100平方米左右、有快餐式桌椅可以容纳顾客堂食的大型旗舰店。原来的小店容量有限，没法让顾客坐着堂食，只能在店外站着吃，不仅影响顾客个人形象，而且吃完后一次性的竹签、纸盒、纸杯、塑料袋会污染街道，对城市形象也是一种破坏。旗舰店可以容纳顾客堂食，使顾客可以更加休闲、舒适地享受美食，既解决了环境污染问题，也树立了良好的企业形象。旗舰店的装修设计更加时尚漂亮，光灯箱图片就3000元一张，使美食店看上去更加诱人；设备设施全是大酒店用的豪华不锈钢设备，操作台设计非常漂亮、合理，7个服务员在店里也能转得开；十几套快餐式桌椅干净漂亮，能同时容纳20～40人就餐。所有一次性纸杯、纸碗、餐巾纸、包装袋都统一打着"食惠坚"的标志；员工的工作服也根据季节变换配有三套服装，设计得更加漂亮、时尚；整个店面设有服务员专门打扫卫生，时刻保持清洁。开这样旗舰店大概需要100万元左右，虽然投入较大，但收益回报也大。旗舰店有较大的空间、充足的时间留给顾客坐下来慢慢品尝更多的小吃，人均消费提高到10～20元。

第三，放弃加盟，只做直营。为更好地配合企业形象包装、品牌打造的策略，"食惠坚"从2010年起放弃加盟，只做直营。因为直营店更好管理，盈利能力更强，更有品质保证，更容易树立企业良好形象。随着品牌战略的深入实施，"食惠坚"的竞争优势也越发明显，与竞争对手明显不在一个层次了。休闲美食文化企业的形象得到了确认，消费者的认知度越来越高。六年时间里，"食惠坚"从一个小吃店成长为拥有一个加工厂、一个研发中心、40家门店、500多名员工、年产值8000万元的一家广州知名的休闲饮食文化企业。

**思考**："食惠坚"是如何持续成长的？有哪些借鉴意义？

图1-4总结了"食惠坚"持续成长路径。

**图1-4 "食惠坚"持续成长路径**

## 项目回顾

大学生作为一个特殊的创业群体，有其自身独有的特点，但无论是优势还是劣势，都不是影响大学生创业者走向成功的关键，只有像火焰一样的创业热情和面对挫折永不服输的勇气，才是引领大学生创业者不断前进的导航明灯。市场不会同情弱者，也不会给任何大学生"补考"的机会，大学生创业者只有依靠这股热情和勇气才能够融入市场经济的大潮，成就自己的创业梦想。在经历了最初的创业冲动和付出之后，越来越多的大学生将走向成熟和冷静，对创业和成功才会有更深的理解。

创业企业是小型企业、微型企业、家庭作坊式企业、个体工商户等的统称，主要指产权和经营权高度统一，产品与服务种类单一，人员规模、资产规模与经营规模都比较小的经济单位。创业企业是最贴近寻常百姓的市场"细胞"，规模虽小，但数量众多、作用重大，是民营经济的基石，改善民生的重要途径，社会活力的重要标志。相较于大型企业，创业企业也有其自身的特点，主要表现在规模小、资源有限、技术能力低、竞争力弱、抗风险能力低；但同时创业企业竞争意识较强，市场反应快速、灵活。在创业企业经营管理诸多环节中，创业项目的选择与评估、市场机会把握、商业模式创新、资源营运、战略定位、企业持续成长是六个关键环节。创业企业面临的市场竞争，首先要解决生存问题，其次要解决可持续成长问题。企业成长是指企业在一个相当长的时间内，保持企业整体绩效水平平衡、稳定增长的势头，或持续实现企业整体绩效的提升和企业发展质量与水平的阶段性跨越的发展过程。企业成长包括量的扩大和质的提高两个方面。量的扩大是指企业规模的扩张，质的提高表现为企业各项能力的提升。影响创业企业成长的因素有外部因素和内部因素。外部因素包括国家政策支持、社会环境、融资环境；内部因素包括资源、知识、能力、战略。知识、能力和战略是影响创业企业持续成长的主要内部因素，知识→能力→战略→竞争优势是创业企业持续成长的有效路径。创业企业在实践中可以运用知识管理→能力演进→战略竞争→竞争优势→企业成长这一模式争取竞争优势，获得持续成长。

## 复习思考

1. 什么叫创业？
2. 大学生创业特点有哪些？
3. 什么是创业企业？
4. 创业企业在社会经济发展中有哪些作用？
5. 创业企业的特点有哪些？
6. 创业企业经营管理的关键环节有哪些？
7. 什么是企业成长？
8. 影响创业企业成长的因素有哪些？
9. 创业企业如何实现持续成长？

## 综合案例

### 小微企业成长恰逢税收优惠"及时雨"

国务院总理李克强于2014年4月16日主持召开国务院常务会议，决定延续并完善支持和促进创业就业的税收政策。众所周知，小微企业、创业企业是促创业、保就业、活跃市场的生力军。小微企业、初创型企业占市场主体的绝对多数，是经济持续稳定增长的基础，也是解决就业问题的重要渠道。而保就业是稳增长的重要目的、惠民生的基本内容。因此扶持小微企业、创业企业发展就是重中之重。在国家工商总局发布的《全国小型微型企业发展情况报告》中就提到，截至2013年年底，小微企业、创业企业在工商登记注册的市场主体中所占比重达到94.15%，解决了我国1.5亿人口的就业问题，新增就业和再就业的70%以上集中在小微企业。

然而，小微企业、初创企业的经营却并不容易。一方面，受到近年来生产资料成本、人力工资水平不断提高的影响，经营小微企业、初创企业的成本居高不下。而另一方面，小微企业、创业企业又面临融资贷款难和产品销售难的问题。

如何调动小微企业、创业企业的活力，让它们轻装快跑？税收优惠无疑是最直接也是最有效的方式。小微企业、初创型企业发展一直受到国务院的高度重视，近年来国家在扶持力度上也不断加大。而税收是宏观经济政策当中的重要部分，特别是在优化经济结构方面具有难以替代的作用。财政部、国家税务总局先后下发了一系列扶持小微企业、创业企业相关的增值税、所得税税收优惠政策，这些政策的下发和执行，曾为我国超过 600 万户小微企业、创业企业带来实惠。

在这次的国务院常务会议中，国务院继续为小微企业、初创型企业释放利好。不仅要将 2013 年已到期的税收政策延长至 2016 年 12 月 31 日，而且将进一步取消范围限制、提高征税扣除额上限、增加扣减税费种类和简化程序。这对小微企业、创业企业来说无疑是一场及时春雨，将会为更多有梦想、有干劲的小微企业及创业企业注入动力，激励它们破土而出、快速成长

（资料来源：中华人民共和国中央人民政府门户网站）

请思考并回答：除了税收以外，作为小微企业、初创型企业，成长过程中还有哪些难题？

 **实训项目**

走访你身边的创业企业，与创业企业主进行交流，了解他们的经营状况，了解他们在经营管理过程中遇到的困难，提出对策，形成分析报告，以 PPT 格式完成，各项目团队选出一名代表，准备汇报。

# 项目二　创业项目选择评估

### 创业寄语
不要赶时髦，要找蓝海。要善于把目光瞄准人们都认为"不起眼"而又确实具有发展远景和良好销路的项目。

### 学习目标

**素质目标**
1. 明白选择创业项目的意义所在。
2. 掌握创业项目的选择方法，提高企业持续发展能力。
3. 增强合理选择创业项目的能力、企业持续经营能力。

**技能目标**
1. 掌握创业过程中的判断能力、分析能力、决策能力。
2. 懂得创业中对项目的管理能力，增强企业的市场适应能力。

**知识目标**
1. 了解创业项目的概念及意义。
2. 掌握创业项目的特点及选择依据。
3. 掌握评估和审核创业项目的方法。
4. 重点掌握创业项目选择的领域及原因。

### 项目结构

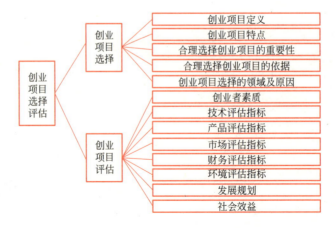

**职业指引**

翻开报纸或打开电视,"创业"这两个字经常会不经意地跃入你的眼帘,在这个充满机遇和挑战的国度里,一个个由平民创造出来的创业神话不断地拨动着人们的心弦,引发了一波又一波的创业热潮。每个怀揣着梦想的创业者,都期望借助中国经济的高速发展,开拓出自己的一片天地,创造人生的辉煌。在充满生机的大学校园里,更是有很多年轻人有创业的冲动。对创业的向往成为这一代大学生最大的梦想。然而,现实和理想终归是有距离的,这些满怀激情的大学生们,究竟有多少人愿意踏出这一步,踏上创业的征程,把自己的理想转化为现实。据麦可思公司的调查显示,2018届大学毕业生自主创业比例仅为1%,究竟是什么把拥有创业梦想的大学生挡在了门外?对成功的渴求和对失败的恐惧在心头博弈,使很多大学生在创业和就业之间来回徘徊,然而当他们发现前辈大学生们创业的成功率仅为一成左右时,大部分人选择了先就业。尽管国家不断地给出优惠的政策,高校给予积极的鼓励和扶持,依旧无法提高大学生自主创业的意愿,大学生创业真的这么难吗?答案当然是肯定的,但创业难并不是绝对的,只要掌握了一定的方法,就可以提高大学生创业的成功率,成功的概率高了,自然会吸引更多的大学生创业。

本项目从创业项目选择的角度出发,分析影响当前大学生或其他创业者选择创业项目的主要因素,并给出一定的建议帮助创业者选择并评估创业项目,从而提高创业者创业的成功率。

## 任务 1 创业项目选择

 **引导案例**

### 市场常无情,创业须谨慎

谭某、陈某是广州某大学市场营销专业2014级学生,拥有一家名为"星星"的碟店,从事影碟的出租和电脑软件及游戏碟的出售。星星碟店为两间小木屋,店内出租用的碟片大部分是以前经营者留下来的,房租是每月4000元,水电费另算,目前经营正常,但经营业绩有下滑的趋势。碟店现阶段面临的困难主要是市场需求饱和,另外一个原因是影碟的出售逐渐取代了原有影碟的出租,造成原有碟片的淘汰,损耗了较多成本。

(资料来源:科技创业)

**思考**:分析谭某、陈某创业艰难的根本原因是什么?

## 一、创业项目定义

目前学术界对创业项目还没有提出一个完整、统一的定义,但是根据"项目"的定义,结合"创业"的含义,就可以对创业项目有一个比较清晰的认识。根据美国项目管理协会(PMI)的定义,项目是为创造独特的产品、服务或成果而进行的临时性工作。项目的"临时性"是指项目有明确的起点和终点。当项目目标达成时,或当项目因不会或不能达到目标而中止时,或当项目需求不复存在时,项目就结束了。临时性并不一定意味着持续时间短。项目所创造的产品、服务或成果一般不具有临时性,大多数项目都是为了创造持久性的结果。创业项目创造的产品即为一家企业,因而本书把创业项目定义为创建一个新企业而进行的一系列的工作。创业项目也是项目，同样具有项目的一般性特征，比如所创造的产品及企业不具有临时性，大多数创业项目都是为了建立基业长青的企业，创业项目所产生的社会、经济和环境影响，也往往比项目本身长久得多等。但唯有"临时性"这一特征不太明显，虽然创业项目也具有项目的"临时性"特征，但"其终点即新企业经营步入正轨"这一标志的确定比较模糊，不太容易界定，故在定义中省略了"临时性"三个字。

## 二、创业项目特点

虽然创业项目也是"项目"，但与一般或传统意义上的项目相比，创业项目还是具有一定特殊性，如表2-1所示。了解这些特殊性，对于选择和管理创业项目具有重要的作用。

表 2-1　创业项目和一般项目的特征比较

| 类别<br>区别 | 创业项目 | 一般项目 |
| --- | --- | --- |
| 管理者 | 个人或志同道合的创业团队 | 母公司指派的项目小组 |
| 管理方式 | 更多使用"例外管理"和"创新管理" | 以一般规则化管理为主 |
| 技术要求 | 需要创新技术和工艺 | 技术和工艺成熟 |
| 获利方式 | 企业成长时权益资本的增加 | 项目产品投入运营有收益 |
| 市场开拓 | 无市场基础，开拓较难 | 有一定市场认知度，开拓相对较容易 |
| 项目目标 | 企业运营上正轨 | 按要求交付产品 |

首先，管理者和管理方式的不同。创业项目是由个人或一群志同道合的人组成的创业团队，为了实现创业理想而选择的项目。由于创业的不确定性较高，对于创业项目的管理一般不可能按常规化的企业管理方式，尤其是创业初期，"例外管理"可能是对创业项目管理的主要方式。同时，创业项目没有现成的管理制度，需要建立新的管理方式、制度和方法，这对管理者的思想、素质和知识结构提出了更高的要求。而一般项目的管理团队一般由母公司通过组织内部的人力资源调配而形成，并且有相当成熟的管理制度和流程，对管理者的要求相对也较低。

其次，技术要求上的不同。创新和不确定性是创业项目的技术和工艺的主要特征，而一般项目的技术和工艺相对比较成熟。随着科学技术的发展，技术和工艺革新速度不断加快，一些技术型的创业项目时常面临技术开发时间紧，应用新技术、新工艺于批量生产时对稳定性和可靠性要求高的困境。

第三，在获利方式上的不同。创业项目主要是通过企业的成长来使初始投入的资本不断增值，如果经营情况较正常的话，一般收益会随着时间的推移不断增加；而一般项目是通过产品投入运营后的营收来获取收益的，由于大部分项目产品会随着时间增加而不断降低性能，加上维护成本的不断上升，其收益呈现先多后少的态势。

第四，市场开拓角度的不同。传统项目的产品依靠其母公司的影响力一般具有一定的市场认知度和比较确定的需求量，容易进行市场调查和销售量预测。创业项目的产品基本上没有市场基础，购买者和消费者从认知、接受、到使用或消费其产品需要一定的时间，同时创业项目需要在市场营销方面投入更多的时间和费用。

最后，创业项目和一般项目的达成目标不同。创业项目的目标是把握创业机会，通过努力使新企业运营步入轨道，形成较为完善的经营管理模式并获得相对稳定的收益；而一般项目只要完成项目建设并交付使用即为达到目标。前者是强调寻找、把握和利用机会的机会导向，后者是资源保证前提下的项目导向。

## 三、合理选择创业项目的重要性

创业的开始就是创业项目的选择。项目选择是创业中最难，也是最关键的一步，选择项目就是选择创业方向，而不少大学生这一步走得并不好。据教育部的一项报告显示，全国97家成立较早的学生企业，盈利的仅占17%，学生创办的公司，5年内仅有30%的创业企业能够生存下去，其中很大一部分创业失败是由于项目选择错误。

人们常说，好的项目是成功的一半。其实就项目本身来说，没有好坏之分，只有合适与不合适之分。大学生在选择项目时往往带有很大的盲目性，常常是人云亦云，尽挑一些目前最流行最赚钱的项目，没有经过任何评估，就仓促开业，也不管这些创业项目是不是自己熟悉的行业，适不适合自己的创业兴趣，结果可想而知。只有选择了合适的创业项目，创业才有了目标和方向，才能激发自己的创业热情。选择合适项目的重要性还体现在可以充分发挥大学生在专长、资源、人脉等方面的优势，以己之长，攻人之短，在同类型的创业项目中取得竞争优势，减少创业中的阻力，提高创业的成功率。

## 四、合理选择创业项目的依据

由于大学生群体的特殊性，适合大学生的创业项目要尽量能够发挥大学生的优势，大学生创业者在选择创业项目时可以参考以下几条标准进行。

### 1. 首选享受政策优惠的创业项目

为了鼓励大学生创业，各级政府和行政主管部门都出台了一系列的优惠政策，有些是专门针对具体行业的。如大学生创业新办咨询业、信息业、技术服务业的企业，可免征企业所得税两年；创业新办从事交通运输、邮电通信的企业，第一年免征企业所得税，第二年减半征收企业所得税；创业新办从事公用事业、商业、物资业、对外贸易业、旅游业、物流业、仓储业、居民服务业、饮食业、教育文化事业、卫生事业的企业，可免征企业所得税一年。大学生创业者可以根据自身的实际情况，在这些可享受优惠的项目中找到适合自己创业的项目。

### 2. 应选择初始投入资金较少、资金周转快的项目

上述内容中已经提及，由于大学生创业的融资渠道较少，大多数创业大学生都是利用父母亲友的资助和自己的一些积蓄作为启动资金开始创业的，加上大部分学生都来自工薪家庭，能够获取的创业资金也有限，因此，大学生在刚开始创业时，应尽量选择初期投入少、资金周转快的项目，这样才能有充足的流动现金维持企业的正常经营。同时，大学生也要避免选择一些需要大量库存的项目。库存一多，资金周转必然缓慢，这不是小资本所能维持的，如果再加上市场不稳定等其他因素，必然会导致周转不灵，陷入倒闭的困境。

### 3. 避免技术性过高的项目

大学生如果没有十足的把握，尽量避免一开始创业就进入高科技行业，因为高科技行业需投入大量的研发成本，对于大学生这样资本金较少的创业者是一项很重的负担，所以大学生可以先选择一些相对比较容易做的行业，在积累了一定的资本后再考虑转入高科技行业。

### 4. 选择处于成长期的项目，避免刚开发的新项目和完全成熟的老项目

大学生创业者一般都是20岁出头的年轻人，喜欢新生事物，在创业时也往往会去选一

些刚开发出来的、毫无市场基础的项目，这样做会有很大的风险。只有当一个项目处于市场已经开发，但是现有的供应能力不足的时候，才应该及时介入，这样成功的概率就会大很多。选择这些处于成长期的项目，不仅能有效降低风险，而且可以获得相对较大的利润空间。完全成熟的项目，虽然稳当，但缺乏诱人的利润空间。

### 5. 选择小众产品的项目需谨慎

小众产品是指能够满足市场上某一类消费人群的特殊需求的产品，虽然打开市场后盈利可能非常可观，但开拓市场极为困难，对缺少市场经验的大学生创业者来说，如没有确实的把握，应避免介入。最理想的是选择各阶层的人都需要的日常生活用品的行业，资金才能迅速地收回，例如面包店、文具店、五金店、日常用品店、杂货店等。

### 6. 有特色的项目应重点考虑

别人没有的、先于人发现的、与别人不同的、比别人强的项目都可以归类为有特色的项目。选择特色项目除了可以避免陷入与同类型的竞争者同质化的困境，还可以提升产品的辨识度和认知度，拥有更高的定价空间。立志于自主创业的大学生，应该对市场的动态变化保持敏锐的触觉，时刻了解市场需求变化的方向，就可以发现一些空白市场，建立独具特色的创业项目。

### 7. 雇佣人力较少的项目

大学生创业者普遍缺少实际的管理经验，如果一上手就开始管理很多的员工，往往会使企业内部变得极其混乱。创业初期应该以开拓市场为主导，如果经常被人事工作所拖累，就不可能有大量的精力去完成其他重要的工作。因而，没有管理经验的大学生，可以先选择创建几个人的小企业，积累管理经验，随着企业不断壮大，自然有能力管理更多的员工。

## 五、创业项目选择的领域及原因

在任意一个搜索引擎里输入"创业项目"四个字，就会跳出成百上千万的记录，面对如此多的创业项目，很多大学生就会感到非常迷茫，究竟哪些创业项目是大学生创业最佳的选择、哪些创业项目更容易获得成功。通过麦可思公司2018年针对本科和高职高专层次大学生创业群体的调查，发现目前80%左右的大学生创业项目都集中在以下五个主要领域。

### （一）批发、零售行业

根据麦可思公司2018年的调查，批发零售行业一直是大学生创业项目的集中地，市场需求稳定、管理模式相对简单、资金投入灵活、成功案例较多等优势可能是大学生选择批发零售业的主要原因。

由于信息技术的发展，零售行业现在已经出现了两种模式，即以实体店铺为营业场所的传统批发零售店和以网络为载体的新型电子商务零售店。

#### 1. 传统批发零售店

虽然受到了电子商务的挑战，但由于人类消费习惯的根深蒂固，传统批发零售店依旧是销售行业的主流，许多大学生也选择开小型批发店或零售店的模式实现创业。传统批发零售行业的主要创业项目有个性服装专卖店、流行首饰及小配饰、日用小商品等非常多的种类。在校或刚毕业的大学生经常会选择在自己母校附近开店，一方面对于周边环境比较熟悉，同时也能紧跟年轻人时尚流行的方向。

#### 2. 新型电子商务零售店

由于成本低，不受时间、空间限制，电子商务已成为大学生创业的主流方式，大学生一般都可以熟练操作计算机，对网络也比较熟悉，网上创业是个很好的选择，大学生一般会利用天猫、淘宝等成熟的电子商务平台来开展网上批发、零售业务。

## （二）文教体产业

人的本性需求，可分作精神需求和物质需求两个方面，如果说批发零售业是为满足人们的物质需求的话，那么文化、教育、体育、娱乐等产业就是为了满足人们精神需求而出现的，文教体产业的前景可以说是极其广阔的。根据调查，有的大学生创业者选择了文教体产业作为创业方向，原因可能有以下两点。

第一，人们对精神文化的需求量的确非常大，所以这个产业中的创业项目也比较多，选择的空间比较大，因而很多大学生都希望在这一产业实现自己的创业理想。

第二，在这一领域创业，大学生可以充分发挥自己在知识文化水平上的优势。麦可思公司的调查显示，被调查的大学生创业者都是毕业于文学和教育这两个专业大类，可谓"专业对口"。

大学生在这一领域里主要从事的创业项目有家教培训、电影电视、健身中心、动画制作、艺术品及古董市场、音乐、广告、数码娱乐等。

## （三）制造业领域

一般分析认为，制造业由于资金需求量大、前期固定资产投入高等原因应该少有大学生涉足。但根据麦可思公司的调查，在制造业中寻找创业机会的大学生为数也不少，占创业大学生总数的11%。出现这种情况的原因可能有以下几点。

### 1. 创业大学生中工科类专业学生比例较高

根据调查显示，自主创业的大学生中，从工科类专业毕业的大学生占24%，比所占份额最多的文学类专业毕业生只差一个百分点。这些工科专业毕业的大学生中，肯定有很大一部分会利用自己的专业优势去创业，自然会选择制造类的创业项目。

### 2. 专业配套产品的前景广阔

实行改革开放四十年之后的今天，中国已成为世界制造业的中心。许多产品的生产越来越复杂，零部件繁多，可能需要几个甚至几十个小型企业提供配套的零部件，而每一个零件都可能催生一个子产业，产业链将会越来越长。因此，专业化配套产品将越来越红火，特别是一些大型企业生产布局向全国扩散后，将会形成一个以一种支柱行业为中心的系列产业群。有些大学生正是看中了这广阔的市场，选择微小型的制造业项目进行创业，为一些大型制造企业提供一些简单小型的配套产品。

### 3. 制造企业设计服务外包

有些制造企业为了降低成本，缩减了原来的工业设计部门，把非核心产品的设计工作外包出去，这就为学习工业制造和工业设计类的大学生提供很好的创业机会。他们可以通过创建小型的设计事务所，利用自己的专业知识和能力，为制造企业设计产品来实现自己的创业理想。

## （四）IT技术领域

互联网、电子商务、软件开发等领域的创业项目，起步投资少、场地要求低、设备相对简单，加上受到百度、阿里巴巴、搜狐、腾讯等企业创业成功典型案例的鼓舞，大学生们历来认为IT领域是最适合大学生创业，也最容易创业成功的领域。但现实中究竟有多少大学生会选择在IT行业创业呢？根据麦可思的调查，结果出人意料，仅有8%的被调查者是在IT行业中选择创业项目，比起科技含量高、技术革新快的行业，更多的大学生宁愿在成本、技术含量相对较低、收效相对较快的批发零售和文化、服务等行业中寻找机遇。

高校是科研成果和科技人才聚集的地方，高校毕业生在以技术为代表的高科技领域中创业有一定的优势，但大学生为何不愿意在这里选择合适的创业项目，笔者认为以下两个原因可能是问题的关键。

（1）此次调查的对象基本为大学本科及高职高专层次的大学生，由于目前大部分高校对本科生及以下的大学生实行的是通才教育和专业技能教育，大部分进行自主创业的学生不具备开发相关技术或转化科技成果的能力，而这是在IT领域创业能否成功的一个重要因素。

（2）IT领域的创业项目虽然开始投资不一定要很多，但随着技术研发的不断深入，对资金的要求也会越来越高，而且技术的开发周期一般都比较长，回笼资金的速度较慢，如果自有资金不足，也找不到合适的外部投资，企业就会面临流动资金短缺的问题，极可能导致企业的夭折。从这个意义上讲，技术领域的创业项目风险相对较高，大学生不敢轻易尝试也在情理之中。当前在领域中创业的大学生主要选择软件开发、网页制作、网络服务、手机游戏开发等创业项目。

### （五）便民服务行业

随着中国城市化进程的不断推进，出现了越来越多的大型居民社区，对各类社区生活服务的需求也越来越多，服务的内容会随着人们生活需要的多样化而不断丰富，便民服务业的前景一片看好。便民服务涉及家政服务、家电和生活用品的维修服务、简单医疗保健服务、旅游中介服务、小型餐饮服务、票务服务、数码冲印服务等，一般认为，只要是针对社区居民的一些简单便捷的服务项目，都可归于便民服务业的范畴。由于创业门槛较低，有的大学生创业者集中在这些便民服务产业中。但是大学生具备的知识优势在这类创业项目中不太明显，从事便民服务必然面临更多的市场竞争，走特色服务之路也许是选择这些创业项目的唯一出路。当然，还有一部分学生选择了如金融、建筑、物流等领域作为创业方向，但因不是当前大学生选择的主流创业项目，在此就不再进一步分析了。

与此同时，大学生在选择创业项目时，会受到如个性、背景、环境等诸多因素的影响。这些因素与大学生创业的成功与否也密切相关，只有在正确认识个人的性格和背景以及充分了解外部环境的基础上，大学生才能选到适合自己的创业项目，提高创业的成功率。

## 任务2 创业项目评估

### 引导案例

#### 舒义的三次创业

舒义19岁就开始创业，读大一时就是国内最早的web2.0创业者之一，创办过国内第一批博客网站Blogku、Blogmedia，还创建了一个高校SNS和一家校园电子商务公司。2006年舒义第三次创业，创办了成都力美广告有限公司，后发展为中西部最大的专业网络广告公司之一。2009年舒义成立北京力美广告有限公司（i-Media），两年内发展为国内领先的移动营销解决方案公司，并于2011年获得IDG资本投资。目前舒义开始尝试天使投资，投资创办过多家移动互联网公司。

（资料来源：百度文库）

**思考**：从舒义的创业之路，你想到了什么？

创业项目评估指标体系的构建是创业投资项目评选过程中最重要的问题。从评估指标体系的构成来看，指标体系除了包含财务指标外，还应包含技术、产品、市场等能够全面体现项目整体状况的指标。考虑到创业项目具有与传统项目投资所不同的特点，根据评估指标体系建立的可比性、全面性及经济效益、社会效益和环境效益相结合原则，结合国内外关于创业项目评估指标方面的研究成果，本书从创业投资项目整体的角度出发，综合考虑了影响创业者创业项目评估的多重因素，从创业团队素质、技术、产品、财务和市场等多方面构建了创业项目立项评估的多因素评估指标体系，以下是对评估指标体系各项指标的详细介绍。

## 一、创业者素质

创业项目与传统项目有所不同，与传统项目相比，更加依靠人的因素，需要通过创业者的个人能力，如知识、智慧、毅力等来降低创业选址风险，将创业企业不断地发展壮大，走向成熟。Ruby曾经说过，"对于一个创业企业来说，有一个容量大且成长迅速的市场是比较重要的，但在所有因素中，保持创业企业的良好管理和拥有强有力的管理者是最重要的"。因此，对于创业项目评估指标体系来说，需要首先考虑创业者自身素质。

（1）创业者内在品质。创业者应具备良好的社会道德品质，需要对社会进步和经济发展承担一定的责任，具备诚实正直的道德品质，这也是投资者和创业者双方合作的基础。除此以外，创业者还应具备锲而不舍、脚踏实地、敢于创新的品质，具有高度的责任心，愿意全身心投入到创业事业之中，有强烈的使命感，心理素质过硬，有强烈的追求成功的意愿。创业者个人的人际关系也是评价创业者品质的重要指标，人际关系代表了创业者的沟通能力。

（2）创业者经历及背景。创业者的个人的受教育背景、工作经历与创业者的经营能力、管理能力、个人魅力等有着直接的关系。因此，创业者个人的各种经历，包括投资的成功和失败经历，可以作为评价创业者个人以及评价投资项目的重要参考指标。另外，在创业者经历中还需了解创业者的个人财务状况、家庭成员状况等，将这些内容共同作为创业者背景方面的评价内容。

（3）创业者能力素质。评价创业者的个人能力，主要通过了解创业者个人具备哪些能力以及拥有各种能力的程度，来评价这些创业者个人能力对未来项目运作的影响程度，以此作为项目评价的重要指标。创业者的能力，可以概括为技术技能、概念技能、人际技能等。还可以进一步细化为经营管理能力、市场开拓能力、财务管理能力、社会交往和沟通能力、风险控制能力、市场适应能力、不断学习和创新能力等。

（4）创业者对商业模式的把握程度。商业模式构成了一个创业企业的核心内容，是创业企业生存和发展的前提。商业模式通常包括以下几方面内容：①企业的盈利方式是什么？目标市场和目标消费群体在哪里？消费者对企业的产品或服务的可接受的价格是多少？愿意花费多少钱去购买企业的产品或服务？②在本行业中，有多少主要的竞争对手？企业处于什么样的竞争地位？企业的竞争优势是什么？是集中的还是分散的？③以前是否有过其他公司在相同产品和服务投资成功的先例？如没有成功，失败的原因是什么？④本行业中产品和服务的价格的趋势怎样？⑤采取什么方式实现销售渠道及经济状况的顺畅？⑥企业是否为独立的法人？与哪些公司有关联？如投资、金融担保等的相对独立性如何。企业的原材料来源是否高度集中于一两家企业？比如，公司是否依赖其他公司的原料或产品来生产自己的产品？创业企业拥有一套成熟的商业模式，可以快速地建立起企业的竞争优势，为客户提供独特的产品和服务价值，从而为投资者带来收益，同时也可以降低投资者的投资风险，帮助创业企业应对外在的威胁，抓住潜在的机会，从容应对可能遭遇的市场竞争与挑战。

（5）创业者身体素质。创业者责任重大，尤其在企业的初创阶段，很多方面的事情都需要创业者本人亲力亲为，进行宏观控制、微观把握。这些活动不仅需要付出大量的脑力劳动，还要消耗大量的体力，同时还须承担极大的精神压力。没有一个好的身体素质也是无法胜任这些工作的，因此创业者必须具备良好的身体素质，具有强健的体魄和旺盛的精力。

## 二、技术评估指标

从创业投资（简称"创投"）对象的角度来思考，创投主要面向高新技术企业，对于创业投资家（企业）来说，理想的投资对象——创业企业所拥有的技术不仅具有区别于竞争对手技术的特点，还应有较小的实施风险，采用该项技术，能够使投资者获得高于社会平均的投资回报率，为此大学生在创业过程中，应该将技术评估指标作为创业项目选择的一个关键因素。技术方面的评估指标包括以下几项。

（1）技术先进性。技术水平的先进性体现为产品的市场竞争能力，对于高新技术企业尤其如此，技术水平是创业投资考虑的第一因素。从某种意义来说，先进技术就是高新技术企业生存的基础。创业投资在评价高新技术企业或项目以前，需要详细了解所投资高新技术企业的技术水平、该项技术的发展的趋势等，以上内容的掌握程度将关系到投资的成功与否。技术先进性的评价主要是根据国内外现有的同等技术所达到的参数来确定其是否具有先进性。技术先进性是对高新技术企业投资的前提，对于创业投资者来说，拥有创新的、先进的、独有的技术可为投资者带来显著的投资优势，先进技术也是创造产品市场，为创业企业带来超额利润的关键因素。

（2）技术成熟程度。新技术的成熟程度也是评价过程中创业投资家重点考察的因素。即使一项技术属于国内领先技术，但如果仅仅通过实验室的检验，而没有在实际生产环境中实现的话，那只能把它作为一项科研成果来对待，不能作为可转化获利的产品来评价。因此，为了降低投资风险，在进行高新技术项目评价时，需要认真考察该项技术的成熟程度如何。

（3）技术可替代性。替代技术是指可以用多种方法来获得同一产品和服务的技术。替代技术基本上能实现与原技术相同的功能，如果替代技术有可能在成本、可靠性等方面有更多的优势，那么计划投资的高新技术项目的风险就会加大。如果现有的替代技术在成本、可靠性等方面未达到上述程度，评估者应了解替代技术的发展趋势，预测在不久的将来是否对拟投资的技术会构成威胁，在这些调查的基础上，再去评价技术的可实施性。

（4）技术发展前景。对于高新技术的评估，不仅要了解技术的现状，如是否为国内或国际先进技术、是否为成熟技术等，还需对该项技术的发展趋势进行预测，以此来把握技术的生命周期的规律，从而来判断拟投资的技术是属于生命周期的哪个阶段，是属于成长型、成熟型还是收缩型，以此来辅助判断技术的可投资价值。处于不同阶段的技术的投资价值是明显不同的，对于处于成熟阶段的技术来说，其发展潜力有限，未来逐步会不如收缩期，它的长期获利能力会受到限制；而对于新兴技术来说，有较大的发展空间，可通过不断地进行技术创新来步入成熟阶段，此类技术的长期预期获利能力较强。

（5）知识产权的保护程度。最近几年来，在我国，由高新技术产业知识产权引起的纠纷越来越多，有相当一部分高新技术企业在初创期不重视知识产权的保护，而导致在后来蒙受巨大损失。所以，对于高新技术指标的建立，也需考虑技术所涉及的知识产权保护问题。做好高新技术的知识产权保护工作，会促进企业产品和服务的独有性，不但可以防止企业产品被仿冒，还可以提升高新技术企业的无形价值。

## 三、产品评估指标

（1）产业化预期。创业投资机构敢于承担高于普通投资的风险的原因在于，有可能获得比普通投资高得多的收益。获得高收益的关键在于将高新企业技术能转化为成熟的产品并实施产业化。产业化预期是创业投资者考察项目的一项重要指标，产品无法实施产业化，就意味着投资在短期内无法收回。产品产业化预期程度越高的项目，越会受到创业投资家的关注。而对于在可预期的时间内，无法进行产业化的项目，绝大多数创业投资者都不愿进行投资。

（2）满足市场需求的能力。高新技术企业所形成的产品或服务是否符合目标市场的当前需求和潜在需求，也是评估产品的重要内容，满足市场的能力及潜在市场的份额与企业的成功息息相关，这就要求在进行项目产品评估时，不仅要评估产品满足当前市场的能力，还要评估满足潜在市场的能力。

（3）适应市场变化的能力。如今的市场不是一个静态的市场，而是处于不断的变化之中，引起市场变化的因素很多，有宏观政治、经济因素，也有微观消费者偏好因素等，高新企业的发展方向会受到多种因素的影响，同时也会要求创业企业了解市场的变化状况及变化的趋势，使得企业产品能够快速地适应市场的变化，有时甚至能够引导市场的发展方向。

（4）产品的独特性。产品的独特性指创业企业的产品除了具有同类产品共有的功能外，还应该具备其他同类产品所没有的功能、性能和特点。产品的独特性可以为消费者带来产品的附加价值，提高产品的认知度，为企业带来更多的收益。在追求产品独特性的时候，需要考虑支撑独特性的技术是否可行，是否为成熟技术，是否具有良好的发展潜力，是否具备创新性、可靠性等特点。在进行产品独特性评价的时候，需要注意的是，不能一味地追求产品的独特性，独特性的作用是在满足产品的基本功能的前提下才能得到发挥。

（5）产品的防模仿性。目前我们所处的社会是一个信息和通信技术高度发达的社会，各种信息随着网络技术和通信技术的发展已经突破了时间和空间的约束，信息的传播速度非常快。当一种新技术应用到一种新产品上，投入并得到市场认可后，势必在短期内出现大量的模仿者，如果产品技术含量低，容易被模仿，产品所拥有的市场份额也会被其他效仿者瓜分，由产品技术带来的超额利润也将逐步减少，这些都会给投资者带来极大的投资风险。因此进行项目形成的产品评估时，需要考虑产品的防模仿性，使得产品在尽可能长的时间内保持竞争优势。

## 四、市场评估指标

（1）市场规模。按照波士顿矩阵的原理，产品市场占有率越高，创造利润的能力越大。产品的目标市场容量越大、市场规模越大，那么该产品获得成功的可能性也会提高。反之，产品规模较小，市场容量小，同时也存在着同类产品和替代产品的竞争，该产品创造高额利润的空间就会缩小，也不会给投资者带来高的投资回报率。因此，进行市场评估需要了解产品的目标市场规模和目标市场容量，面向一个大容量的市场是为投资者获得预期收益的基本条件。

（2）进入壁垒。创业企业的产品和服务通常是利用创新型技术的结果。一旦该产品投入市场，获得市场认可，带来经济效益，将会出现一批市场跟随者来瓜分市场份额。因此，在进行市场评估时，也要考虑将来建立市场壁垒，防止市场跟进者推出模仿产品而对创业企业的领先地位造成威胁。建立高效的技术壁垒可以阻止后来者进入市场参与竞争，也可使创业企业在一定时间内保持垄断地位，获得由垄断地位带来的高利润。创业企业是否计划建立市场的进入壁垒以及壁垒保护期的长短，是投资家在进行投资以前需要重视的因素。

（3）市场竞争性。不管创业企业使用的技术有多么先进、成熟，推出的产品具有多大的独特性，以及企业在技术领域方面建立壁垒有多完善，都会有竞争对手为追求高额利润而进入该目标市场参与竞争。目前，全球经济和市场一体化，信息和通信技术的发展为市场的自由竞争提供了可能。市场上存在的竞争对手，会减少创新企业的市场份额，降低企业的经营效益。市场竞争性越强，创业企业的利润率会降低，投资回报率也会降低；同时，创业企业的产品还需面对替代品的竞争；进行市场评估也要进行产品的目标市场的竞争性调查。市场竞争过度激烈，不利于企业的长久发展。

（4）市场需求的稳定性。创业企业产品的市场需求具有高度的不确定性，一旦出现更先进的技术和更廉价的替代品，创业企业的产品和服务就会面临市场需求的急剧下降，甚至失去该目标市场。创业企业投资者希望创业企业能够快速适应市场的变化，但在评价目标市场的时候，希望所面对的市场相对稳定，尽量少有大起大落的现象。市场需求的稳定性越强，创业企业面临的风险越小。

## 五、财务评估指标

（1）资金投入规模。每个创业者都会根据自身所拥有的资金投入规模、项目所在行业、风险偏好等因素来选择创业方向。通常在资金投入规模方面，创业者会设定所投资项目的资金规模的上限和下限。超出资金投入规模上限的项目会增加项目风险，也会使创业者投入更多的精力去争取资金等事宜，通常在财务方面，资金投入规模是创业者重点考虑的因素。

（2）创业预期收益。创业者之所以创业，最终目的不外乎就是获得一定的经济效益或社会效益。在进行创业项目评估时，投资收益的指标是每个创业企业最关注的指标。投资收益的评估一般包括两部分：一方面是对企业近期的收益水平进行评估；另一方面是对企业未来若干年的预期收益水平进行评估。对于大部分创业企业来说，近期的收益水平很低，有的甚至几乎为零，是因为他们没有正式投产或处于试运行阶段。因此，对于预期收益水平的评估就成为创业者需要重点关注的因素。

（3）财务计划的合理性。财务计划是指企业以货币形式预计计划期内资金的取得与运用和各项经营收支及财务成果的书面文件。财务计划包括产品和服务的销售收入预测、预计资产负债表、利润计划、现金流量计划等。财务计划的合理性考察是对各种财务数据的合理程度评估及融资规划的可行性判断等。对财务计划进行合理的预测，可使企业各项目标具体化，明确企业的融资计划，有助于创业者作出正确的财务决策。

## 六、环境评估指标

（1）企业文化的营造。对于创业者来说，在进行创业项目的评估时，财务指标是他们考虑最多的因素，希望所投入的资金能获得较高的收益，同时，创业者也应该将企业文化理念的建设和营造作为创业企业发展的重点。强有力的企业文化可以成为激发员工积极性、使员工全身心投入工作的动力，也可以有效地促进企业中长期业绩的增长，甚至可以渗透到企业的产品和服务中。越来越多的管理理论和实践表明：在当今全球化的市场竞争环境中，企业的核心竞争力的组成要素不仅包括有形资源如能源、技术、设备、人力、产品等，还包括品牌、企业文化等众多无形资源。现代营销理论指出，企业市场营销的内涵不再仅仅是产品与服务的传送，更重要的是企业文化和经营理念的传播。当某一企业文化被其目标市场接受和认可，那么自然而然会接受蕴含其企业文化的产品和服务。企业文化的认同，将极大地提升企业的市场竞争能力。在进行创业企业项目评估时，需要重视该企业的企业文化对现有企业和未来发展的影响。对于创业企业来说，具有合理的经营理念和有力的企业文化是保障其得以发展壮大的基础。

（2）自然环境。自然环境是指创业企业所在的地理位置、气候条件、资源状况等。创业者在评估创业项目时，需要了解该企业所处的地理位置，是否有发生自然灾害的可能，如洪水、地震、海啸、台风等，气候条件对企业的生产制造的影响程度，原材料和能源的可获得性，生产场地与目标市场的距离等因素。这些因素都会影响企业的生产制造、产品销售、产品的直接成本和间接成本等多个方面。创业企业需要详细调查本项目产生地的自然环境，分析这些环境对创业企业经营管理的影响程度，对企业市场开拓和投资收益的影响，只有建立在详尽的调查和充分的论证的基础上，才会作出有利于创业者的最终决策。

（3）政策法规。政策法规包括政府对创业企业的税收、质量标准、技术标准、环保政策，以及对行业发展所制定的财政支持政策、项目审批（备案）制度等。了解对于企业所涉及的各种政策法规，也是创业企业进行项目评估考虑的重点。

## 七、发展规划

（1）公司定位。主要包括：主营业务定位、市场定位、规模定位、行业定位、区域定位等。

（2）发展规划可操作性。主要包括：发展阶段划分的合理性、发展方式的合理性以及实施步骤的可操作性。

（3）本阶段发展目标评估。主要包括：设计生产规模合理性、现有条件匹配性、拟新增投资合理性、实施方案合理性、达产后市场份额分析、开拓计划的合理性、融资方案的合理性等。

## 八、社会效益

社会效益主要包括：对社会环境的影响、社会经济的影响、生态环境的影响、自然资源的影响等。

总结以上各项评估指标，以及对各项指标进行进一步细化，构建了创业企业项目选择评估指标体系，见表2-2。

表 2-2　创业企业项目选择评估指标体系

| | | | |
|---|---|---|---|
| 企业内部 | 人 | 创业者及团队 | 创新 |
| | | | 合作 |
| | | | 特质 |
| | | | 领导能力 |
| | | | 管理能力 |
| | | | 开拓能力 |
| | | | 沟通能力 |
| | | | 经历与背景 |
| | | | 身体素质 |
| | | | 商业洞察力 |
| | | | 团队合作 |
| | | | 团队背景构成合理性 |
| | | | 团队执行力 |
| | 利益相关者 | 企业构架 | 股东背景构成 |
| | | | 股东权益保护情况 |
| | | | 管理架构合理性 |
| | | | 管理架构的效率性 |
| | 产品相关类 | 产品 | 独特性 |
| | | | 反模仿性 |
| | | | 适应市场变化能力 |
| | | | 满足市场需求能力 |
| | | 技术 | 自主创新性 |
| | | | 先进性 |
| | | | 成熟性 |
| | | | 不可替代性 |
| | | | 提升空间 |
| | | | 保护程度 |
| | | 行业 | 行业壁垒 |
| | | | 产品在行业中的地位 |
| | | | 企业在行业中的地位 |
| | | | 行业产能 |
| | | | 增长潜力 |
| | | 市场 | 需求及容量 |
| | | | 产品结构 |
| | | | 目标市场份额 |
| | | | 潜力增长空间 |
| | | | 稳定性 |
| | | | 直接竞争对手 |
| | | | 替代技术或成品 |
| | | | 互补技术或成品 |

续表

| | | | |
|---|---|---|---|
| 企业内部 | 财务及发展规划 | 财务 | 偿债能力 |
| | | | 盈利能力 |
| | | | 运营能力 |
| | | | 成长能力 |
| | | | 预期收益 |
| | | | 财务计划合理性 |
| | | | 投资变现能力 |
| | | | 投资收益率 |
| | | | 投资回收期 |
| | | 发展规划 | 发展目标的清晰合理性 |
| | | | 与企业实况相符性 |
| | | | 实现的可行性 |
| | | | 盈利模式可行性 |
| | | | 生产设备完备性 |
| | | | 项目技术发展阶段 |
| | | | 企业发展阶段 |
| | | | 资产匹配程度 |
| | | | 融资能力 |
| | | | 主营业务定位 |
| | | | 规模定位 |
| | | | 市场定位 |
| | | | 行业定位 |
| | | | 区域定位 |
| | | | 发展阶段划分的合理性 |
| | | | 发展方式的科学性 |
| | | | 发展步骤的可操作性 |
| | | | 设计生产规模合理性 |
| | | | 现有条件匹配性 |
| | | | 拟新增投资合理性 |
| | | | 实施方案合理性 |
| | | | 达产后市场份额分析 |
| | | | 开拓计划的合理性 |
| | | | 融资方案合理性 |
| 企业与环境的互动 | 直接环境 | 自然环境 | 资源状况 |
| | | | 能源状况 |
| | | | 交通状况 |
| | | 政策环境 | 行业政策 |
| | | | 税收政策 |
| | | 环境效益 | 对自然和生态环境的影响 |
| | | | 对环境改善的贡献 |
| | 间接环境 | 社会环境 | 对经济和社会发展的促进 |
| | | | 对就业机会的影响 |
| | | 文化环境 | 地域文化 |
| | | | 道德 |

根据相关研究成果及作者多年的实践经验，该指标体系是较为科学和全面的，基本上涵盖了选择一个创业项目所应涉及的各个方面。

## 项目回顾

本项目借鉴了许多较为成熟的项目管理理论，结合创业项目的特点，总结了一些影响大学生选择创业项目的因素。创业项目区别于一般的项目，就是其管理的不确定性比一般项目要大得多，因此对创业项目进行全面、科学的分析就显得极其重要。同时，大学生作为一个特殊的创业群体，具有自身独有的特点，在选择创业项目时，对创业项目的特点和大学生的特点了解得越清楚，创业成功的可能性也越大。再从项目管理学的角度出发，立足于大学生创业项目的选择阶段，结合麦可思公司的调查数据，着重研究了目前大学生选择创业项目的主要领域，并对这一现状的原因进行了简要的分析，在此基础上提出了大学生选择创业项目时的影响因素，通过理论假设和数据实证相结合的方法，为处于创业项目选择期的大学生提供了一些可供参考的理论依据，希望能对大学生创业项目的选择有一个更科学、更全面的把握。本项目对创业项目评估指标体系的建立进行了分析和研究，结合创业投资相关理论，设计出了一套可操作性强的创业项目评估指标体系，并进行了约简，为以后的创业项目的具体评估与机会识别打下基础。

## 复习思考

1. 什么是创业项目？
2. 创业项目特点有哪些？
3. 选择合适的创业项目的重要性有哪些？
4. 合理选择创业项目的依据是什么？
5. 当前创业者选择创业项目主要在哪些领域？
6. 如何评估一个创业项目？

## 综合案例

### Phpwind 的发展之路

王学集出生于浙江温州，毕业于浙江理工大学。大学时和两位同学一起创业，大三时正式发布 phpwind 论坛程序。2004 年大学毕业的王学集成立公司，公司亦命名为 phpwind，中文名"杭州德天信息技术有限公司"，专门提供大型社区建站的解决方案。目前，phpwind 已成为国内领先的社区软件与方案供应商，PW6.3.2 版本的推出更在社区软件领域树立起一个极高的技术壁垒，phpwind8.0 系列版本则推动了社区门户化。

phpwind 于 2008 年 5 月被阿里巴巴以约 5000 万人民币的价格收购，现在隶属于阿里云计算有限公司，为阿里云计划提供了强有力的支持。

**思考：**以上案例中有何特点？分析其成功的原因。

## 实训项目

学生分级组成项目团队，调查学校周围的大学生创业园区，然后分析创业园区入驻的创业企业的特点及存在的问题，并结合调研结果构思一个自己的创业项目，并做 SWOT 分析。各项目团队选出一名代表，准备汇报。

# 项目三　创业企业注册管理

## 创业寄语

马云：我跟所有人一样，开始的榜样是比尔·盖茨、李嘉诚。后来发现他们不是我的榜样……，他们太大、太强，没法学习。真正的榜样其实就在你身边——斜对面的小饭馆。

## 学习目标

**素质目标**
1. 掌握良好的创业思维及管理理论。
2. 树立良好的个人创新创业能力，提高企业持续发展能力。
3. 在培养创业意识中增强个人自我约束能力、企业经营能力。

**技能目标**
1. 掌握创业过程中的决策能力、判断能力、分析能力。
2. 懂得创业中的资源营运能力，在创业中增强适应能力。

**知识目标**
1. 了解企业名称登记的基本内容。
2. 掌握公司章程拟定的基本内容。
3. 掌握注册资本及验资的概念。
4. 熟记公司工商注册基本流程。

## 项目结构

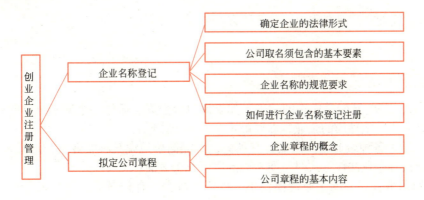

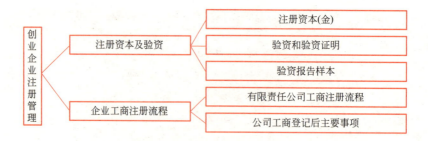

 **职业指引**

　　创业事实上也是一个法律行为。一旦开始创业，哪怕你只是创办一家规模很小的企业，在注册过程中也会涉及许多复杂的法律问题。因此，对于渴望创业的人来说，在真正创业、创办之前学习相关的法律知识、掌握基本的注册事务，是重要的准备工作。本项目主要根据《中华人民共和国公司法》《中华人民共和国企业法人登记管理条例》《企业名称登记管理规定》《企业名称登记管理实施办法》《企业法人法定代表人登记管理规定》等相关文件，对企业初创者开办企业的登记事宜进行探讨，旨在高效地完成企业的注册登记。由于各地政府在企业注册登记方面的制度不尽相同，相关规定、文件也在不断修改完善，创业者还要根据本地的实际情况对注册登记的流程进行修正。

## 任务1　企业名称登记

 **引导案例**

　　火锅品牌"海底捞"公司，发现北京一家餐饮公司使用"天天海底捞"进行店名宣传后，将对方告上法院，索赔50万元。近日，北京市第一中级人民法院已对该案立案。四川简阳海底捞餐饮公司表示，1997年，他们公司注册了"海底捞"企业名称。2007年，他们发现北京市某餐饮有限公司的一家饭店内也使用了"海底捞"字样。此前，该公司许可北京海底捞餐饮公司使用"海底捞"商标，5年内就收取了500万元商标使用费。所以，被告擅自使用与"海底捞"近似的公司名称，给该公司造成了巨大的经济损失，请求法院判令对方立即停止侵权行为，并赔偿50万元经济损失。

　　**思考**：企业在注册名称应该注意什么？

### 一、确定企业的法律形式

　　俗话说：好的开始是成功的一半。如果你也要建立、运作一个属于自己的企业，首先要想清楚办一个什么性质的企业，即要确定企业的法律形式。

　　如上所述，各种企业法律形式各有利弊，不能简单地说某种企业法律形式最好或最差。大学生创业选择企业法律形式时，要考虑到以下几个方面：

　　（1）如果准备开办的企业规模较小，投资人数少，有较强的独立意识，不愿与他人合作，所有风险由自己一人承担，那么就可以选择比较简单的经营组织形式，如个体工商户或个人独资企业。

（2）如果准备开办的企业规模较大，投资人比较多，需要的资金较多，为避免较大的债务风险，可以选择有限责任这种企业类型。

（3）如果有其他的合伙人，则可以选择合伙企业、有限责任公司等企业类型。

（4）如果能争取国外的投资者，享受外商投资的有关优惠政策，则可以考虑选择中外合资企业类型。

## 二、公司取名须包含的基本要素

企业要有自己的名称，这是法律的规定。《中华人民共和国民法总则》（2021年1月1日起正式实施《中华人民共和国民法典》）规定，法人应当有自己的名称。《中华人民共和国公司法》《中华人民共和国合伙企业法》《中华人民共和国个人独资企业法》《中华人民共和国全民所有制工业企业法》等也都规定了企业名称是设立企业时应当具备的条件之一。

构成企业名称的四项基本要素是行政区划名称、字号、行业或经营特点、组织形式。这是国家对公司起名的一般要求也是强行规定。例如东莞（行政区划）+管理咨询（行业特点）+有限公司（组织形式）。

1. 行政区划名称

指企业所在地县以上行政区划的名称。企业名称中的行政区划名称可以省略"省""市""县"等字，但省略后可能造成误认的除外。一般来说，这些可省略的公司名称具有规模大、行业特殊、公益等特点。行政区划名称应置于企业名称的最前部。

经国家工商行政管理总局核准，符合下列条件之一的企业法人，可以使用不含行政区划的企业名称：

（1）国务院批准的；

（2）国家工商行政管理总局登记注册的；

（3）注册资本不少于5000万元人民币的；

（4）国家工商行政管理总局另有规定的。

此外，只有全国性公司、大型进出口公司、大型企业集团才可以使用"中国""中华""全国""国际"等文字；只有具有三个分支机构的公司才可以使用"总"字，分支机构的名称应冠以所属总公司名称，并冠以分公司字样，同时标明分公司的行业名称和行政区划地名。

2. 字号

又称"商号"，是构成企业名称的核心要素，是某一企业区别于其他或社会组织的主要标志。在企业名称的四个部分中，字号是最能体现企业个性、最醒目的部分，是企业名称的灵魂。"康师傅""娃哈哈""蒙牛""恒大""比亚迪"这些品牌相信大家已经是耳熟能详，但我们不一定记得它们企业的全称。

字号应由两个以上的汉字结成。企业名称中的字号除符合《企业名称登记管理规定》特别条款外，字号应置于行政区划之后，行业或经营特点之前。企业有自主选择企业名称字号的权利，但所起字号不能与国家法律、法规相悖，不能在客观上使公众产生误解和误认。另外，企业名称字号一般不得使用行业术语。此外，只有私营企业、外商企业才可以使用投资者姓名作为商号。

 **案例分析**

### 万艾可 Vs. 伟哥

《中国经营报》报道：辉瑞公司同威尔曼公司打了10年的官司终于结案。辉瑞"VIAGRA"进入中国多年，一直只能叫"万艾可"，不能使用大名鼎鼎的"伟哥"，就是因为威尔曼公司抢先注册了"伟哥"商标，虽然辉瑞最先使用"伟哥"这个名字。失去了脍炙人口的商标带来的影响显而易见，虽然"万艾可"已经使用多年，但是至今难成气候，不信你可以随便调查一下消费者，问对方知道"万艾可"还是知道"伟哥"呢？

辉瑞事件再次说明抢先注册商标的重要性，无论你是什么行业的公司。规模大小都应先把商标搞定，否则后悔晚矣！像这样的事件比比皆是，我们最为熟悉的腾讯公司也犯过类似这样的错误。最后不得不以高价从别人手里买回QQ的注册商标。

#### 3. 行业或经营特点

企业要根据自己的经营范围或经营方式确定名称中的行业或者经营特点字词。该字词应具体反映企业生产、经营、服务的范围、方式或特点，不能单独使用"发展""开发"等字词；使用"实业"字样的，应有下属三个以上的生产、科技型企业。企业确定名称中的行业或经营特点字词，可以依照国家行业分类标准划分的类别使用一个具体的行业名称，也可以使用概括性字词。

企业经营业务可以按照国民经济行业分类的，可以选择一个大类名称或使用概括性字词在名称中表述所从事的行业，也可以在名称中不反映企业所从事的行业。

#### 4. 组织形式

所谓组织形式，即企业名称中反映企业组织结构、责任形式的字词，如公司、中心、店、堂等。目前，我国企业组织形式的称谓多种多样，概括起来，可分为两大类，一是公司类，按照《中华人民共和国公司法》设立的公司，其名称必须标明"有限责任公司"或"股份有限公司"，"有限责任公司"也可以简称为"有限公司"；二是一般企业类，依照《中华人民共和国企业法人登记管理条例》设立的企业，其名称中的组织形式称谓纷繁多样，如"中心""店""场""城"等。组织形式一般不能连用或混用。

公司名称一定要适合企业特点及公司发展战略要求，注意品牌建设。公司名称不是越大越好，小公司不可能注册成"中""国"字头公司。一般而言，一个好的公司名称应具备两个特征：第一，从外在的信息看，名称要字音响亮、字义吉祥、字形优美，要文雅、悦耳、易记，奇特而不古怪、意新而不露骨，脱俗而又利于众人接受，要努力避免重名和不雅名的出现；第二，从内在的信息看，名称要体现行业产品特点。

一个有声誉的品牌，是一个企业拥有的一笔永久性的精神财富，同时也是物质财富。有一位权威人士说：海尔如果在一夜之间倒闭了，只要其"海尔"商标还在，明天又能同样壮大。一个企业，只要其名称、商标一经登记注册，就拥有了对该名称的独家使用权。

### 三、企业名称的规范要求

（1）企业法人必须使用独立的企业名称，不得在企业名称中包含有另一个法人名称。

《企业名称登记管理规定》明确规定．企业名称不得含有国际组织名称、国家（地区）名称、政党、宗教名称；同家机关、党政机关、军队机关、事业单位、社会团体名称；军队番号或代号。

企业法人是依法设立，以营利为目的，以自己的名义从事生产经营活动，独立享有民事权利和独立承担民事责任的经济组织。独立享有民事权利和独立承担民事责任的经济组织是企业法人最本质的特征。而企业法人的名称权是企业法人人身权的重要组成部分，是企业法人享有其他民事权利、承担民事责任的前提和基础。如果企业法人的名称包含其他企业法人或其他法人组织的名称，则容易引起社会公众对企业法人行为责任的误认，引发经济纠纷或在经济纠纷中混淆权利、义务主体，使问题复杂化。

（2）企业名称中不得含有另一个企业名称。企业名称不得含有另一个具有法人资格的企业名称，也不得含有另一个不具有法人资格的企业名称，如合伙企业、个人独资企业。合伙企业或个人独资企业虽然不具有企业法人资格，但作为一个独立的经济组织，它可以以自己的名誉从事经营活动，可以依法享有法律、行政法规规定的其他权利，并且由投资人承担无限责任。合伙企业或个人独资企业投资设立其他企业，不包括企业分支机构，新设立的企业名称中不得含有合伙企业或个人独资企业的名称。

（3）企业名称应当使用符合国家规范的汉字，民族自治地区的企业名称可以同时使用本地区通用的民族文字。企业名称不得含有外国文字、汉语拼音字母、阿拉伯数字。一个政府使用何种文字作为官方文字体现着一个国家的主权。各级工商行政管理部门依法对企业实行登记注册和对企业名称实行登记管理的行为是国家主权的具体体现。因此，对于企业名称应当使用汉字，不得含有外国文字的要求并不过分。

外文名称是中文名称的译文，属企业根据自己对外经营活动的需要翻译使用的问题。在英语地区翻译成英语、在日语地区翻译成日语等，只要译文符合国际通用翻译原则，与中文名称一致即可。企业名称中有下列情况的可以使用数字：如地名中含有数字的，如"四川×××公司"等；固定词中含有数字的，如"×××四通公司"等；公司使用序数词的，如"×××第一建筑公司"等。

（4）企业名称不得包含有损国家利益或社会公共利益、违背社会公共道德、不符合民族和宗教习俗的内容。企业是社会经济生活的细胞，维护国家整体的利益和社会公共利益，遵守社会的公共道德，不仅是每个公民的义务，也是每一个企业应尽的义务。企业名称不得含有不符合民族和宗教习俗的内容，特别是在少数民族地区设立的企业，申请和核准企业名称时应注意当地各民族的生活习俗和宗教习俗，回避当地民族和宗教的禁忌。

（5）名称不得含有违反公平竞争原则、可能会使公众产生误解、可能损害他人利益的内容。

（6）企业名称不得含有法律或行政法规禁止的内容。企业名称不仅要符合《企业名称登记管理规定》的有关规定，同时也应符合其他国家法律或行政法规的规定。

（7）企业名称是企业权利和义务的载体，企业的债权、债务均体现在企业名称项下。企业申请登记的企业名称不得与其他企业变更名称未满3年的企业名称相同，或者与注销登记或被吊销营业执照未满3年的企业的名称相同。

## 四、如何进行企业名称登记注册

在给自己的企业取好名字后，企业名称还须经过登记注册才有效。企业名称登记注册的一般程序是先申请企业名称预先核准，在有效期内办理企业设立登记，同时完成企业名称的登记注册。

### （一）申请企业名称预先核准

（1）申请名称预先核准需向工商行政管理部门提交的材料：

① 全体投资人签署的《企业名称预先核准申请书》（表3-1）；

② 全体投资人签署的《指定代表或者共同委托的证明》及指定代表或者共同委托代理人的身份证复印件（本人签字），证明上应标明具体委托事项、被委托人的权限、委托权限；

③ 申请名称冠以"中国""中华""国家""国际""全国"等字词的，提交国务院批准文件复印件；

④ 根据登记机关的具体要求提交其他相关材料。

工商部门将在受理企业提交全部企业名称预先核准申请材料之日起10日内，对申请核准的企业名称作出核准或驳回的决定。核准的，发给《企业名称预先核准通知书》；驳回的，发给《企业名称驳回通知书》。预先核准的企业名称保留6个月，企业有正当理由在6个月内未能完成设立登记的，在保留期届满前，可以申请延长保留期，延长的保留期不得超过6个月。特别要提示的是，为避免自己的企业名称与已有企业名称重名，建议多取几个备用的名称，或事先向工商部门进行名称查询。

（2）在有效期内办理企业设立登记，同时完成企业名称的登记注册。

### （二）企业名称登记管辖

企业名称登记管辖，是指我国各级工商行政管理机关是企业名称登记的主管机关，并对企业名称实行分级登记管理。

国家工商行政管理总局主管全国企业名称登记管理工作，并负责核准下列企业名称：①冠以"中国""中华""全国""国际"等字样的；②在名称中使用"中国""中华""全国""国际"等字样的；③不含行政区划的。

**表3-1　企业名称预先核准申请书**

| 申请企业名称 | ××××建筑设计有限公司宁波分公司 |
|---|---|
| 备选企业名称<br>（请选用不同的字号） | 1.<br>2.<br>3. |
| 经营范围 | 许可经营项目：建筑工程的设计及咨询（以上经营范围中涉及国家法律、行政法规规定的专项审批，按审批的项目和时限开展经营活动）<br>一般经营项目：<br>（只需填写与企业名称行业表述一致的主要业务项目） |
| 注册资本（金） | （万元） |
| 企业类型 | 有限责任公司分公司 |
| 住所所在地 | ×××××××× |
| 指定代表<br>或者委托代理人 | ×× |

指定代表或委托代理人的权限：
1. 同意√不同意□核对登记材料中的复印件并签署核对意见；
2. 同意√不同意□修改有关表格的填写错误；
3. 同意√不同意□领取《企业名称预先核准通知书》。

| 指定或者委托的有效期限 | 自2012年12月17日至2013年6月30日 |
|---|---|

注：1. 手工填写表格和签字请使用黑色或蓝黑色钢笔、毛笔或签字笔，请勿使用圆珠笔。
2. 指定代表或者委托代理人的权限需选择"同意"或者"不同意"，请在□中打√。
3. 指定代表或者委托代理人可以是自然人，也可以是其他组织；指定代表或者委托代理人是其他组织的，应当另行提交其他组织证书复印件及其指派具体经办人的文件、具体经办人的身份证件。

# 任务 2  拟定公司章程

 **引导案例**

鲁泰公司是一家国有公司，王某在该公司担任董事长职务。鲁泰公司于 2004 年募集资金 3350 万元成立亿丰公司，其中王某出资 850 万元，持股 25.37%。2006 年，未经鲁泰公司董事会决议，王某指示公司员工将鲁泰公司 500 万元承兑汇票用于亿丰公司向银行质押贷款 300 万元。

法院经审理认为，按照鲁泰公司章程规定，董事会行使对公司对外提供保证、抵押及其他方式的担保作出决议的职权，董事长职权中不包含此项权利，王某在未召开董事会的情况下擅自决定将鲁泰公司承兑汇票提供给亿丰公司用于质押贷款违反了公司章程的规定，由于未按章程规定交董事会讨论，属于个人决定。结合案件其他方面，法院最终认定王某"为谋取个人利益，利用职务之便，未经董事会讨论，擅自决定以单位名义将本单位 500 万元承兑汇票挪用给其个人参股的亿丰公司用于质押贷款 300 万元，使公款处于风险之中，其行为已构成挪用公款罪"。

关于公司章程效力，公司章程作为公司这一社会团体的自治法规，只能对公司本身、股东、董事、经理等内部人员具有约束力，而不能对抗善意第三人。公司章程对内约束力集中表现为对公司内部的组织和活动的约束力。《中华人民共和国公司法》禁止公司董事、经理与公司进行交易，主要是为了保护公司的利益。董事、经理除公司章程规定或者股东会同意外，不得同本公司订立合同或者进行交易。

**思考：** 分析拟定公司章程的意义所在。

## 一、企业章程的概念

"企业章程"是创业企业设立的必备法律文件，也是企业组织与行为的基本准则。公司章程、合伙协议都属于这个范畴。企业章程对企业的成立及运营具有十分重要的意义，它既是企业成立的基础，也是企业赖以生存的灵魂。

（1）企业章程是企业设立的最基本条件和最重要的法律文件，设立企业必须订立企业章程，没有章程，企业就不能获准成立。

《中华人民共和国公司法》（以下简称《公司法》）第十一条规定：设立公司必须依法制定公司章程。公司章程对公司、股东、董事、监事、高级管理人员具有约束力。《中华人民共和国合伙企业法》（以下简称《合伙企业法》）第十四条第二款规定：设立合伙企业应当"有书面合伙协议"。

（2）企业章程是确定企业权利、义务关系的基本法律文件。企业章程经有关部门批准即对外产生法律效力。企业依章程享有各项权利，并承担各项义务。符合企业章程的行为受国家法律保护，违反章程的行为就要受到干预和制裁。

（3）企业章程是企业投资者内部之间利益博弈的产物。对于每一个投资者而言，参与制定企业章程，是避免投资风险、确保自身合法利益的重要手段。无论是合伙协议还是公司章程都需要每个投资者签署方才有效，因此章程的制定必须考虑周全，照顾到全体投资者的意愿，才能尽可能地保证公平。

（4）企业章程是企业实行内部管理和对外进行经济交往的基本法律依据。企业章程规定了企业组织和活动的原则及细则，它是企业内外活动的基本准则。它规定的投资者权利义务和确立的内部管理体制，是企业对内进行管理的依据。同时，企业章程向外公开注明的企业宗旨、营业范围、资本数额以及责任形式等内容，也能为投资者、债权人、与该企业进行经济交往的第三方提供了条件和资信依据。

## 二、公司章程的基本内容

### 1. 法律的相关规定

《公司法》第二十五条规定："有限责任公司章程应当载明下列事项：

（一）公司名称和住所；

（二）公司经营范围；

（三）公司注册资本；

（四）股东的姓名或者名称；

（五）股东的出资方式、出资额和出资时间；

（六）公司的机构及其产生办法、职权、议事规则；

（七）公司法定代表人；

（八）股东会会议认为需要规定的其他事项。"

《合伙企业法》第十八条规定："合伙协议应当载明下列事项：

（一）合伙企业的名称和主要经营场所的地点；

（二）合伙目的和合伙经营范围；

（三）合伙人的姓名或者名称、住所；

（四）合伙人的出资方式、数额和缴付期限；

（五）利润分配、亏损分担方式；

（六）合伙事务的执行；

（七）入伙与退伙；

（八）争议解决办法；

（九）合伙企业的解散与清算；

（十）违约责任。"

凡是必备条款，也就是企业章程的法定记载事项，一个都不能少，没有记载法定事项，意味着章程不完善。

### 2. 强制性条款和非强制性条款

强制性条款，是指该条款的内容由法律和行政法规强制性规定，章程不得作出变更。如《公司法》第四十三条中关于"股东会会议作出修改公司章程、增加或者减少注册资本的决议，以及公司合并、分立、解散或者变更公司形式的决议，必须经代表三分之二以上表决权的股东通过"的规定就是强制性条款，公司章程在记载该法定事项时只能复述法律而不能对其作出变更。

对于强制性条款，在章程中照抄法条就可以了。

非强制性条款，是指在不与法律法规明文规定相抵触的前提下，章程可以进行自行规定的条款。如《公司法》第十三条规定，"公司法定代表人依照公司章程的规定，由董事长、执行董事或者经理担任"；再如《公司法》第四十二条规定，"股东会会议由股东按照出资比例行使表决权；但是，公司章程另有规定的除外"。根据这一规定，股东如何行使表决权就是公司章程可以自行决定的事项，且公司章程的规定可以高于法定，也就是说如果公司章程没规定，则股东会会议由股东按照出资比例行使表决权，如果公司章程设定不按照出资比例而是按其他办法行使表决权的，则按照公司章程的规定来办。拟定章程水平的高低，往往就体现在这些非强制性条款上。如果自己感到力不从心，可以考虑咨询专业的律师。

### 案例分析

#### 违反规定的股权转让

A、B、C 三个公司各出资 500 万元成立 D 公司，并共同制定了公司章程。章程规定：股东按照出资比例分取红利，并可以优先认缴公司新增资本，同时规定，股东可以抽回其出资或者可将其出资直接转让给他人。公司成立后，由于市场不景气，公司效益不好，于是 A 公司想抽回其出资，退出公司，在得到 B、C 两个公司明确否认后，A 公司在未经 B、C 两公司同意的情况下，依据公司章程的规定，直接将自己股权全部转让给了 E 公司。

公司章程是关于公司组织和行为的基本规范。公司章程是公司的自治规章，公司章程对公司、股东、董事、监事、高级管理人员都具有约束力，章程条款不得与《公司法》以及其他法律法规的强制性规则相冲突，否则该条款无效。公司章程具有以下作用：是公司设立的最主要条件和最重要的文件；是确定公司权利、义务关系的基本法律文件；是公司对外进行经营交往的基本法律依据。有限责任公司的章程，必须载明下列事项：公司名称和住所；公司经营范围；公司注册资本；股东的姓名和名称；股东的权利和义务；股东的出资方式和出资额；股东转让出资的条件；公司机构的产生办法、职权、议事规则；公司的法定代表人；公司的解散事由与清算办法；股东认为需要规定的其他事项。

本案中，三个股东在公司章程中关于"股东可以抽回其出资"的约定违反了《公司法》第三十五条规定，即"公司成立后，股东不得抽逃出资"的强制性规定而无效。而该章程中"可将其出资直接转让给他人"的约定则未违反《公司法》的相关强制性规定。虽然《公司法》第七十一条规定了有限责任公司的股东"向股东以外的人转让股权，应当经其他股东过半数同意。股东应就其股权转让事项书面通知其他股东征求同意，其他股东自接到书面通知之日起满三十日未答复的，视为同意转让。其他股东半数以上不同意转让的，不同意的股东应当购买该转让的股权；不购买的，视为同意转让。经股东同意转让的股权，在同等条件下，其他股东有优先购买权"，但该条也同时规定"公司章程对股权转让另有规定的，从其规定"。因此，《公司法》赋予了公司章程对于股权转让可以作出与法律不同的规定。所以，本案的公司章程规定的转让股权的情形并没有违反《公司法》的强制性规定，应认定为有效。

# 任务3 注册资本及验资

引导案例

### 不同形式的出资方式

A、B、C 三人经协商,准备成立一家有限责任公司,主要从事家具生产,其中:A 为公司提供厂房和设备,经评估作价 25 万元;B 从银行借款 20 万元现金作为出资,C 原为一家私营企业家具厂厂长,具有丰富的管理经验,提出以管理能力出资,作价 15 万元。A、B、C 签订协议后,向工商行政管理部门申请注册。

思考:(1) 本案包括哪几种出资形式?请分析 A、B、C 的出资效力。(2) 公司能否成立?为什么?

## 一、注册资本(金)

注册资本也叫法定资本,是公司制企业章程规定的全体股东或发起人认缴的出资额或认购的股本总额,并在公司登记机关依法登记。

根据《公司注册资本管理规定》,须注意以下事项。

### (一)缴纳时间

注册资本(金),可以分一次或分几次缴足到位。有限责任公司全体股东的首次出资额不得低于公司注册资本的 20%,也不得低于法定的注册资本最低限额,其余部分由股东自公司成立之日起 2 年内缴足,其中,投资公司可以在 5 年内缴足(表3-2)。

表 3-2 公司注册资本(金)年限

| 公司类型 | 一人有限公司 | 有限责任公司 | 股份有限公司 |
| --- | --- | --- | --- |
| 首期出资比例 | 100% | 20% | 20% |
| 出资期限 |  | 2 | 2 年 |

### (二)缴纳形式

股东或者发起人可以用货币出资,也可以用实物、知识产权、土地使用权等可以用货币估价并可以依法转让的非货币财产作价出资,但货币出资额不得低于 30%。非货币财产,应当由具有评价资格的资产评价机构评估作价后,由验资机构进行验资。

股东或者发起人以货币、实物、知识产权、土地使用权以外的其他财产出资的应当符合国家工商行政管总局会同国务院有关部门制定的有关规定。股东或者发起人不得以劳务、信用、自然人姓名、商誉、特许经营权或者设定担保的财产等作价出资。

### (三)最低限额

注册资本的最低限额(内外资一样):①一人有限责任公司为 10 万元人民币一次性缴足到位;②两名股东及以上有限责任公司为 3 万元人民币;③股份有限公司为 500 万人民币。

另据《公司法》规定,有限责任公司注册资本不得少于下列最低限额:

(1) 科技开发、咨询、服务性有限责任公司,注册资本最低为人民币 3 万元;

（2）以商业零售为主的有限责任公司，注册资本不得低于人民币 10 万元；
（3）以商品批发为主的有限责任公司，注册资本不得低于人民币 30 万元；
（4）以生产经营为主的有限责任公司，注册资本不得低于人民币 50 万元；
（5）特定行业的有限责任公司注册资本最低限额需高于以上限额的，由法律、行政法规另行规定。

### （四）抽逃出资

股东出资以后，资产就变成了公司的财产，股东若欲退出，只能通过转让的方式收回自己公司的出资，而不能直接撤回自己的资本，这是公司制度的基本准则。如果股东撤回自己的出资，那么就属于侵犯公司的财产权，公司有权要求股东返还财产。

## 二、验资和验资证明

### （一）验资制度

验资是指按照现行法律规定，股权投资须经注册会计师验证，由后者以书面验资报告证明其真实性；公司须按照验资报告记载的数额，向登记机关申报和登记资本数额。

自 1983 年开始，中国对股权投资实行验资。验资制度的目的是保护股东和债权人的利益。

依照《公司法》规定，公司的注册资本必须经法定的验资机构出具验资证明，验资机构出具的验资证明是表明公司注册资本数额的合法证明。依照国家有关法律、行政法规的规定，能够出具验资证明的法定验资机构是会计师事务所和审计师事务所。具体由在会计师事务所工作的注册会计师或在审计师事务所工作的依法认定为具有注册会计师资格的注册审计师担任。

### （二）验资证明

验资证明是会计师事务所或者审计师事务所及其他具有验资资格的机构出具的证明资金真实性的文件。

委托人委托验资机构验资须按规定办理委托手续，填写委托书并提交以下文件：
（1）公司章程。
（2）公司名称预先核准通知书。
（3）投资人的合法身份证明。
（4）各类资金到位证明：①以货币出资的应提交银行进账单；②以非货币出资的应提交有法定评估资格的机构评估的报告书和财产转移手续证明；③以新建或新购入的实物作为投资的，也可以不经过评估，但要提交合理作价证明。建筑物以工程决算书为依据，新购物品以发票的金额为出资额。
（5）验资机构要求提交的其他文件。

验资后，验资机构应出具验资报告，连同验资证明材料及其他附件一并交与委托人，作为申请注册资本的依据。

## 三、验资报告样本

**验资报告（样本）**

××有限责任公司（筹）：

我们接受委托，审验了贵公司（筹）截至　年　月　日申请设立登记的注册资本实收情况。按照相关法律、法规以及协议、章程的要求，提供真实、合法、完整的验资资料，保护资产的安全、完整是全体股东及贵公司（筹）的责任。我们的责任是对贵公司（筹）注册资本的实际情况发表审验意见。我们的审验是依据《中国注册会计师审计准则第1602号——验资》进行的。在审验过程中，我们结合公司（筹）的实际情况，实施了检查等必要的审验程序。

根据协议、章程的规定，贵公司（筹）申请登记的注册资本为人民币××元。全体股东于　年　月　日一次缴足。经我们审验，截至　年　月　日，贵公司（筹）已收到全体股东缴纳的注册资本（实收资本）合计人民币××（大写）元。各股东以货币出资××元，实物出资××元。

（如果存在需要说明的重大事项，增加说明段。）

本验资报告仅供贵公司（筹）申请登记办理设立登记及据以向全体股东发出验资证明时使用，不应被视为是对贵公司（筹）验资报告日后资本保全、偿债能力和持续经营能力等的保证，因使用不当造成的后果，与本所及执行本验资业务的注册会计师无关。

附件：1. 注册资本实收情况明细表
2. 验资事项说明
中国注册会计师：
（合伙人签名盖章）
××××××事务所
中国注册会计师：
（签名盖章）
　　年　月　日（报告日期）
注：此格式适用于拟设有限责任公司股东一次全部出资情况。

## 任务4　企业工商注册流程

### 引导案例

#### 坑人的中介

2016年10月，刚刚大学毕业的李洁准备创业，打算成立一家电商公司，在网上搜索"注册公司"的信息，本着省钱的原则挑选了一家价格最低的注册公司代理。对方很热情，承诺一定能搞定。李洁交了2500元押金和身份证等证件。之所以要找代理，李洁解释，主要是因为根据我国《公司法》规定，成立公司必须要有公司住所，并提供房产证复印件。大学生创业大多数都没有能力租用办公室，代理则可以帮忙搞定。两个月后，公司的注册手续办下来了，李洁的第一家公司开始运营。可到了2017年11月，公司却因为注册地址是伪造的，没能通过年检。李洁只能注销老公司，重新注册新公司。

**思考：** 公司注册过程中要注意什么？

### 一、有限责任公司工商注册流程

在确定创业企业类型，做好前期准备工作就可以进入企业工商注册流程。

1. 申请名称预先核准登记

到工商行政管理部门去领取一张"企业名称预先核准申请表",填写准备取的公司名称,由工商行政管理部门上网(工商行政管理部门内部网)检索是否有重名,如果没有重名就可以使用这个名称。然后等待工商行政管理部门核发"企业名称预先核准通知书"。

2. 前(后)置审批程序

这一程序不是所有有限责任公司的设立均必须经历,大多数情况下,只要不涉及法律、法规的特别要求,直接注册登记即可,但是依据我国《公司法》第六条规定:"法律、行政法规规定设立公司必须报经批准的,应当在公司登记前依法办理批准手续。"这是指前置审批,共涉及12大类72项。后置审批共41大类191项,依据工商行政管理部门告知在3个月内办理相关审批手续。

3. 去银行开立公司验资户

所有股东带上自己出资额和有关材料到银行开立公司验资账户。资料包括公司章程、工商行政管理部门核发通知、所有股东的名章、身份证原件、空白询证函表格等。开立好公司账户后,各个股东按自己出资额向公司账户中存入相应的钱。银行会发给每个股东缴款单、并在询证函上盖银行的章。到银行办的只是货币出资这一部分,如有实物、房产等作为出资的需要到会计师事务所鉴定其价值后再以其实际价值出资。

4. 办理验资报告

拿着银行出具的股东缴款单、银行盖章后的询证函,以及公司章程、核名通知、房租合同、房产证复印件,到会计师事务所办理验资报告。

5. 工商注册登记审批

到工商行政管理部门领取公司设立登记的各种表格,包括设立登记申请表、股东(发起人)名单、董事经理监事情况、法人代表登记表、指定代表或委托代理人登记表。填好后,连同核名通知、公司章程、房租合同、房产证复印件、验资报告一起交给工商行政管理部门。

6. 领取营业执照

一般5个工作日后可领取执照。当前,通过"一窗受理、互联互通、信息共享",将企业登记时依次申请,由工商、质监、税务等部门分别核发营业执照、组织机构代码证、税务登记证,改为一次申请,由工商部门核发加载法人和其他组织统一社会信用代码(以下简称统一代码)的营业执照,全面实行"三证合一、一照一码"登记模式。公司营业执照正本如图3-1所示。

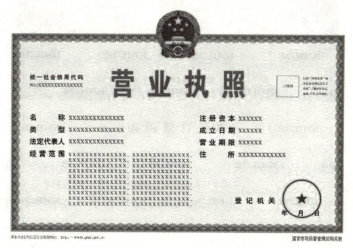

图3-1 公司营业执照正本

**案例分析**

2018年1月底,杨成着手准备注册自己的公司,他向自己的大学求助,广东×××大学科技园免费为他提供了一个注册场所,老师还给他介绍了一家正规的工商注册的代理公司广州×××财务管理有限公司。此前杨成已经认真研究了注册公司的流程,这次心里有底了。首先,他为自己的公司选择了一个名称,到工商行政管理部门确定无重名后领到核发后的"企业(字号)"名称预先核准通知书。然后,准备好所有股东签名的公司章程、房产证复印件等证件,并到会计师事务所领取"银行询证函"。接着,带着必备资料去银行开立公司验资户,各个股东按自己出资额向公司账户中存入相应的钱,银行出具股东缴款单和银行盖章后的询证函,再到会计师事务所办理验资报告。然后,到工商行政管理部门填好公司设立登记的各种表格,几个工作日后领取营业执照。还要带着营业执照到公安局指定的制章社制公章、财务章。下一步,凭营业执照到技术监督管理部门办理组织机构代码证,带着它去银行开立基本账号。在领取执照后的30日内到当地税务局办理税务登记,一般公司都需办理国税和地税两种税务登记证,并根据公司性质申请领购发票,这个过程耗时60日。

**思考:**上述案例是否符合公司注册流程?是否有需要完善的地方?

## 二、公司工商登记后主要事项

### 1. 申请刻章

凭营业执照,到公安局指定的制章社去制公章、财务专用章、法人名章。后面步骤中,均需要用到公司公章或财务专用章、法人名章。如图3-2所示。

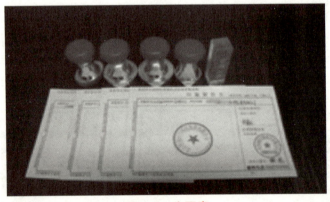

图3-2 公司章

### 2. 设立公司基本账户

凭营业执照、组织机构代码证去银行开立基本账号。建议在原理办理验资的银行的同一网点办理。开基本户需要填表,应带齐以下材料:营业执照正本原件及复印件,组织机构代码证正本原件及复印件,公章,法人章,财务专用章,法人身份证原件及复印件,国、地税务登记证正本及复印件,企业撤销原开户行的开户许可证,撤销账户清算账单,账户管理卡。

### 3. 申请领购发票

由企业向所在税务局申请，领取国家税务总局和地方税务局共同监制的发票购用印制簿，企业申领发票时，必须向税务机关出具发票购用印制簿，带好公章、法人章、发票专用章、税务登记证原件。第1次领发票须法定代表人签字，即须法定代表人与公司财务人员一同前往。如果企业是销售商品的，一般到国税去申领发票，如果是服务性的企业，则到地税去申领发票。

开始营业后要注意每个月按时向税务部门申报税款，即使没有开展业务不需要缴税也要进行零申报，否则会被罚款。

### 4. 向股东发放出资证明书、制备股东名册

有限责任公司成立后，应当向股东发放出资证明书，并制备股东名册。出资证明书应载明：公司名称、公司成立日期、公司注册资本、股东姓名或名称、出资日期、出资证明书的编号和核发日期，并加盖公章。股东名册应记载股东姓名或名称及住所、股东的出资额；出资证明书编号。股东可以依股东名册主张行使主动权利。

## 项目回顾

公司创立是创业过程中必不可少的一个环节。一旦开始创业，哪怕你只是创办一家规模很小的企业，也会涉及许多复杂的法律问题。在真正创业、创办之前学习相关的法律知识、掌握基本的法律实务，是重要的准备工作。本项目主要根据相关法律文件，对企业初创者开办企业的登记事宜进行探讨，旨在高效地完成企业的注册登记。由于各地政府在企业注册登记方面的制度不尽相同，相关规定、文件也在不断修改完善，创业者还要根据本地的实际情况对注册登记的流程进行修正。

## 复习思考

1. 公司取名包含的基本要素有哪些？
2. 企业名称规范要求有哪些？
3. 企业章程的概念是什么？
4. 公司注册资本金是多少？有什么要求？
5. 公司注册如何进行验资？如何出具验资证明？
6. 公司工商注册流程有哪几步？

### 虚假验资报告

2015年广东某公司为承揽项目，需要一份注册资本不低于4000万元的营业执照。其法定代表人提供了两份总计106亩（15亩=1公顷）的土地承包经营合同书（其中一份合同已于2011年终止），要求阳江×××会计师事务所为其出具评估报告和验资报告。该会计师事务所在没有实地测量和价格询证的情况下，出具了价值为4206.6万元的资产评估报告书。随后，该会计师事务所注册会计师依据评估报告，作出了数额为4200万元的虚假验资报告。

该公司持验资报告办理了变更登记。2017年6月20日，市公安局经侦大队依法对该会计师事务所法定代表人×××及工作人员×××刑事拘留。目前，此案正在进一步审理中。

请思考并回答：
1. 上述案例出现违法的主要原因是什么？
2. 如果你是会计师事务所法人，你会如何出具验资证明？

## 实训项目

学生分级组成项目团队，调查学校周围市场，然后对拟定创立的企业进行讨论（公司的名称、章程、公司的理念及宗旨、公司团队的构成、公司的文化、注册资本等），最后对该创立企业进行可行性分析报告，以PPT格式完成。各项目团队选出一名代表，准备汇报。

# 项目四　创业企业选址管理

## 创业寄语
创业企业的选址，事关创业企业的生死存亡。

## 学习目标

**素质目标**
1. 掌握创业企业的概念及界定标准。
2. 树立良好的个人创业创新能力，提高企业存活率。
3. 在培养创业意识中体现增强个人自我约束能力、企业管理能力。

**技能目标**
1. 掌握创业过程中的管理技巧，积极掌握企业管理的主动权。
2. 掌握在创业中的资源运营能力，在创业中更好适应外界环境。

**知识目标**
1. 掌握创业企业的概念及特点。
2. 了解创业企业经营管理的关键环节。
3. 掌握创业企业成长。
4. 掌握创业企业持续成长的影响因素和成长路径。

## 项目结构

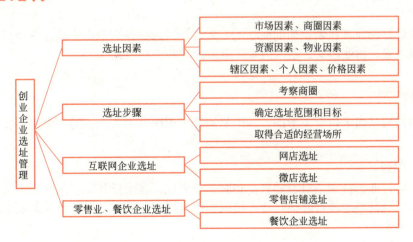

**职业指引**

创业企业经营选址是一项重要的基础工作,是企业制定经营战略及目标的重要依据,直接关系到创业企业未来的盈利状况。而对创业企业而言,经营选址在某种程度上决定了企业的经营前景,所以务必谨慎。企业经营选址不仅包括选择街区和具体建筑物,而且包括选址国家、地区和城市。影响选址的因素很多,选址也需遵循一定的步骤。不同的行业,选址的方法也不尽相同。

## 任务 1  选址因素

**引导案例**

选址失败的模仿者

小李有个朋友在广州火车站附近的服装城里做服装生意。即使这里一个面积很小的铺面,月租金也要好几万元,可看起来这个朋友对这么高的租金一点也不在乎,几年下来已经赚了上百万元。小李决定也学着朋友的经营手法找个铺面做服装。由于手头没有足够的资金,他决定退而求其次,选中了天河客运站附近的一个门面,每月仅四千多元租金,而且比朋友的铺面大得多。

小李觉得挺适合,一来天河客运站是广州市内比较大的客运站,虽然比不上广州火车站的人流量,但平均每天也有几万人;二来店面租金便宜,大大降低了成本;三来广州火车站到天河客运站有直达的公交车和地铁,交通非常便利。把省下来的房租用来降低售价吸引火车站附近的批发客户,完全可以扩大客源。有了这些优势,小李相信自己在这里开个服装批发兼零售店一定能火。

然而,生意开张几个月后,一直没有起色。小李曾试过请人去广州火车站附近的服装城拉客人前来,但没有一个愿意来,生怕上当受骗。小李苦撑半年,仍然没有好转,最后只有关门大吉。

(资料来源:创业第一步网)

**思考与讨论**:小李创业失败的主要原因是什么?

经营选址是创业者在创业初期面临的一大难题。选择经营地点应该注意市场因素、商圈因素、资源因素、物业因素、辖区因素、个人因素和价格因素等。

## 一、市场因素

市场因素要从两个角度去考虑,一个是需要考虑顾客的需求,另一个是需要把握竞争对手的状况。

### (一) 顾客

对于一些行业,特别是对于零售业和服务业来说,客流量和顾客的购买力决定着企业的业务量。所以经营场地是否能很好地连接顾客以及周围的顾客是否有足够的购买力是选址的一个决定性因素。

## （二）竞争对手

（1）选择同行聚集林立的地方，同行成群有利于人气聚合与上升，如服饰一条街、建材市场、家电市场、小商品市场等。

（2）"别人淘金我卖水"，别人蜂拥到某地去"淘金"，成功者固然腰缠万贯，失败者也要维持生存。如果到他们中间去做好相关的服务工作，也是不错且有利可图的选择。

## 二、商圈因素

商圈因素是指要对特定商圈进行特定分析。例如：

（1）车站附近是往来旅客集中的地区，适合发展餐饮、食品、生活用品。

（2）商业区是居民购物、聊天、休闲的理想场所，适宜开设大型综合商场和特色鲜明的专卖店、专门店。

（3）影剧院、公园名胜附近，适合经营餐饮、食品、娱乐、生活用品等；在居民区，凡能给家庭生活提供独特服务的生意，都能获得较好的发展。

（4）在市郊地段，不妨考虑向驾车者提供生活、休息、娱乐和维修车辆等服务。

（5）在繁华街区，客流一般以购物为目的，停留的时间相对较长，应经营一些可比较、挑选的商品。

（6）在机关、学校、工厂附近，客流主要是路过，相对停留时间短，应经营一些选择性不强，可以直观鉴别质量、携带方便的商品。

### 商圈的选择

成功经营一家店面，选址非常重要，商圈也是应该优先考虑的：

（1）主要商业街的临街首层独立旺铺，或商厦独立门面；

（2）步行街、中高档商业区、旅游区、高校区等；

（3）面积应该不小于10平方米；

（4）门面招牌宽度要3米以上，高度为1米以上；

（5）交通便利性较好，尤其是多种交通工具均能抵达的地方。

## 三、资源因素

在某些企业特别是生产性企业选址的时候，主要考虑与经营有关的资源，如原材料、土地、劳动力、运输和通信设施等。

### 东阿镇上的阿胶坊

阿胶是生产在山东东阿这一地区用驴皮做出来的胶块。如果毛驴吃别的地方的草、喝别的地方的水，做出的阿胶就不正宗了。所以从民国开始，东阿河边就建起了不少阿胶手工小作坊。

## 四、物业因素

在置地建房或租用店铺前，创业者应首先了解以下一些物业因素：
（1）该地段或房屋的规划用途与自己的经营项目是否相符；
（2）该物业是否有合法权证；
（3）该物业的历史以及空置待租的原因、坐落地段的声誉与形象等；
（4）有无环境污染和治安问题等。

## 五、辖区因素

辖区因素指的是经营业务最好能得到当地辖区和政府的支持，至少不能与当地的政策背道而驰。

### 案例分析

#### "洗刷刷"校园自助洗衣店入驻创业孵化基地

徐鑫威是广东某高职院校一名营销专业的在读大学生，一心想创业，闯出一片自我天地。他读大二时，学校为鼓励在校大学生创业，开展校级创业项目申报。学校政策规定凡申报立项成功的项目，学校将据项目实际情况给予3000~5000元不等的项目启动资金，对于评审优秀的项目，学校不但给予资金支持，还将提供免费场地等一系列政策扶持。于是，大二下学期，徐鑫威便向学校提出"洗刷刷校园自助洗衣店"校级大学生项目申报表。项目经过专家评审被定为重点项目，获5000元项目启动资金，顺利入驻校级大学生创业孵化基地。项目经过半年经营，收回初期全部投资，月平均盈利达3000元，项目运营基本步入正轨。

## 六、个人因素

有人喜欢选择自己家乡的社区、离自己的亲朋好友近些或自己比较熟悉的地区，这种做法有利有弊。其优势是：一方面，创业者熟悉周边环境，了解其交通状况及其他设施，熟悉周围的消费群及其购买力、品位、爱好；另一方面，创业者与周边的环境有良好的关系资源，更容易得到信任和支持。但这种选择有弊端，可能会令创业者丧失更好的机会或因经营受到局限，销售额无法实现突破。

## 七、价格因素

创业者在购买商铺或租赁商铺时，要充分考虑价格因素，包括资金、业务性质、创业成功或失败后的安排、物业市场的供求情况、利率趋势等，以免作出错误决定，对企业的业务经营造成不良影响。例如，工厂配送经营不必考虑租金较高的路边，可选择租金较便宜的地方；前店后厂的则要选择方便人们购买和显眼的地方，铺面租金最好控制在月营业额的10%左右，否则将影响到投资回报。

## 知识广角

### 优秀店址具备的特征

一个优秀的店址应当具备以下六个特征，一般至少也要拥有两个以上：

（1）商业活动频度高的地区。比如在步行街、中高档商业区等，在这些地区，商业活动极为频繁，把店面设在这样的地区自然就非常理想；相反，如果在客流量较小的地方设店，营业额就比较难以提高。

（2）人口密度高的地区。居民聚集、人口集中的地方是适宜设置店面的地方。在人口集中的地方，人们有着各种各样的对于商品的需求，如果店面能够设在这样的地方，致力于满足人们的需要，肯定会生意兴隆，店面收入通常也会比较稳定。

（3）面向客流量多的街道。店面处在客流量最多的街道上，可使多数人购物都较为方便。

（4）交通便利的地区。比如在几个主要车站的附近，也可以在顾客步行距离较近的街道设店。

（5）接近人们聚集的街区。比如居民社区、大中专院校、旅游景区附近等。

（6）同类商店聚集的街区。大量事实证明：从顾客的角度看，店面众多表示货品齐全，可比较参考，选择也较多，人气越旺，业绩就越好。许多城市已形成了各种专业街。如在广州，买服装要去北京路、买电器要去海印桥、批发水果要去江南市场等。

## 任务2　选址步骤

## 引导案例

### "香格里拉"酒楼的落败

"香格里拉"酒楼开在一个三线城市的高新开发区与主城区的结合部。酒楼格局仿古罗马建筑风格，经营走中高端消费路线，主营中式简餐、西餐、咖啡等，营业面积2000多平方米。酒楼自开业伊始，生意一直十分清淡，每天上门的消费者屈指可数，几乎天天都要赔钱。酒楼运行一段时间之后，几位股东坐不住了，开始反复查找生意不好的原因，包括酒楼的前厅服务、后厨食品、食品定价、客人反馈、市场宣传等各个方面，然而大家把能够想到的地方查找了一个遍，依然找不出来酒楼客源稀少的真正原因在哪里，众人为此头疼不已。

"香格里拉"酒楼的几个股东均来自事业单位，他们中没有人从事过餐饮行业，项目的起因是他们结伴到其他中心城市旅游的时候，发现并喜欢上这种高雅的餐饮形式。凭直觉他们感到中西简餐、咖啡茶饮之类出品的利润一定非常可观，他们相信这样的餐饮形式肯定有较大的市场空间，几个人便一拍即合，决定投资"香格里拉"酒楼。然而在选定酒楼地址的关键问题上，他们犯下了一个令人无法原谅的错误，他们把酒楼的位置选定在人流稀少的高新开发区，而非在客流人流稠密、商业氛围旺盛的闹市区。

目前在国内的不少城市，中式简餐、西餐咖啡、茶餐厅等的主流消费群体仍为二十多岁、三十多岁的年轻人，他们的餐饮消费特点就是围着闹市区转，宁肯闹中取静，也不愿到相对清净的区域去就餐。"香格里拉"酒楼在进行经营地段选择的时候显然没有考虑到这一点，只是一厢情愿地相信只要一家酒楼有了大的资金投入，门脸做得宏伟大气与众不同，就会有人进门消费捧场，而赚大钱则是水到渠成的事。在开业不到两个月的时间里一直惨淡经营的"香格里拉"酒楼最终还是选择了关门。在一年之后，酒楼才转让了出去，几个股东为此蒙受重大经济损失。

**思考：** 选址失败的"香格里拉"酒楼给你带来哪些启示？

不论你有多么优秀的产品，或是具备多么先进的经营理念，这些都不是空中楼阁，都需要一个合适的店铺去容纳和展示它们。开店选址是一项重要的工作，更是一个难得的机会，一个让你的创业拥有高起点的好机会。经营选址一般需经过以下步骤：考察商圈—确定选址范围和目标—取得合适的经营场所。

## 一、考察商圈

商圈就是指店铺以其所在地点为中心，沿着一定的方向加距离扩展，那些优先选择到该店来消费的顾客所分布的地区范围，即顾客所在的地理范围。

店铺通常定位在相对稳定的商圈，但由于经营商品、交通因素、地理位置、经营规模等方面的不同，不同店所在的商圈规模、商圈形态也会存在很大差别。即使是同一个店，在不同时间也可能会因为不同因素的影响而有不同的经营状况。但是对一家大型店而言，其商圈范围除了周围的地区之外，交通网分布的情形变化也必须纳入考虑的因素，顾客利用各种交通工具即可很容易来店的地区也应被纳入商圈选择的范围。

**案例分析**

### 药店开在哪里？

广州市某公共汽车站，每天人潮如织。一家特许加盟的连锁药店的老板看中了这里，租用车站边上一处70平方米的商铺，开了一家药店，月租金3万元。药店开张后，尽管车站每天人潮依旧，企业也进行了多次促销宣传活动，但是进店买药的人却很少，日均销售额只有2000元左右。开店两年后，亏损严重，老板不得不关门撤退。

在对这次失败的经历进行总结后，这家连锁药店得出了如下的结论：企业在开店前没有对药店所在的商圈进行细致的调查分析，错误地认为客流就是市场，因此在选址上犯了错误。这是失败的根本原因。因为选址错误，所以此后企业的其他努力，如多次进行促销宣传活动，都显得那么无奈和无力。

此次以失败告终的经历，使这家连锁药店认识到了药店商圈分析的重要性，为以后的商店选址确定了以下规则。在选择店址之前，一定要按照表4-1给出的分析框架从人口情况、竞争品牌和基本费用等方面进行商圈考察和分析。

表 4-1　某连锁药店考察商圈表

| 调查项目 | 资料与数量 | 备注 |
|---|---|---|
| 人口数量<br>人口结构<br>经济收入<br>购买习惯<br>流动人口 | | |
| 竞争商店<br>数量<br>规模<br>业态<br>商品结构<br>经营方式 | | |
| 基本费用<br>转让费<br>租金<br>物业管理费<br>税收政策<br>水电费<br>店员工资水平 | | |

[资料来源：服装店，2007，（2）]

**思考：** 创业企业该如何进行商圈的调查和分析？

## 二、确定选址范围和目标

### （一）搜寻目标场地

在考察商圈的基础上，可以初步确定合适的地段、街道、小区或楼宇，然后实地寻找经营场所。搜索的途径很多，可以通过房屋中介公司、相关楼宇的物业公司或租赁处、各种商用房和写字楼等的招租广告以及实地查找。

一般说来，物美价廉的商铺通常非常紧俏，一般房东不会交给中介公司代理出租。这时搜索的方法可以是在你感觉满意的地段逐个搜索，或者从房东直接发布招租信息的渠道搜索。目前这种信息的渠道主要有房屋租赁网站、专业服务公司的信息平台、房东在报刊上登载的招租广告，房东在打算出租的房屋门窗上或附近醒目处张贴的招租告示等。

### （二）选址时应考虑的因素

不同的企业和不同的业务对选址会有不同的要求，但也不乏共性的地方。

（1）一般性原则。一般性原则是指选址所在地必须具备以下几个特点：距离目标客户近、方便客户上门、客流量大、符合企业的形象、配套设施完备，且进货无障碍、租金可承受。

（2）针对产品的性质和客户特点选址，并非所有零售或服务都应在繁华闹市或人流量大的地方。

（3）注重目标地址未来的成长性，可以酌情考虑目前不引人注目但是将来发展前景较好的地点。

(4) 好的地址不要太在意租金是否过高，只要能盈利，什么都值得。

 **知识广角**

### 如何撰写选址报告

选址分析报告的内容如下：
(1) 新店具体位置及周围地理特征表述；
(2) 新店开业后预计能辐射的商圈范围；
(3) 新店交通条件评估及物业特征；
(4) 新店商圈内商业环境评估和竞争店分析；
(5) 新店商圈内居民及流动人口特征、收入和消费结构分析；
(6) 新店的市场定位和经营特色及经营策略建议；
(7) 新店的经营风险和效益预估；
(8) 新店未来前景分析。

选址报告不仅要详细分析新店址的基本情况、商圈特征和投资效益，而且还要对日后门店经营的风险进行分析，对日后的经营策略提出建议。

## 三、取得合适的经营场所

### （一）掌握租赁场地信息

要取得合适的经营场所，首先要了解可租赁场地的情况，这些场地一般包括商铺、摊位、专柜、办公室、厂房、仓库等。

### （二）开展租赁谈判

租赁谈判内容主要包括以下几个方面。

(1) 租赁期、租金、押金、违约金和支付条件。租赁期一般可争取3年以上，如果租赁期太短则不利于稳定经营。租金是关键性要素，应争取以租金为杠杆拿到理想的选址，或争取优惠租金，违约金或押金应在自己可承受的能力范围内，应争取优惠的支付条件。

(2) 装修、物业、供暖、水电等费用。除了水电、煤气等费用以外，装修、物业、供暖等费用都可要求业主承担。

(3) 审核业主的产权文件。需仔细审核，以确保对方拥有合法的使用权，房屋的用途与企业的性质一致。

(4) 签订租赁合同。应签订书面合同，载明一切租赁条件。不可轻信口头上的任何承诺。

### （三）预防租赁陷阱

租赁陷阱主要包括违章建筑或用途不符、无合法产权、二手房东转租未获得业主同意以及中介欺诈等。

### （四）其他方案

(1) 购房。适用于经济条件比较好的投资者。多数情况下，只要支付首期付款，就可以买下。

(2) 利用现有住房。临街的平房，若符合城市规划部门和工商行政管理部门规定，可以改造成经营场所；其他住宅能否登记为经营场所，取决于企业的性质和当地工商行政管理部门的登记管理办法。

## 任务3　互联网企业选址

 **引导案例**

**错误的选址**

刚刚大学毕业的王海打算成立一家电商公司在网上销售地方特色食品。王海在大学期间做过类似的网络销售兼职工作，而且业绩斐然，他带着大学成功的销售经验开始创立公司。他觉得这个电商公司必须高档、有品位，于是他将公司注册地选择在广州最贵的写字楼——珠江新城高德置地写字楼，聘请了三位员工，开始了自己创业之路。半年过去了，公司运营有条不紊地进行，销售业绩也勉强能维持公司支出，但王海始终觉得公司存在很多问题。首先，珠江新城租金较高（租金成本约占总成本的30%），而且没有仓库可以利用，所以公司不得不另在城郊租了一间仓库来存放货物；同时由于广州对车辆进行限行，而他的车牌又是佛山牌照，广佛两地往返跑来跑去，非常不便，为此他苦恼不已。

**思考：**如果你是王海，该如何改善这种困境？

### 一、网店选址

很多准备在网上开店的卖家抱怨："网上开店到底能不能赚钱？所谓的能赚钱是不是网店平台在自我炒作？"其实这取决于很多方面，比如你选择的行业是否饱和、你的产品有没有特色、你的服务态度是否热情、你的宣传力度大不大，一个很重要的因素就是你选择在哪里开店。网上开店有很多地方可以选择，如易趣网、淘宝网的百货商城等；也可以自己在网上申请空间（一块地皮），然后自己装修。不过建议新手遵循下面的流程：先在淘宝网上免费开店；再在易趣网的收费店铺进行经营；最后自己建立电子商务网站进行下一步创业。

#### （一）网上开店创业的形式

目前，网上开店创业有两种模式。第一种是自立门户。即建立一个自己的商品销售网站，这种模式需要一定的前期投入，而且要懂得一定的网络技术，经营过程中的宣传推广成本较高，因为你的信用度是很低的。对刚开始涉足网络创业的朋友，建议不要建立网站，同时要注意以这种形式开店需要到工商行政管理部门注册申请执照，否则会受到法律的制裁。第二种是入驻较大型网上商城或拍卖类的电子商务平台，它们就像超市、大卖场一样，如淘宝网，不需要多大的前期投入，但经营必须符合平台的统一管理。还有越来越多的虚拟主机提供商（一些提供网络接入的公司）也开始涉足这一领域，这些公司有一个共同的特点：提供的都是收费的模板，所以建立自己的网站很容易。

然而C2C平台相较于其他方式而言，不但人气高，有很高的浏览量，相关成交率也很高，同时卖家资信还可以得到第三方认证，这对初期在网上经营起着至关重要的作用。如果打算自己也实践一下，首要问题是选择哪个电子商务平台才合适，因为具有网上商店功能的电子商务平台可能很多，不仅有淘宝网这样专门的电子商务平台，新浪、搜狐、网易等门户网上也分别推出功能类似的网上商城,而且还不断看到一些知名的或新兴的网站在进行"5分钟建店""3分钟开展电子商务"之类的宣传。

### (二) 选择网上开店平台的标准

不同的企业对网上销售有不同的特殊要求,选择适合本企业产品特性的电子商务平台就需费不少精力,完成对电子商务平台的选择确认过程大概需要几小时甚至几天时间。不过这点前期调研的时间投入是值得的,可以最大可能地减小盲目性,增加成功的可能性。

一般来说,性能卓越的电子商务平台具有类似的基本特征:良好的品牌形象、稳定的后台技术、快速周到的售后服务、完备的支付和配送体系、有网站自身发展经济实力以及尽可能高的访问量,最重要的是具备完善的建店功能,并且用户管理方便。此外,网上商店的租金费用水平也是一个重要的判断因素。对于固定收费方式,如果是第一次开店,还是选择租金相对低一点的网站好一些,因为经营成果的好坏,除了网站流量等基本条件之外,还有许多其他因素产生影响,比如你的店面布景是否具有吸引力、产品或服务是否适合网上销售、网站的访客中是否有潜在顾客,以及在网站上是否占据显著的位置等。如果其他条件跟不上,为此支付高额租金,岂不是浪费?因此,是否可以提供多种收费模式对企业也是一个判断标准。如可能的话,也可以对几个有意向的网站进行试用再作最后的决定。

 **案例分析**

#### 国内十大电商平台

电子商务的深入发展,带给消费者的不仅是更多种类的商品选择,还有不同平台的选择。以下整理了中国十大电商平台,除综合性平台,很多专注垂直领域的平台也值得关注。

1. 淘宝

淘宝网是亚太地区较大的网络零售平台,由阿里巴巴集团在2003年5月创立。淘宝网拥有近5亿注册用户,每天有超过6000万的固定访客,每天的在线商品数已经超过了8亿件,平均每分钟售出4.8万件商品。随着规模的扩大和用户数量的增加,淘宝网也从单一的C2C网络集市变成了包括C2C、团购、分销、拍卖等多种电子商务模式的综合性零售商圈,目前已经成为世界范围的电子商务交易平台之一。

2. 天猫

天猫,原名淘宝商城,是一个综合性购物网站,是淘宝网全新打造的B2C平台,整合数千家品牌商、生产商,为商家和消费者提供一站式解决方案。2012年1月11日上午,淘宝商城正式宣布更名为"天猫"。2012年3月29日天猫发布全新Logo形象。2012年11月11日,天猫借双十一营销,宣称13小时卖100亿,创世界纪录。

3. 京东商城

京东是一家综合网络零售商,是中国电子商务领域受消费者欢迎和具有影响力的电子商务网站之一,在线销售家电、数码通信、电脑、家居百货、服装服饰、母婴、图书、食品、在线旅游等12大类数万个品牌、百万种优质商品。京东2012年在中国自营B2C市场占据49%的份额,凭借全供应链继续扩大在中国电子商务市场的优势。

4. 苏宁易购

苏宁创办于1990年12月26日，总部位于南京，是中国商业企业的领先者，经营商品涵盖传统家电、消费电子、百货、日用品、图书、虚拟产品等综合品类，线下实体门店1600多家，苏宁易购位居国内线上B2C前三，线上线下的融合发展引领零售发展新趋势。

5. 当当网

当当是知名的综合性网上购物商城，从1999年11月正式开通至今，当当已从早期的网上卖书拓展到网上卖各品类百货，包括图书音像、美妆、家居、母婴、服装和3C数码等几十个大类，数百万种商品。物流方面，当当在全国600个城市实现"111全天达"，在1200多个区县实现了次日达，货到付款（COD）方面覆盖全国2700个区县。

6. 亚马逊中国

亚马逊中国前身为卓越网，被亚马逊公司收购后，成为其子公司。卓越网创立于2000年，为客户提供各类图书、音像、软件、玩具礼品、百货等商品。

7. 1号店

1号店，电子商务型网站，上线于2008年7月11日，开创了中国电子商务行业"网上超市"的先河。该公司独立研发出多套具有国际领先水平的电子商务管理系统并拥有多项专利和软件著作权，在系统平台、采购、仓储、配送和客户关系管理等方面大力投入，打造自身的核心竞争力，以确保高质量的商品能低成本、快速度、高效率的流通，让顾客充分享受全新的生活方式和实惠方便的购物。

8. 唯品会

唯品会主营业务为互联网在线销售品牌折扣商品，涵盖名品服饰鞋包、美妆、母婴、居家等各大品类。唯品会在中国开创了"名牌折扣+限时抢购+正品保障"的创新电商模式，并持续深化为"精选品牌+深度折扣+限时抢购"的正品特卖模式。这一模式被形象地誉为"线上奥特莱斯"。唯品会每天早上10点和晚上8点准时上线200多个正品品牌特卖，以最低至1折的折扣实行3天限时抢购，为消费者带来高性价比的"网上逛街"的购物体验。

9. 聚美优品

聚美优品是一家化妆品限时特卖商城，其前身为团美网，由陈欧、戴雨森等创立于2010年3月。聚美优品首创"化妆品团购"模式：每天在网站推荐十几款热门化妆品。2010年9月，团美网正式全面启用聚美优品新品牌，并且启用全新顶级域名。

10. 网易严选

网易严选，网易旗下原创生活类自营电商品牌，于2016年4月正式面世，是国内首家ODM（原始设计制造商）模式的电商，以"好的生活，没那么贵"为品牌理念。严选通过ODM模式与大牌制造商直连，剔除品牌溢价和中间环节，为国人甄选高品质、高性价比的商品。

**思考：** 如果你想开一家网店，哪个平台比较适合初次创业的你？

## 二、微店选址

现在开微店方便得很，电脑都可以不需要，有一部能上网的智能手机就行。如果你几年前错过了淘宝，现在千万不要再错过微店了。

对于初始创业的人来说，选址一个好的微店平台无疑非常重要。去哪儿开微店？目前已经有的微店平台主要包括有赞、京东微店、中兴微品会、微信小店及口袋购物微店等平台。

这些微店平台做的时间最长的恐怕也不过一两年时间，大多数只有几个月，下面简单介绍一下常见的微店平台。

## （一）有赞

有赞应该是目前对微店理解最透彻的一家平台。它不仅帮助商家搭建一个移动端的店铺，而且还帮助商家管理各个平台上的粉丝（图4-1）。有赞还免费，不过有一些限制，首先你需要是正规商家，其次你的微信公众号必须是服务号（目前一个月能发布4条信息）。这对一般个人来说是个很高的门槛。

图4-1 有赞网页页面截图

图4-2 京东微店页面截图

## （二）京东微店

京东微店（wei.jd.com，原"拍拍微店"）也不错（图4-2）。优购、森马、骆驼、特步、达芙妮、华文天下、读库等都已经开通了京东微店。京东微店店铺开通速度快，平台提供店铺装修、货品上架、卖场生成、订单观念等技术服务支持；提供千万级的独家无线流量分发入口（微信、收Q等）和无线广点通自主引流渠道；接入多种移动支付能力（微信支付、财付通），并根据用户场景提供最便捷的支付体验；借助微信服务号、QQ等在移动端发起一对一沟通，提供完整的售后服务，此外，京东微店还提供入驻商户资质审核、中介支付担保、诚信保证等独家服务体系，但入驻门槛较高。

## （三）中兴微品会

对于想做中兴产品分销代理的人来说，可以选择中兴微品会（图4-3）。中兴微品会是一个基于手机终端的电子商务交易软件，由中兴通讯股份有限公司的子公司深圳致远信息科技有限公司注册并运营。用关键词"微品会"在应用商店即可搜索到。安装完"中兴微品会"软件后注册即可成为店家。该软件从2014年4月份开始向所有人免费开放注册。登录后可以上架商品开店，然后通过社交渠道销售中兴通讯的任意一款产品，由中兴通讯负责发货、售后服务等。你也可以把中兴通讯的产品有选择地添加到自己的微店。添加方法也超级简单，中兴通讯把所有的商品都列出来了，你可以选择其中的一部分，然后点击"添加"按钮，被选择的产品就会呈现在你的微店里。

图4-3　中兴微品会页面截图

## （四）微店网

微店网于2013年8月28日正式上线。这个平台有一个巨大的优势：能够有效帮助店主解决货源难的问题。供应商和微店店主是微店网的主要应用群体。供应商承担了货源、物流以及售后服务，店主只需要在微信、微博、QQ等社交渠道中做好推广就可以了。不管你是谁，不管你之前从事什么工作，只要你在微店网上注册账号，不需要缴纳任何费用，就拥有了所有入驻微店网的供应商的所有产品的销售权。同时，微店网拥有电脑版和手机版两种登录版本，这大大便利了买卖双方的交易，因此应用价值很高。不过鉴于店主无法有效控制货源，在保证产品的正品率上，还需要店主慢慢摸索门道，总结经验。

## （五）微信小店

2014年5月29日，微信发布官方微信消息："微信公众平台本次更新增加了'微信小店'功能，'微信小店'基于微信支付，包括添加商品、商品管理、订单管理、货架管理、维权等功能，开发者使用接口批量添加商品，快速开店。必须是已微信认证且已接入微信支付的服务号,才能在服务中心申请开通'微信小店'功能"。也就是说,微信小店只能用微信进行支付,而不能使用支付宝、信用卡等。这对一般个人和小商家无疑是一个门槛,因为个人和小商家要靠自己的微信号来发展"粉丝",有了"粉丝"才能买卖,而服务号一个月只能推送4次。

口袋通的创始人白鸦分析说:"更深入的会员、折扣、积分、优惠、秒杀、抢购、团购、代付、送礼等,这些互动中做交易的东西需要有能力的第三方来提供。特别是订单统一处理、打印、发货处理及物流跟踪、售后管理等,比商家商品开卖要复杂好几百倍。"但不管怎样,微信小店提供了电商的基础设施,凭借目前微信的火爆,势必会推动商家数量的急速增长,确实非常值得关注。

## 任务 4　零售业、餐饮企业选址

### 引导案例

#### 小吃店选址存在的问题

在海南省海口市的解放西路有许多海南小吃店。但是通过对吃客的访谈了解到,虽然大家都到解放商路去消费,但是花费在饮食上的金钱微乎其微。通过对解放西路小吃店的观察,发现店内的顾客大多都是海口本地人,但大部分是在解放西路做生意的人,而去解放西路消费的人们极少在饮食上花费。通过对周边的环境观察,发现一个很重要的原因,海南小吃店的选址是不在意周边环境的。解放西路的海南小吃店大多都在一些小巷道里面,狭窄且肮脏,甚至公厕和小吃店相隔不远。这也是造成失去大部分客流的重要原因。

餐饮小店的重中之重是人流量,人流量决定了客流量,客流量决定小店的现金流和利润。所以,餐饮小店的选址主要考虑以下几个方面。一是小店是否有开街面房的必要。街面房决定了成本的多少。在资金不允许的情况下,店址选在巷弄口,靠近大街的位置即可。二是公司写字楼较集中的地方。三是居民住宅较集中的地方。但是,三个方面并不是单一考虑的,有时候是三者兼之,也可以取得良好的效果。

(资料来源:中研网)

**思考:** 如果您打算开一家小吃店,该如何进行选址?

## 一、零售店铺选址

一个商店的建立应首先考虑其选址问题,因为只有结合本店自身特点考虑的选址,成功的机会才会更大,创业零售店应属于邻里商业区,需要满足周边顾客的需求,与其保持良好的顾客关系。所以,在选址时因考虑以下因素。

### (一)人口因素

**1. 客流性质**

创业零售店选址应靠近居民区,更接近顾客,方便消费者就近购买的需求,保证有足够的顾客来源,也避免了与大中型超市进行正面竞争。

### 2. 潜在顾客

创业零售店应满足更多不同消费群体的需求，以自身的特色来吸引更多的潜在顾客。

### 3. 过往行人的特点

开店之前应观察过往行人的年龄结构，了解其停留的原因，来决定开设怎样的店铺才能更好地满足消费者。

## （二）地理因素

### 1. 城市规划

应了解城市规划的方向和特点，要考虑如果要在这里建立零售店是否可在这里长期经营，因为如果没开多久后周边环境又发生改变，不得不重新选址，而且又得重新建立和消费者的关系。

### 2. 位置

创业零售店经营区域适合选择在住宅聚集区内，因为创业零售店开设目的就是为了方便顾客就近购买。

### 3. 交通地理条件

选址通常应选交通便利的地方，有利于货物的合理运送，保证货物的及时供应，也能保证客流量，具有设店的价值。

### 4. 周围环境

选址需要考虑其周围的环境是否舒适、干净，这样才能有利于店面的扩充，也要考虑周边消费群体的需求，将其需求作为参考设立店面，这样才会有群众基础的支持，获得市场竞争力。

## （三）市场因素

### 1. 竞争状况

应尽力降低成本，更好地为顾客省钱，所以要考虑店面租金和进货成本，须调查周边顾客和潜在顾客的需求，并结合顾客需求开设店面，这样的零售店才有市场，也才更有市场竞争优势。

### 2. 规模与外观

规模与外观的设计应考虑周边的消费群体，应以独特和适合销售产品的特点设计模型和外观来吸引消费群体，激发购买欲。

## （四）经济成本

### 1. 土地价格

应货比三地，找到适合、性价比高的场地，这样有利于降低成本，获得价格优势，提高市场竞争力。

### 2. 货源价格及价格水平

应尽力降低货源价格成本，不断优惠顾客，吸引顾客。

 知识广角

### 开店小窍门

#### 一、驻足便利

一个城市会划分若干个商圈，并存在城市中心和副中心之分。在实际操作中，会面临主干道选址、主干道路口选址、次干道选址、社区选址、城乡接合部选址等类别的选址问题。

上班族多居住在市中心之外，在消费群体中占相当大的比例，且多数早上上班匆忙、下午下班后路上时间充裕。有数据测算，白天8小时工作时间结束后的2~3小时内，主干道上沿街店铺会出现一个明显稳定的消费波峰。所以，干道（路口）选址时应结合上述情况，选择靠近城市中心外辐射方向的一边（路口要考虑两个方向的叠加），这样有利于旅客驻足。

### 二、抓大捏小

把准主干道的路口，以建形象店的标准将店招牌加大做靓，形象与连锁店高度统一。如有可能的话，将整栋楼体的主体色及窗帘颜色设计成和企业VI系统相符的色彩，远看和谐美观，能增强视觉冲击力。对于房租价格较低的背路街道（胡同）、社区、城乡接合部等地选址，要以靠近居民区、医疗机构为原则，距离越近越好，特别是附近有竞争对手的地方，谁靠近一小步，销售就可能超越对手一大步。

### 三、莫忘店中店

在大型商场、超市设置店中店，虽然租价不菲，但与商场（超市）共享庞大的客流，结合销售情况，顺应商场（超市）的促销活动，适时应季地调整商品结构，也将成为为公司贡献利润的一家新门店。

此外，在选址过程中，还需要对周边（商圈）的人口密度、职业构成、家庭规模、户均收入、消费支出、性别比例、年龄结构、流动人口、商店总数、消费倾向、购买时间和动机等进行摸底分析，研究划定区域内连锁网点的呼应布局，原则是根据城市的商圈布局，决定中心店组合方式，更好地建立动态、平衡的物流网络，以便有利于各连锁店之间调剂货源，达到区域内各种资源的共享。

## 二、餐饮企业选址

创业的成功往往离不开天时、地利、人和。一旦决定创办餐饮店，必须对所选地点做全面的考察，了解该区人口密度、人缘、风土人情、生活习俗等。开餐饮店选址是很讲究的，一般应该掌握以下10个细节。

#### 1. 交通便利

在主要车站的附近，或者在顾客步行不超过20分钟的路程内的街道两边设店。选择哪一边较有利于经营，需要观察街道两边行人流量，以行人较多的一边为好。

#### 2. 接近人们聚集的场所

考虑选址在剧院、电影院、公园等娱乐场所附近，或者大型企业、机关附近。一方面可吸引出入行人，另一方面易于使顾客记住该店铺的地点，来过的顾客向别人宣传介绍时会比较容易讲清具体位置。

#### 3. 选择人口增长较快的地方

企业、居民区和市政的发展，会给店铺带来更多的顾客，并使其在经营上更具发展潜力。

#### 4. 选择较少横街或障碍物的一边

许多时候，行人为了要过马路，因而集中精力去躲避车辆或其他来往行人，故而忽略了一旁的店铺。

#### 5. 选取自发形成某类市场的地段

在长期的经营中，某街某市场会自发形成某类商品的"集中市场"，事实证明，对那些经营耐用品的店铺来说，若能集中在某一个地段或街区，则更能招徕顾客。因为人们一想到购买某商品就会自然而然地想起这个地方。

#### 6. 根据经营内容来选择地址

店铺销售的商品种类不同，其对店址的要求也不同。有的店铺要求开在人流量大的地方，比如服装店、小超市，但并不是所有的店铺都适合开在人流密集的地方，比如保健用品商店和老人服务中心，就适宜开在偏僻、安静一些的地方。

#### 7. 要有"傍大款"意识

把店铺开在著名连锁店或品牌店附近，甚至可以开在它们的旁边。与超市、商厦、饭店、24 小时药店、咖啡店、茶艺馆、酒吧、学校、银行、邮局、洗衣店、冲印店、社区服务中心、社区文化体育活动中心等聚客力强的品牌门店和公共场所相邻。例如，想经营小吃店，那就将店铺开在麦当劳、肯德基的周围。因为这些著名的洋快餐在选择店址前已做过大量细致的市场调查，选择在它们附近开店，不仅可省去考察场地的时间和精力，还可以借助它们的品牌效应"捡"些顾客。

#### 8. 位于商业中心街道

东西走向街道最好选择坐北朝南店面；南北走向街道最好选择坐西朝东店面；尽可能位于十字路口的西北拐角。另外，三岔路口是好地方；在坡路上开店不可取；路面与店铺地面高低不能太悬殊。

#### 9. 选择有广告空间的店面

有的店面没有独立门面，店面前自然就失去独立的广告空间，也就使你失去了在店前"发挥"营销智慧的空间。

#### 10. 选择由冷变热的区位

与其选择现在被几乎所有商家看好的店铺经营位置，不如选择不远的将来会由冷变热而目前尚未被看好的街道或市区。

---

## 知识广角

### 餐饮企业选址应注意的问题

创业者在对餐饮企业选址的过程中，需注意以下几个方面。

#### 一、了解相关政策的变化

面对市场上推出的各种商铺，投资者首先需要有一定的法律与政策知识。因为不少人由于忽视餐饮业相关政策而栽了跟头。例如，一位姓王的先生，两年前购买了北京 CBD 区域一个很有名气的楼盘的商铺打算长期用于餐饮店铺出租。商铺所在楼盘是住宅立项，但因商铺全部处于整栋住宅楼内，所以按当时政策规定，还是可以经环保部门审批后，到工商行政管理部门领取营业执照的。然而，不久相关行政管理部门对住宅商铺下达了禁令，禁止在以住宅立项的楼盘内进行商业经营活动，而后餐饮公司不愿续租的主要原因是王先生购买的商铺是住宅立项。

选址关键：通过王先生选择购买商铺的例子，我们发现，对于致力于投资餐饮店铺的"房东"，在选择购买商铺时了解相关的政策变化至关重要。

#### 二、硬件一定要够"硬"

或许人们会发现这样的现象：很多居民楼下面的餐厅将油烟没有经过任何处理便直接向空气中排放，使得餐厅周边油烟味浓厚，严重影响了楼上居民的生活。实际上这种类型的商铺根本不具备开设餐饮店铺的条件，随时都面临被查封的风险。除了排烟管道的特殊设计，是否具备燃气、电力供应的具体指标、上下水的位置如何设计等方面也是投资餐饮商铺必须考虑的因素。

选址关键：无论投资什么物业，投资者应该以"求证"的心态，充分了解项目的全部信息，包括项目立项及整体楼宇和房屋的结构等（硬件一定要"过硬"），其中涉及商铺排烟、排气管道的走向和管径是否达到经营餐饮的标准。

### 三、要因地制宜、看碟下菜

如果经营者选择在车站附近经营，其主要顾客群便是来往的乘客，包括上班职工、学生等，在此地段最适合开设快餐店。需慎重处理的是定价问题，要分不同对象而有所不同，如沙县小吃、华辉拉肠等。如果餐饮店开在公司集中区，最主要的顾客为公司员工，其光临目的不外乎洽谈生意或聊天。因此，开在此处的餐饮商铺如何应付午餐高峰时期顾客以及如何处理假日及周末生意清淡时的局面成为选择该地段要考虑的重点。如果选择在商业闹市区经营餐饮店，此地段是约会、聊天、逛街、休息的场所，当然是开店最适当的地点；如果选择在住宅区开餐饮店，必须明确体现亲切温暖感及所提供餐食的新鲜美味。

选址关键，不同的地段经营的方式大不相同。考虑到消费者需要才是盈利关键。

## 项目回顾

经营选址是一项非常重要的工作。选择经营地点应该注意市场、商圈、资源、物业、辖区因素等。经营选址一般需要经过以下步骤：考察商圈；确定选址范围和目标；取得合适的经营场所。不同行业企业的选址关注点各不相同。即：若是网店选址，就需要关注平台是否具有良好的品牌形象、稳定的后台技术、快速周到的顾客服务、完善的支付和配送体系、有网站自身发展经济实力以及尽可能高的访问量、完善的建店功能、用户管理方便、租金是否合适等特征；若是开设零售小店，则要关注人口、地理、市场因素及经济成本；若是开设餐饮小店，则需综合考虑交通、人流量、区域政策、路边商业环境等因素。

## 复习思考

1. 影响企业经营选址的主要因素有哪些？
2. 企业选址的步骤有哪些？
3. 微店选址时应注意哪些问题？
4. 餐饮企业选址主要考虑的因素有哪些？
5. 零售企业选址主要考虑哪些因素？
6. 考察学校附近的几家小店，说明哪家的选址最好？

### 面馆选址失败案例

有一家面馆的老板第一次做餐饮，他租赁了一家临街正在营业的门面餐馆，此餐馆无论从餐厅营业面积、地理位置以及租金等各方面来看都非常理想；而且店面前离马路尚有20

米宽的路面，不仅有足够的停车位，也可搞夜市经营。事情谈妥后老板花了大量资金搞装修，增添设备。但此店经营还不到半年，因处在国家规定的拆迁范围之内，被拆迁了，老板遭受比较大的经济损失。

请思考并回答：
1. 面馆老板选址失败的主要原因是什么？
2. 如果你是餐馆老板，你会如何进行店址选择？

## 实训项目

学生分级组成项目团队，调查学校周围商圈；然后对拟创立的小型店铺选址所在地的商圈进行分析（实体店的道路交通分析、购买潜量分析、竞争状况分析，网店客流量、购买潜力、平台服务）；最后对该零售店铺进行项目经营损益分析和评价，并据此编制选址分析报告，以 PPT 格式完成。各项目团队选出 1 名代表，准备汇报。

# 项目五　创业企业融资管理

### 创业寄语

周成建：如果大环境小环境都靠自我去建设的话，自身不具备相应实力。因此当时咱们只有一个简单的想法，就是把自我有限的资本或者力量聚焦到如何去塑造品牌，把其他内容交给社会来完成。

### 学习目标

**素质目标**
1. 掌握良好的创业融资思维及融资管理理念。
2. 树立良好的个人创新创业能力，提高企业持续发展能力。
3. 在培养创业意识中增强自我约束能力、企业持续经营能力。

**技能目标**
1. 掌握创业过程中的决策能力、判断能力、分析能力。
2. 懂得创业中的资源营运能力，增强企业的市场适应能力。

**知识目标**
1. 了解创业企业融资现状。
2. 掌握创业企业融资模式。
3. 掌握创业企业融资渠道及方式。
4. 学会撰写创业企业融资方案。

### 项目结构

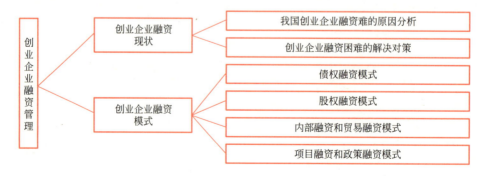

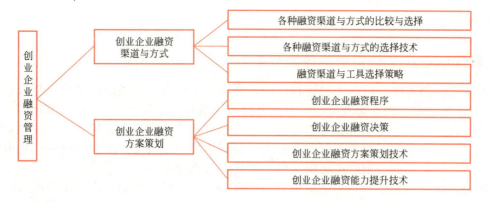

 **职业指引**

创业企业融资难的问题是世界上所有创业企业发展中普遍存在的问题，在我国表现尤为突出，融资短缺严重地阻碍了创业企业的发展。解决创业企业融资问题已经成为创业企业生存和发展的关键问题。本项目旨在帮助创业者提供融资的相关技术及途径，更好地为创业企业提供融资解决思路。

## 任务 1　创业企业融资现状

 **引导案例**

### 财政杠杆"四两拨千斤"

2015年7月，江苏镇江新区一家年销售近千万的汽车配件公司，因货款难回笼，导致资金周转压力超过承受能力，公司负责人张女士便向附近的银行求助，可问遍所有银行，都是"第一句话就给打了回来"。镇江新区中小企业投资担保有限公司得知这一情况后，主动出面担保，此后张女士很快从一家银行获得80万元的贷款。

镇江新区这家担保公司，是一家由财政扶持、注册资本达到亿元的A级担保机构，目前已与5家银行签有担保合作协议，累计为184户中小企业提供了364笔、总额为9.07亿元的担保贷款。公司总经理蒋某向记者介绍说，中小企业"融资难"的总体态势是"贷款难"，"贷款难"又在很大程度上源于"担保难"，而由政府财政部门资助成立的担保公司可以产生"四两拨千斤"的作用。

**思考：**为什么创业企业融资难？融资有哪些渠道？

根据我国学者郁义鸿给创业下的定义，"创业是一个发现机会和捕捉机会并由此创造出新颖的产品或服务，实现其潜在价值的过程。"创业不是一次偶尔为之的即兴行为，而是创业动机产生、创业机会识别、创业组织设立、企业成长及创业收获的过程。这个过程都离不开资金的支持。根据美国2001—2005年间的统计资料，平均每个新兴高科技企业在其创始的最初5年之内，大约需要500万～2000万美元的启动资金，而10年后，这个数字又增长了一倍。可见，资金是创业企业创立、发展与壮大所必备的战略资源之一。任何一位创业者都必须站在战略制高点来理解资金对创业的战略意义，并扎实地做好创业融资工作，才能避免重蹈覆辙，促进创业活动的顺利开展。

# 一、我国创业企业融资难的原因分析

近年来，国务院、中国人民银行、银保监会（全称为"中国银行保险监督管理委员会"）为了解决创业企业融资难的困境，出台了一系列支持创业企业发展的好政策，各大商业银行尤其是"立足农村服务创业企业"的银行机构为了贯彻国家支持创业企业的政策措施，也相应采取了对策，创业企业的经营环境可以说有了一个大的改观，也取得了一定成效。尽管如此，现阶段融资难仍然是制约我国创业企业快速发展的重要因素，根据我国创业企业发展的特点和融资现状，探索多元化的融资渠道，进行融资的内外原因分析，提出创业企业加强信息披露、提高整体素质去解决我国创业企业融资问题具有非常重要的意义。

## （一）创业企业融资困难的内部原因

### 1. 创业企业自身条件不足

由于创业企业融资成本高、抵押资产少、企业信誉偏低等先天的缺陷，又因其自身的经营管理水平低、财务管理不规范、经营风险大、产品科技含量低等原因严重影响了创业企业的融资效果。

### 2. 缺少可以用于抵押担保的资产

企业融资抵押担保难。由于创业企业大部分尚处于起步发展阶段，土地、设备、厂房规模一般都不大，可用于抵押的固定资产非常有限，部分企业财产权属不明确，产权关系、权属证明不完善。再加上抵押物价值评估、登记的费用较高，抵押、担保难，企业办理一笔财产保险担保，需要办理财产评估、登记、保险、公正等复杂手续，涉及许多职能部门。而纷繁复杂的手续，致使企业疲于奔波，这无疑都成为阻挡创业企业融资的障碍。目前，全国建有创业企业信用担保体系的地方很少，同时担保中心往往设在大中城市，县以下很少开设，从而使企业寻求担保难上加难。同时，目前商业银行规定只有信用等级A以上企业才能提供担保，但是我国符合条件的创业企业很少，无法相互担保，大企业一般又不愿为创业企业担保，即使愿意，也会收取较高的担保费用，加大了融资的成本。据调查，我国创业企业因无法落实担保而被拒贷的比例为23.8%，因无法落实抵押而被拒贷的比例为32.3%，合计总被拒贷率56.1%。

### 3. 创业企业治理结构不完善，财务管理不规范

我国很多创业企业都是家族化管理模式或是白手起家，大部分采用个人业主制和合伙制，缺乏完善的法人治理结构，管理水平和员工素质都比较低，资金管理缺乏规范性，降低了资金利用率，企业财务制度不健全，内控制度不完善，没有专业的财务人员，缺乏详细的资产负债信息与其他财务信息，会计信息失真，财务报表缺乏可靠性，银行无法有效地通过财务报表分析掌握企业的资金运用状况。又因为创业企业大多采用现金交易的方式，无法取得凭证，加大了银行对企业资金监管的难度。

### 4. 信用管理机制薄弱，人才缺失

企业内部信用管理是连接财务部门和各部门的纽带，也是企业本身、顾客、债权人等了解企业情况，作出正确决定的依据。然而创业企业内部信用管理机制不健全，我国的创业企业信用等级普遍偏低。许多创业企业不能被列入银行信贷支持的行列。部分企业多开户头、多头贷款，银行和企业之间的信息不对称。银行无法有效监督企业的资金使用情况。一些小企业通过制造虚假的交易合同、资产证明等套取银行信贷资金的行为常有发生，再以不规范的资产评估、资本运作、破产、改制等手段脱逃银行债务，给银行造成巨大损失，恶

化了信用环境，危害金融安全，加大了创业企业融资难度。

在市场竞争日益激烈的今天，企业的兴衰越来越依靠员工，尤其是具有主动精神和创新精神的管理、技术骨干人员，但是创业企业因其寿命短、发展受限制、内部管理机制、薪金、待遇等因素，高水平、高素质的人才一般不会选择创业企业，或仅以创业企业为跳板进入大型企业；同时，对于既有的人才的管理缺陷，未能适时培训员工，造成企业后备人才储备不足。

5. 抵御风险能力低，经营风险高

创业企业自身的特点决定了其经营上有较大的不确定性，具有较高的失败率，有70%～80%的创业企业生存期不超过3～5年，10%～20%的创业企业在5～10年内就要关门大吉，能坚持15年以上的创业企业只占5%左右。大多数创业企业经营管理水平低，生产技术落后，人员素质较差，加大了企业的经营风险，导致了较高的破产率，加大了融资的复杂性，同时增加了融资的成本。

## （二）创业企业融资难的外部原因

### 1. 银行对创业企业的惜贷现象

创业企业创造了国内生产总值的65.59%，工业增加值的76.6%，出口创汇的60%。近年来随着金融改革的进一步深化，商业银行都加强了对风险的管理，由于原来对创业企业的融资政策的不重视并没有改变，商业银行对创业企业进行贷款时往往出现惜贷现象。

### 2. 政府对创业企业的扶持力度不够

目前，国际上发达和部分发展中国家都十分重视创业企业的发展，制定了财政、税收、金融、外贸等一系列优惠政策，支持和保护本国创业企业发展，有许多国家都建立创业企业特殊融资机构。而我国政府对企业的重视程度主要取决于企业的规模，对创业企业特别是非国有的创业企业普遍重视不够，这不利于我国实力薄弱、经验不足的创业企业的成长，限制了创业企业的融资渠道和融资能力，导致银行在对大企业和创业企业融资问题上的不平等。尽管现在比以前有所改善，但政府和银行方面仍然存在这种观念，认为大型企业都是国有的，贷款给它们是国家对国家的企业，不会造成国有资产的流失。而创业企业中大多数是非国有的企业，效益不稳定、贷款回收不好、信誉差，容易导致国有资产的流失，所以银行一般对创业企业贷款十分慎重，条件较为苛刻。总体上缺乏对创业企业信贷需求的重视。不仅如此，我国的创业企业还缺乏公平竞争的经营环境，负担繁重。长期以来，我国一直没有制定有关扶持创业企业发展的法律法规。由此可见，我国对创业企业的发展缺乏一套完善、系统、持续的政策扶持体系。国家扶持政策一直实行向大企业倾斜。政策偏向于国有大型企业，甚至部分地方政府把中央提出的"抓大放小"的方针错误理解为不管创业企业，让其自生自灭，政府只管经营国有大中型企业。创业企业得不到政策的扶持，其发展理所当然会受到限制。

### 3. 我国小型金融机构发育不完善

美国有中小型银行13980家，主要为中小微企业提供贷款，占美国金融机构总数的75%。而我国的类似中小型银行却只有90家，占我国金融机构总数的43%。一些原本定位服务于小微企业的信用合作社也合并为银行或地方商业银行，使得创业企业融资渠道愈发狭窄。我国的大型国有商业银行主要是针对国有大中型企业设计的，无法满足创业企业的贷款要求。

### 4. 创业企业融资服务体系缺乏

现在我国极为缺少切实面向创业企业的金融机构，有些银行的初衷是为民营企业和创业企业服务的，可由于资金、服务水平、项目有限，迫使这些银行也逐步走向严格，限制了创业企业的融资。我国目前尚缺乏统一的创业企业服务管理机制，如创业企业担保机制、创业企业的信用评级机构等社会中介机构。我国社会中介的担保功能发挥存在较大的局限性。国家经贸委在1999年制定印发了《关于建立中小企业信用担保体系试点的指导意见》，已超过100个城市建立了创业企业信用担保机构。从发挥的作用来看，担保机构并没有充分发挥其应有的作用。

对创业企业的发展缺乏完善的法律、法规的支持保障，目前只是按行业所有制性质分别制定政策法规，缺乏一部统一规范的创业企业立法，造成各种所有制性质的创业企业法律地位和权利的不平等。另外，法律的执行环境也很差，一些地方政府为了自身局部利益，默许甚至纵容企业逃避银行债务，法律对银行债权的保护能力低，加剧了金融机构的"恐贷"心理。

### 5. 资本市场融资渠道不通畅

目前我国资本市场并没有给创业企业融资提供直接融资渠道。第一，相关法规对股票发行额度和上市公司选择有严格的规模限制，目前的创业企业普遍无法满足这些硬性规定。第二，从资本市场结构上来说，资本市场目前没有适合创业企业融资多层次、不同风险度的股票交易市场。第三，从资本市场体系来说，我国资本市场体系和布局不合理，证券与产权的交易单一，没有地方性的证券与产权交易中心，大部分创业企业难以在全国性的资本市场上筹集资本。第四，从交易品种来说，资本市场交易品种过于稀少，相对充裕的社会资金只能面对极其有限的投资渠道，使得储蓄向投资转化的渠道严重阻塞，需要大量资金的绝大多数创业企业在其发展过程中都不得不从非正式金融市场上寻找融资渠道。

### 6. 融资结构不合理

我国企业的融资渠道有三种：银行贷款、企业债券、发行股票。目前我国创业企业股票上市融资获批是十分困难的。从目前的情况看，创业企业的资金主要靠自有资金银行贷款，而由于银行的风险控制严格，创业者申请从银行获得贷款也是十分困难的。

综合以上因素，我国的创业企业资金来源主要依靠自身积累、内源融资，外源融资比重小。单一的融资结构极大地制约了创业企业的成长与发展，并且在外源性融资中，创业企业一般只能向银行申请贷款。据统计，目前创业企业的贷款规模仅占银行信贷总额的8%左右，这与创业企业在国民经济中的地位和所发挥的作用相比是极不相称的。

## 二、创业企业融资困难的解决对策

创业企业作为国民经济的重要组成部分，是经济增长的重要推力，是吸收就业的主要渠道。资金的缺乏仍是阻碍创业企业发展的主要"瓶颈"，创业企业没有资金，生产设备得不到更新改造，经营效率低下，无力开发市场。因此，如何解决创业企业融资问题已经引起社会各界的广泛关注，也是当务之急。

### （一）发挥政府职能，完善对创业企业的扶持政策

创业企业在市场竞争中一般处于劣势地位，国家需要制定独立的创业企业的法律法规来保护创业企业的健康发展。我国虽然已经出台《中华人民共和国中小企业促进法》（以下简称《中小企业促进法》），明确了政府对创业企业、小微企业的资金、创新、服务方面的支持，为政府扶持小微企业、初创企业提供了法律保障，但其中仍存在诸多问题，如忽视了"就业型"创业企业，没有提出创业企业税收优惠的具体办法以及信用担保机构的管理办法，大大削弱了该法的可操作性。因此，国家必须尽快出台相关规定，使《中小企业

促进法》具备可操作性。政府应营造有利于创业企业发展的环境，例如税收优惠政策，通过比较分析，适当减少创业企业所得税等。优先安排创业企业的服务和产品参与政府采购，为创业企业创造更多的参与机会，促进发展。针对创业企业信用缺失，担保机构风险大，银行信用调查成本高、贷款风险大等问题，政府应对银行或担保机构提供适当补助，降低担保风险、贷款风险，使得担保机构对给创业企业做担保放心、银行给创业企业贷款放心。

### 案例分析

#### 小微企业的福利之举

江苏省中小企业面广量大。2007年，省政府就提出了以财政杠杆撬动金融资金、扶持和促进中小企业贷款的政策思路，当年8月出台了《微小企业贷款风险补偿专项资金管理办法》，省财政主管部门还建立微小企业贷款风险专项资金，专项用于省内银行业金融机构向微小企业发放贷款的风险补偿，各市、县财政也按比例给予配套，去年新增小企业贷款达到108亿元，省级财政补贴资金达到3700万元。

南京市财政主管部门连续3年每年出资2000万元对担保业进行风险补偿和收益补偿。常州市年投入担保业的扶持资金达890万元。由苏州市政府出资成立的苏州国发中小企业担保投资有限公司，担保总额接近80亿元。南通市建立的中小企业应急互助基金，首期规模3000万元，其中财政注入引导资金600万元。

扬州市在2019年财政预算中，专门安排1亿元"经济发展引导和奖励资金"，重点支持工业"双创""三重"和"三新"产业发展。市财政主管部门对全市中小企业30个项目下拨了500万元专项资金，并发挥所属担保中心的桥梁作用，帮助有发展潜力的中小企业争取银行贷款。高邮华美丙纶纺织有限公司是省高新技术企业，一度由于资金紧缺难以扩大投资，担保中心主动与之联系，帮助企业解决了500万元贷款。目前，市担保中心共为83家中小企业进行了担保，至8月底担保余额达3.3亿元，最大的一笔担保资金达1540万元。

**思考**：如何更好发挥政府职能增强对创业企业的扶持力度？

### （二）完善为创业企业服务的融资体系

创业企业融资难是一个多年难以解决的现实问题，正因如此，才引起了国务院、中国人民银行及银保监会的高度关注进而出台了一系列政策措施，商业银行等金融机构应该充分认识到创业企业的重要性，改变对创业企业的不重视态度，完善对创业企业的服务体系。金融机构可以建立专门机构为创业企业服务，制定创业企业的贷款政策，解决创业企业信贷过程中出现的问题，鼓励创业企业健康发展。如政府部门要采取财政注资、民间资金入股等措施，加大政策性融资担保机构组建力度；建立适合创业企业的信用等级评估制度；建议国有商业银行对创业企业的贷款达到规定的比例，提高商业银行对创业企业贷款的积极性；鼓励有实力、有经验的企业法人组建融资性担保机构，支持发展以工业园区企业为主的会员制融资性担保机构；建立多层次的社会担保体系，增强融资担保实力，积极为有市场发展前景但无融资抵（质）押物的创业企业提供担保服务等，努力破解创业企业因缺抵（质）押物而无法融资的困局。

 **案例分析**

### "阳光信贷"工程

革命老区姜堰市白米镇，有家自筹资金创业的双力包装制品厂，办厂13年，今年产值可达4000万元。一提到贷款，厂长朱玉林就滔滔不绝："以前想贷款，首先要找担保，还要准备各种各样的财务报表，等着银行贷款审查，最后拿到贷款起码要2个月时间。"今年3月，听说姜堰农村合作银行（以下简称"农合行"）推出"阳光信贷"工程，朱玉林立即去打听。工作人员告诉他，"阳光信贷"实行"一次授信，随用随贷，余额控制，周转使用"，授信企业凭一张银行卡，可在授信期限和额度内循环使用贷款，每次支取只需到柜面办理，就像存款一样方便。让朱玉林想不到的是，姜堰农合行白米支行给工厂授信150万元，他从申请到银行放款只花了4天时间，第一笔用了80万元，10天后又用了70万元，20多天后回笼资金50万元，立刻还上，这样一来，光利息就省了2万多元。

**思考：** 银行在为创业企业融资时还可以提供哪些有力措施？

### （三）建立健全创业企业信用担保体系

一是要扩大与创业企业信用担保机构的合作空间，探索多渠道、多途径支持创业企业发展的新路子。可尝试和推广与保险公司的合作，为担保机构或创业企业自有资产提供风险保障，构筑一道再担保"屏障"，促进信用担保机构的可持续发展。二是要积极与创业企业信用担保机构建立业务协作关系，双方按"利益共享、风险共担"的原则合理确立风险分担比例。金融机构应及时向掌握企业一手资料和情况的政府相关部门（如工信局、发改局或工业园区管委会等）了解有融资意向、符合政府投资进度条件及银行信贷条件的创业企业，积极主动介入，给予信贷支持。政府相关部门也可直接向金融机构书面推荐，金融机构实行限时调查、答复、审批和发放，不断完善有利于服务创业企业的信贷服务机制，架设"银企"长期合作的坚固桥梁。

### （四）拓展创业企业融资渠道

创业企业的融资渠道主要包括直接融资和间接融资两种，但是由于创业企业的经营特点导致创业企业很难直接从商业银行获得贷款。在这种情况下，创业企业为了生存发展，必须开辟其他的融资渠道来满足自身发展对资金的需求。

目前，非正式渠道融资主要有以下三种形式：一是企业职工集资，即向企业职工发行股权证或集资券；二是社会集资，即向企业以外的个人或其他法人单位筹集资金；三是由一些基层单位出面举办的集资活动。目前，在我国资本市场还不够发达的情况下，非正式渠道融资发挥了相当大的作用，比如政府应该重新审视有关政策，采取措施适当发展我国的私募市场。

 **案例分析**

### "建行—淡马锡"

苏州中新创投集团（以下简称"中新创投"）运作模式一开始就吸引了众人的眼球。在苏州工业园区的大力支持下，中新创投对达不到银行贷款门槛的初创企业特别是一些科技企业，给予了很好的融资支持：一是通过担保公司，取得银行的授信额度，将银行资金融通给那些刚入园区又难以从银行取得贷款的中小企业；二是建立统贷平台，向中小企业融资。中新创投通过统贷平台，已经向区内的30多家中小企业融资余额3790万元，累计发放4950万元，解决了这些企业的资金需求。

"建行—淡马锡"成为镇江中小企业融资一匹"黑马"。这种模式由中国建设银行与国际知名金融公司淡马锡/富登金控进行战略合作，全国首家试点分行就是建设银行镇江分行，今年新增贷款的额度高达15亿元。9月8日，丹阳市政府搭台，数百家中小企业老板、财务老总与"建行—淡马锡"模式的销售团队进行面对面对接洽谈，得到了总额超过8亿元的"及时雨"。

据介绍，该模式主要针对中小企业金融需求"短、频、快"的特点，简化受理、评价等各环节的信贷流程，从业务受理到审批放款缩短至3～5天；增加了存货、应收账款质押等，抵质押物的范围更广。同时，对优质小企业客户将提供20%的信用放款。流动资金贷款期限最长可达3年，固定资产贷款最长可达5年。

### （五）创业企业加强自身管理，增强其内在融资能力

首先，完善企业内部人才管理机制。创业企业应注重人才的培养，为企业的发展储备提供主力军。对员工进行人性化管理，制定激励机制、有意识地培养员工、为员工制订学习计划等。树立正确的企业价值目标，科学管理企业财务，使得财务管理与经营管理协调发展。另外，创业企业还应该提高内部融资能力，如留存收益、员工入股等。要摒弃不科学的家族式经营和作坊式管理，采取科学、有效的经营管理模式，走专业化经营道路，并立足长远，注重科学技术，增加产品技术含量和价值含量，从而构建企业核心竞争力，以巩固、增强企业的市场地位。

其次，强化企业财务管理。企业财务管理是企业管理中最重要的内容之一，而资金管理则是企业财务管理的核心内容，加强财务信息的披露、提高会计透明度和财务管理水平、健全的企业财务管理制度是提高企业融资能力的重要前提。根据国家的有关规定，建立健全企业的财务、会计制度，不做假账，建立完善的财务报表体系，提高企业财务状况的透明度和财务报表的可信度。积极清偿银行的债务和应付款项，建立企业的信用制度，提高企业的信任水平；要抓好资金的日常管理。强化企业资金的使用、周转和财务核算，确保企业的财务核算正规，企业财务管理严格；苦练内功，真正提高企业的经营管理水平。同时，确保企业各项活动和财务收支必须在国家法律、法规及规章制度允许的范围内进行。

再次，增强信用观念，树立良好企业形象。创业企业要想获得金融机构的贷款支持，除了在硬件上要具备金融机构要求的贷款条件外，还要在软件上狠下功夫，创业企业必须强化信用意识，树立诚信形象，树立良好的企业法人形象，杜绝不良信用记录，提高企业还款的信誉程度，积极配合政府有关部门，尽快构筑信用体系。

最后，加强企业合作，拓宽融资渠道。由于资金不足、产技术水平不高、难以实现规模经济等特点，创业企业可以在平等互利、风险共担的基础上，结成较为紧密的联盟，互相取长补短，共同积累资源，共同开发新技术新产品，共同开辟市场，建立战略联盟。要解决贷款难问题，目前最好的办法是推行联保贷款的形式，创业企业之间按照"自愿组合、诚实守信、风险共担"的原则组成联合体，联合体内部成员既是借款人又是联保人，互相监督、互相担保，各成员对任一借款人的债务均承担连带保证责任。这样，可以有效地解决担保难的问题，也有利于信贷资金的安全，降低银行的风险。

## （六）向科技型小微企业转变

自20世纪90年代以来，科技型小微企业越来越受到各国政府的重视，科技型创业企业具有资金少、周期短、决策灵活、管理成本低、适应性强的特点。特别在创新机制和创新效率方面有其他企业无法比拟的优势。通过近几年的发展来看，无论是数量上还是质量上，科技型创业企业已经成为国民经济的重要组成部分，是经济发展的新的增长点，得到政府的高度重视。因此，创业企业可以考虑向科技型创业企业转变。

## （七）创业企业集群融资

单个创业企业生产规模小、抗风险能力低、贷款需求急、金额小、需求频繁、不确定性高，降低了金融机构的贷款意愿。但创业企业集聚成群后形成了与单个的创业企业截然不同的独特融资优势。

### 1. 企业集群增大了企业的守信度

集群内部的生产服务配套条件较好，专业化分工较强，企业所需的人才、信息和客户在集群内部更容易获得，而且集群内对中间产品和辅助产品的需求最大，能创造更多的市场机遇，有利于企业的发展。集群内的创业企业离不开集群这个产业环境，企业的"根植性"强，迁移的机会成本高，减少了企业的机会主义倾向，增大了企业的守信度。

### 2. 企业集群使企业逃避债务的可能性减少

在企业群内，集群的产业发展目标明确，众多企业围绕某一产品系列发展，一旦某企业逃避银行的债务，很快就会在集群内传开。为了维持声誉，集群内的创业企业不会轻举妄动，使企业逃避债务的可能性减少。

### 3. 企业集群降低了银行的交易成本

如果银行只给几家创业企业贷款，那么管理费用、成本费用较高，会降低银行的贷款意愿。但集群内众多的企业从事同一个行业，银行通过对同一行业的许多企业贷款，就可以从规模经济中获益，降低了银行从事信贷业务的交易成本。

### 4. 企业集群降低了金融机构的融资风险

企业集群的产业发展方向明确，主要围绕某一系列的产品发展，产业风险具有一定的可预测性。银行向集群内企业贷款的风险相对减低。

### 5. 企业集群使融资获得规模效应和乘数效应

由于企业集群区域的经济增长率较高，资本积累更快，通过商业银行货币的乘数放大，投资增加，经济进一步增长，高经济增长使储蓄增加，银行的货币乘数使投资增加，区域经济增长带动银行的收益增加。另外，产业集群区域内银行的收益较高，可以吸引更多的区域资金，资金的乘数效应进一步扩大，更有利于区域银行的快速发展。

# 任务2 创业企业融资模式

### 引导案例

#### 私人担保为创业企业保驾护航

针对广大农村地区金融组织体系不健全、金融市场竞争不充分的现实，江苏省已批准9个市20个县（市、区）开展小额贷款组织试点工作，丹阳天工惠农、兴化永泰诚两家小额贷款公司已正式挂牌营业。到 2016 年底，全省新办 50 家农村小额贷款公司，总注册资金约 30 亿元。省金融办有关负责人表示，农村小额贷款组织的建立，推动了民间借贷的合法运行、规范发展，也为中小企业提供了新的融资平台。

谈起当初在江苏省率先"吃螃蟹"的事，永泰诚董事长魏万贵就津津乐道。他告诉记者，多年前他成立了一家担保公司，在向银行注入一定的"担保金"后，专门为那些急需资金的"小老板"提供担保，帮助"小老板"从银行贷款，他则从中收取一定的担保费。2007 年底，省政府关于小额贷款公司试点的意见出台，"政府允许我们直接把资金贷出去，并可以像银行一样合法收取一定的利息"。得知这一以前连想都不敢想的好消息后，魏万贵心动了，他立即联络了三个法人股东，在很短的时间内向省金融办提交了申请。2008 年 7 月 22 日，注册资金 3600 万的永泰诚贷款公司开业，从业人员 8 人，其中有 5 人连续从事金融工作 18 年以上，专门负责业务的一位老总，是特地辞去当地一家银行副行长职务前来加盟的。

**思考**：私人担保公司的成立为创业企业融资带来什么样的便捷？

企业融资是指企业根据生产经营和其他方面的需要，通过金融市场，运用一定的融资方式，经济、有效地筹措所需资金的财务活动。

## 一、债权融资模式

### （一）国内银行贷款

国内银行贷款是指银行将一定额度的资金以一定的利率，贷发给资金需求者，并约定期限、付利还本的一种经济行为。国内银行贷款手续比较简单，融资速度比较快，融资成本比较低，贷款利息计入企业成本，按期付利、到期还本。目前，在国家工商行政管理部门批准设立的法人企业，自主经营、独立核算，有一定数量的自有资产或资金，产品有市场，经营有效益，到时候能按约定的合同还利还本，这样的创业企业都可以到银行贷款。贷款的种类有信用贷款、担保贷款、抵押贷款。

### 案例分析

#### "草根金融"

"草根金融"穿上"红马甲"。兴化市爱尔信食品有限公司是一家农副产品加工企业，主营脱水蔬菜，其中 90% 以上的产品销往韩、日、美等国家，年产量 2000 多吨。一个月前，公司老总唐爱玲与韩国客户签订了 600 吨脱水南瓜粉合同，但这笔大订单也让她寝食难安，因为仅收购原料的资金就需要 700 多万元。跑银行，找关系，想尽办法，但还有 300 万元的资金没有着落。半个月前，唐爱玲抱着试试看的心理找到了 7 月份刚成立的兴化永泰诚小额贷款公司。没有想到的是，三天后永泰诚回信，可以贷款 300 万给她，时限 6 个月，利率等同于国有银行。这让唐爱玲喜出望外。

**思考**：国内私人贷款机构有什么特点？

### （二）国外银行贷款

国外银行贷款指的是对某一项目筹集资金，借款人在国际金融市场上，向外国银行贷款的一种融资模式。中国2001年11月加入世界贸易组织,中国人民银行宣布了国外银行进入国内的时间表。2006年年底前,外国银行被允许可在国内全面展开人民币业务,取消所有地域的限制,允许外资银行对所有中国客户提供服务,允许外资银行设立同城营业网点,审批条件与中资银行相同。目前花旗银行、渣打银行等一些外国银行,把关注的重点纷纷转向了创业企业。

外国商业银行贷款是非限制性贷款,不限贷款用途,不限贷款金额,不限贷款的币种,但贷款利率比较高,按国际金融市场平均利率计算。硬通货币的利率要高于软通货币的利率,比较看重贷款人的信誉,短期一年,中期一到七年,长期贷款七年以上。

### (三)发行债权融资

企业发行债券融资是企业按照法定的程序,直接向社会债券融资的一种模式。企业债券有短期债券、中期债券和长期债券。根据《中华人民共和国证券法》(以下简称《证券法》)第十六条规定,公开发行公司债券,应当符合下列条件:股份有限公司的净资产不低于人民币三千万元,有限责任公司的净资产不低于人民币六千万元。

企业发行债券有八个运作程序,即:公司要作出发行债券的决议;制定发行债券的章程;办理发行债券的手续;申请得到债券发行的批准;发布募集公告;签订债券承销合同;企业公开发售;债券出售所得的款项进入企业的账户。

### (四)民间借贷款资

民间借贷融资是不通过金融机构而私下进行借贷的活动,是一种原始的直接信贷形式。民间借贷具有供求的自发性、利率自主性、风险性大的特点。

2002年1月,中国人民银行批准中国民生银行正式开放个人委托贷款业务。个人委托贷款业务是目前民间借贷的创新模式,即由个人委托人提供资金,银行作为受托人根据委托人确定的贷款对象、用途、金额、期限、利率等代为发放,监督使用,并到时收回民间贷款。

**案例分析**

#### "抱团"筹集转贷基金

在江苏武进区牛塘镇,由该镇企业"抱团"筹集2000万元创设的转贷基金9月5日开始试运行。早在5月份牛塘镇的一次商会会议上,有企业提出"资金内循环"组建中小企业转贷基金的想法,得到大家的响应和支持。该镇11家骨干企业纷纷出手,每家出资50万~300万元不等,共筹集到2000万元,存入银行专户。根据牛塘镇中小企业转贷基金的相关章程,2000万元"基金"仅用于会员企业的转贷,不外借企业会员担保、拆借等用途。该镇商会会员可以在需要小额贷款时,先向商会提出申请,再由商会组织的管理监督委员会对该企业信誉度及资产进行评估,然后按照"先到先得"的原则发放贷款。企业借款之后,必须在7天的使用期限内归还基金,并支付相应的转贷利息。牛塘镇党委书记沈新峰介绍说,"转贷基金"属于自发性、内部性和服务性,政府和银行都不参与。首吃螃蟹的牛塘镇金狮压铸有限公司,已经把拆借用于转贷的200万元及时返还转贷基金账户。这家企业是转贷基金的出资人之一,企业经理邓先生告诉记者:"当时出资100万元,没想到自己这么快就能受益。8月末的时候,眼看着公司的500万元贷款要到期,流动资金一下子绷紧,那时候急啊。这200万元转贷资金真的是帮了大忙!"

**思考:** 以上融资模式有何特点?

### （五）信用担保融资

信用担保融资是介于商业银行与企业之间，以信誉证明和资产责任保证结合在一起的融资模式。目前国内的担保机构成立了很多，有事业法人型的，像各省市的创业企业担保中心；有企业法人型的，像各省市的创业企业担保公司；还有社团法人型的如各省市的创业企业担保协会。它们都为创业企业融资做担保。

信用担保融资使原借、贷关系变为借、贷、保三者关系，分散了银行贷款风险，分散了企业融资的困难。信用担保机构在担保过程中收取一定比例的担保费用，成功的信用担保将实现企业、银行、担保机构"三赢"。

### 案例分析

#### 会员制担保公司

某公司是扬州首家会员制担保公司。该担保公司目前共有12个股东，注册资本600万元。担保额度为出资额的3倍，单笔贷款的最高额度为200万元，期限为1年。也就是说，会员企业入股1元，就可以得到3元的贷款担保。

该担保公司是一种互助性、封闭型担保机构。企业申请担保必须先入会，成为担保机构股东。公司资金来源是会员企业入股的股金，股金全部存于有关银行作为保证金，在借贷企业未能还贷时承担相关担保责任。担保公司本着"自我出资、自我服务"的原则运行，加强与金融机构的紧密合作，为会员提供快速便捷的融资担保贷款。该公司运行半年来，已帮助10家企业获得贷款1400万元，一定程度上缓解了中小企业融资难的局面。该担保公司成立时，某电工有限公司出资80万元成为公司的股东。前不久，企业急需资金购买原料，按照股金的相应倍率很快获得了200万元的"救命钱"。

**思考**：担保融资最大的风险在哪里？

### （六）金融租赁融资

金融租赁融资是以商品的形式表现借贷资本运作的一种融资模式。金融租赁融资最少需要承租方、出租方、供货方三方当事人，在这种融资过程中，由承租人指定承租物件，使用、维修、保养由承租人负责，出租人提供金融服务，以承租人占用出租人融资金额的时间计算租金，租赁物件所有权只是出租人为了控制承租人偿还租金的风险而采取的一种形式所有权，到合同结束时，根据合同协定可以转移给承租人。

## 二、股权融资模式

### （一）股权出让融资

股权出让融资是企业出让部分股权，以融到企业发展所需要的资金。股权出让的对象，可以是大型企业、境外企业、企业基金、风险投资，也可以出让给个人投资。股权出让价格，可以溢价出让、平价出让，也可以小部分折价出让。出让的比例可以全部出让，可以部分出让，也可以小部分出让。

### （二）增资扩股融资

增资扩股融资是企业根据发展的需要，扩大股本融资的一种模式。增资扩股融资的形式有两种：一种是集资，就是内援融资形式的增资扩股；另一种是私募，即外援融资形式。增资扩股的价格，可以溢价扩股、平价扩股，也可以折价扩股。

增资扩股融资的优点是通过扩大股本，直接融进资金。通过扩大股本，把企业加速做大做强，根据经营收益状况向投资者收取回报。

### （三）产权交易融资

产权交易融资是指企业的资产以商品的形式，进行低价交易的一种融资模式。产权交易的形式，可以是在国有企业之间、国有企业和集体企业之间、私营企业和个人之间的交易，有整体的产权交易，有部分的产权交易。现在产权交易的场所也比较多，有产权交易所、产权交易市场和高新技术交易市场。现在，全国比较大的产权交易所有北京产权交易所、上海产权交易所和天津产权交易所。现在很多省市都成立了产权交易所。

### （四）杠杆收购融资

杠杆收购融资是指以被收购企业的资产或股权作为抵押投资，来增加收购企业的财务和杠杆力度，进行收购兼并的一种融资模式。杠杆收购的范围可以是资本规模相当的两个企业之间，可以是大企业收购小企业，可以是小企业收购大企业，也可以是个人资本收购法人企业，也叫管理层收购。

杠杆收购的过程中，收购企业的收购资金只是少部分，起一个杠杆的作用，收购企业以被收购企业的资产或股权进行抵押，收购方和被收购方、债权人各得其所。

### （五）风险投资融资

风险投资是一种高增长、高科技、高风险、高回报的权益资本投资，一般不投传统企业。另外，风险投资对企业领导人的基本素质要求比较高，它要求领导人必须精力充沛、忠诚正直、有献身精神、有领导素质、学识渊博、有创新进取的精神。风险投资的目的不是投资现在而是投资未来，在企业种子期、创业期、成长期、成熟期都可以投。

### （六）投资银行融资

投资银行融资是指投资银行将符合法规、可动用资金，以股本及其他形式，投入于企业的融资。投资银行不是商业银行，投资银行是主营资本业务市场的金融机构，现实中的证券公司、基金管理公司、投资管理公司、风险投资公司、投资顾问公司，都是投资银行机构。投资银行与商业银行是有区别的，从机构性质来看都是金融机构，但是，投资银行主要是搞直接融资，帮助企业上市发行股票、发行债权等融资。

### （七）国内上市融资

国内上市融资是指企业根据国家《公司法》《证券法》要求的条件，根据中国证券监督管理委员会（以下简称"中国证监会"）批准，上市发行股票的一种融资模式。

### （八）境外上市融资

境外上市融资是指企业根据国家的有关法律法规政策，在境外资本市场上市融资一种模式。目前，我国鼓励具备条件的企业到境外去上市。1999年7月14日，中国证监会发布了《关于企业申请到境外上市有关问题的通知》。1999年12月，中国证监会发布了《境内企业申请到香港创业板上市审批以及监管指引》。2005年10月21日，国家外汇管理局发布了《关于境内居民通过特殊目的公司境外融资及返程投资外汇管理有关问题的通知》。

目前来看，中国企业可选择的境外市场首先是中国香港交易所主板和创业板、新加坡交易所、美国纽约交易所和纳斯达克股票市场，同时也包括伦敦交易所股票市场和德国法兰克福交易所股票市场。

### （九）买壳上市融资

买壳上市融资是非上市公司在境内外资本市场通过收购控股上市公司，取得合法的上市地位，然后进行资产和业务重组，进行发行配股的一种融资模式。壳公司一般具有经营业绩差、行业前景不佳、产品市场萎缩、股价长期低迷、企业负债过重、自身又无力回天等特点。壳公司的壳资源在境外比较多，像中国香港、新加坡、美国就有很多的壳公司资源。

## 三、内部融资和贸易融资模式

### （一）留存结余融资

留存结余融资是指企业收益缴纳所得税后形成的、其所有权属于股东的未分派的利润，又投入本企业的一种内部的融资模式。

企业留存结余融资具有手续简便、财务成本低、增强企业凝聚力，同时企业又没有债务和股权分散的风险等特点。目前国内很多民营企业，基本是结余没有分红，是再投入了，股东虽然没有分红，但企业的净资产增加，也等于投资的增长，将来取得更高的投资回报。

### （二）资产管理融资

资产管理融资是指企业通过对资产进行科学有效的管理，节省企业在资产上的资金占用，增强资金流转的一种变相融资模式。资产管理融资的方法有以下两种。

（1）应收账款抵押贷款。即卖货方将应收账款抵押给金融机构而取得抵押贷款，但应收账款仍由卖货方去负责追索的一种贷款形式。

（2）存货质押担保贷款。即通过仓储货物进行抵押贷款。但企业的存货必须市场相对畅销、不易腐坏、市场价格相对稳定。

### （三）票据贴现融资

票据贴现融资是指票据持有人在需要资金时，将商业票据转让给银行，银行按票面金额，扣除贴现利息后将余额支付给票据持有人的一项银行业务。

目前在我国，商业票据主要包括银行承兑汇票和商业承兑汇票两种。在票据贴现融资过程中，银行不是按照企业的资产规模来贷款，而是依据销售合同和商业票据贷款。票据贴现利率低于银行的贷款利率。银行承兑汇票，是以银行作为汇票的承兑人，在票面上办理承兑手续，承诺到期付款的汇票。银行承兑汇票持有人在需要现金的时候就可以提前申请兑现。

商业承兑汇票即购货人为汇票的承兑人，在票面上办理承兑手续，到期向销货人付款的汇票。商业承兑汇票的贴现是以企业信用为基础的融资，商业承兑汇票持有人在需要资金的时候，可持商业承兑汇票到银行按一定的贴现率申请贴现兑现。

### （四）资产典当融资

资产典当融资是指资产所有者将其资产抵押给典当行来取得当金，然后按约定的期限支付当利、归还当金、赎回当物的融资行为。我国于2001年8月正式开始实施《典当行管理办法》。典当融资当物、当期、当费灵活，典当手续简便快捷，限制条件较少。

 **案例分析**

### 高效、快捷的典当融资

2016年9月9日，在苏州经营一家花木公司的刘先生再一次来到江苏金腾典当公司借款50万元，不到10分钟手续就全部搞定，这个效率让他露出满意的笑容。

2013年刘先生和典当行结缘，随后事业越做越大，从当初挖土方起家，到现在开花木公司、建筑公司、置业公司，个人资产达到了近1亿元。在金腾典当公司，他每年要借款十多次，金额从5万到300万元不等。刘先生的别墅长期抵押在典当公司，随时可以来借贷，每次的手续用时不会超过10分钟。

像刘先生这样，借助典当做大生意的中小企业在苏州还有很多。苏州共有纳入管理范围的典当行25家，2007年全年典当总额近50亿元人民币。作为苏州最大的典当公司，金腾典当公司的中小企业借贷的业务额在总业务额中的比例已高达96%，和300多家中小企业有业务往来。今年以来，每月典当总量接近1.5亿元，业务量比去年同期增加50%。

**思考**：典当融资利弊关系分析。

### （五）商业信用融资

商业信用融资是在商品交易中，交易双方通过延期付款或者不延期交货的形式，形成商业信用等筹措资金的形式。商业信用融资实际上是最原始的商品交易资金周转的信用方式。商业信用融资能为交易双方提供方便，可以巩固经济活动、加强经济责任。商业信用融资的关键是诚信。商业信用融资的种类有应付款项融资、预付款融资和商业票据融资三种。

### （六）国际贸易融资

国际贸易融资是指各国政府为支持本国企业进行出口贸易，而由政府机构、银行等金融机构或进出口商之间提供资金，主要形式有国际贸易短期融资和国际贸易长期融资两种方式。进出口商在商品交易过程中需要短期融通资金，以促进进出口贸易的有效实现，这些短期资金可以从各国的对外贸易银行或其他途径得到解决，即国际贸易短期融资；国际贸易中长期融资是指出口信贷，是以出口政府的金融支付为后盾，通过银行对出口商品或进口商品低于市场利率，并提供信贷担保的筹资方式。

### （七）补偿贸易融资

补偿贸易融资是指国外向国内公司提供机器设备、技术、培训人员等相关服务，作为投资，该项目生产经营后，国内公司以该项目的产品或商定的方法，予以偿还的一种融资模式。补偿贸易融资有直接补偿、间接补偿和混合补偿三种形式。

## 四、项目融资和政策融资模式

### （一）项目包装融资

项目包装融资是指针对要融资的项目，根据市场运行规律，经过周密的思考和策划进行包装与运作的一种融资模式。项目包装融资具有创意性、独特性、包装性、科学性、可行性等特点。

### （二）高新技术融资

高新技术融资是指运用高新技术成果进行产业化的融资模式。高新技术融资的来源有三个：一个是国家科技中型企业技术创新基金；一个是民间资本；一个是国际机构的资本。

## （三）BOT 项目融资

BOT 项目融资是指经政府特许具有相关资格的创业企业的一种特许项目的融资模式。BOT 的含义是投资建设—经营管理—到期移交（即 Build-Openate-Transfer，BOT），这种融资模式在国际上比较盛行。BOT 项目融资一般是政府主导参与，按市场机制运作，由 BOT 项目公司具体执行，主要是市政、道路、交通、电灯、通信、环保等公用设施，一般来讲，是资本与技术双密集型的大型项目。

## （四）IFC 国际融资

IFC 国际融资是国际金融公司简称。IFC 是世界银行集团之一，它既是世界银行的附属机构，又是独立的国际金融机构；其投资重点是发展中国家的中小型企业的新建、改建和扩建项目。

IFC 贷款投资主要向发展中国家的私人控股的小企业贷款，特别强调是私人控股的中小企业，它不投国有控股的中小微企业，贷款额度在 200 万～400 万美元之间，最高不超过 3000 万美元，贷款的期限 7～15 年，贷款的利息不统一，视对投资对象的风险和收益而定，采取贷款投资和股本投资相结合的投资方式。IFC 既做贷款投资，也做股本投资。在中国贷款投资重点是非国有企业、金融保险企业、基础设施、社会服务以及环境企业，特别是中国西部与内陆地域为其投资重点。

## （五）专项资金融资

专项资金投资是指专门投资中小企业、创业企业的专项用途的资金。2018 年实施的《中华人民共和国中小企业促进法》规定中央财政应当在本级预算中设立中小企业科目，安排中小企业发展专项资金。县级以上地方各级人民政府应当根据实际情况，在本级财政预算中安排中小企业发展专项资金。中小企业发展专项资金通过资助、购买服务、奖励等方式，重点用于支持中小企业公共服务体系和融资服务体系建设。中小企业发展专项资金向小型微型企业倾斜，资金管理使用坚持公开、透明的原则，实行预算绩效管理。

## （六）产业政策投资

产业政策投（融）资是政府优化产业结构、促进高新技术成果产业化而提供的政策性的支持投（融）资。产业政策投（融）资有财政补贴、贴息贷款、优惠贷款、税收优惠和政府采购等五种。同时，国家近年来出台了中小微企业、创业企业的很多优惠政策，比如所得税政策、征地税政策、鼓励中小微企业、初创企业技术进步的税收优惠政策、支持第三产业的税收优惠政策、支持高新技术企业税收和金融政策、小微企业的优惠政策、小微企业的税收优惠政策。这些支持政策都很有利于创业企业的发展。

# 任务 3　创业企业融资渠道与方式

 **引导案例**

企业倒闭潮

在第二次世界大战期间，美国宾夕法尼亚大学的普雷斯波·艾克特和约翰·莫奇带领一个小组从事计算机研制工作。1946 年，他们开发出了第一台具有工作用途的计算机，紧接着成立了艾克特 - 莫奇公司，将计算机商业化，并在 1948 年将它推向市场。这比 IBM 公司的第一台商用计算机整整早了 6 年。但由于艾克特-莫奇公司承担不了庞大的研究开发费用，缺乏财务资源的支持，最终被其他公司所兼并。美国在 20 世纪 80 年代曾做过一项统计，24% 的新企业在 2 年内倒闭，52% 的新企业在 4 年内倒闭，63% 的企业在 6 年内倒闭，在倒闭的企业中近 90% 是经济因素和财务原因。

**思考：** 案例中有什么启示？

融资是指为支付超过现金的购货款而采取的货币交易手段或为取得资产而集资所采取的货币手段。融资渠道是指取得资金的途径，即资金的供给者是谁。融资方式是指如何取得资金，即采用什么融资工具来取得资金。

从融资主体角度可对企业融资方式进行三个层次的划分：第一层次为外源融资和内源融资，第二层次是将外源融资划分为直接融资和间接融资，第三层次则是对直接融资和间接融资再进行进一步细分。在实践中，还经常根据资金来源和融资对象，将企业融资方式分为财政融资、银行融资、商业融资、证券融资、民间融资和国际融资等。

## 一、各种融资渠道与方式的比较与选择

### （一）内部融资与外部融资的比较

内部融资即将自己的储蓄（留存结余和折旧）转化为投资的过程，外部融资即吸收其他经济主体的储蓄，使之转化为自己投资的过程。随着技术的进步和生产规模的扩大，单纯依靠内部融资已经很难满足企业的资金需求，外部融资成为企业获取资金的重要方式。

### （二）直接融资与间接融资的比较

**1. 直接融资**

直接融资是指资金供给者与资金需求者通过一定的金融工具（股票或债权）直接形成的债权债务关系，资金供给者是直接贷款人，资金需求者是借款人，直接融资的方式是发行债券和股票。

（1）直接融资的优点

① 资金供求双方直接发生债权关系，在融资时间、数量和期限方面比较自由，有较多的选择。

② 资金供求双方联系更加紧密，有利于资金供给者对资金的用途进行监督，提高了资金的合理配置和使用效益。

③ 直接融资发行股票或者债券，有利于筹集长期资金。对于一些处于成长阶段的企业来说，更需要稳定的资金来保证正常生产。

（2）直接融资的局限性

① 风险相较于间接融资要大，对于资金供给者来说，由于缺乏金融中介分担风险，其必须完全承担风险。

② 直接融资双方在资金的数量、利率和期限等方面所受限制比间接融资要多得多，直接融资的发展同时还受到市场和融资供给的流动性的影响。

**2. 间接融资**

间接融资是资金供给者与需求者通过金融中介（银行最为典型）间接实现融资的行为。在这个过程中，资金供给者和需求者并不直接发生债务关系，而是通过金融中介发生信用关系，从形式上直接与金融中介发生债务关系。

(1) 间接融资的优点

① 资金的来源多，可以积少成多。银行等金融机构网点分布范围比较广，吸收存款的起点低，能广泛地筹集社会各方的闲散资金，积少成多，形成大额资金。

② 安全性要求相对较高，承担的风险较低。在间接融资方式中，金融机构的资产、负债是多样的。某一项目融资风险可有多样化的资产和负债结构分散承担，具有较高的安全性；相应地，融资者对资金的用途也有一定的要求。

(2) 间接融资的局限性

① 资金的供给方和需求方之间由于加入了金融中介，阻断了二者的直接联系，这在一定程度上减少了债权人对债务人的约束作用。

② 金融中介作为商业机构要从经营中获得利益，这样就增加了融资者的筹资成本，减少了投资人的收益。

③ 银行金融中介作为国家货币政策传递渠道和唯一的贷款者，完全承担了风险，因此对资金安全性要求比较高，承担的风险相对来说要小得多，融资的稳定性较强。

### （三）股权融资与债权融资的比较

股权融资是企业的股东愿意让出部分企业所有权，通过企业增资的方式引进新的股东的融资方式。股权融资所获得的资金，企业无须还本付息，但新股东将与老股东同样分享企业的盈利与增长。股权融资的特点决定了其用途的广泛，既可以充实企业的营运资金，也可以用于企业的投资活动。债权融资是企业通过借钱的方式进行融资；债权融资所获得的资金，企业首先要承担资金的利息，另外在借款到期后要向债权人偿还资金。债权融资的特点决定了其用途主要是解决企业营运资金短缺的问题，而不是用于资本项下的开支。

## 二、各种融资渠道与方式的选择技术

### 1. 了解、搜集各类潜在资金提供方的基本情况

融资渠道选择首先要了解、搜集各类潜在资金提供方的基本情况，这样才能有的放矢，有针对性地做好各项融资工作。一般可通过如下问题进行了解：

① 资金供给方共有哪些？各类资金供给方之间有哪些区别和联系？包括资本存量和流量的大小、提供资本的使用期长短等。

② 每一类资金供给方的资金来源有什么特点？投资方向是什么？

③ 每一类资金供给方对项目或融资企业有哪些要求？

④ 每一类资金供给方风险控制的手段有哪些？

⑤ 每一类资金供给方工作程序有哪些？

⑥ 如何与资金供给方打交道？

在此基础上，对各类资金提供者按照融资可能性进行分类排序：即，最可能提供资金者、经过努力可能提供资金者以及不可能对本企业提供资金者。

### 2. 分析本企业对不同融资渠道的吸引力

具体可考虑下述因素：

① 企业或项目所在的行业。不同资金供给力的投资重点不同。

② 融资规模大小。

③ 融资的成本要求或对股权的要求。

④ 自身具备的条件与核心优势。如抵押物、无形资产、市场和管理水平等。

⑤ 融资的时间要求。不同机构的工作程序及所需要的时间不同。

### 3. 综合选择融资渠道

（1）融资成本高低。融资成本关系到融得资金的实际数额和企业经营成本及利润，最终影响到企业的经济效益。影响融资成本的主要因素有利率、使用期限、企业盈利水平和稳定性、证券发行选择价格等。一般来说，各种融资方式资金成本从低到高的依次顺序为：政策性融资、商业信用融资、票据贴现、银行贷款、债券、典当、股权等。

（2）融资风险的大小。企业对外融资都面临风险，特别是借款，当出现收益不足以偿还债务时，企业将陷入危机之中。在其他条件相同的情况下，企业融资负债的比例越高，其面临的风险也将越大。各种融资方式按还本付息从低到高的顺序依次为：股权出让、商业信用、票据贴现、发行债权、银行贷款等。

（3）融资的机动性。机动性是指创业企业在需要资金时能否及时通过融资获得，而不需要资金时能否及时偿还所融资金，并且提前偿还资金时是否会给企业带来相应的损失等。显而易见，各种融资方式的机动性从优到差依次排列顺序为：内部融资、票据贴现、商业信用、银行贷款、债券、股权出让等。

（4）融资方便程度。融资的方便程度一方面是指企业有无自主权通过某种融资方式取得资金，以及这种自主权的大小；另一方面是指借款人是否愿意提供资金，以及提供资金的条件是否苛刻，手续是否烦琐。各种融资方式的方便程度从易到难依次排列为：内部融资、商业信用、票据贴现、股权、银行贷款、债券等。

### 4. 运用融资优序理论指导融资次序选择

根据国外企业融资的结构理论，企业一般遵循这样一个规律，即：先是内部融资，使用企业的内部留利；不足时再向银行贷款，或发行债券；最后发行股票进行融资。

### 5. 注意对金融机构的选择和企业素质的提高

选择金融机构时，应重点考虑：对本企业发展感兴趣并愿意投资的金融机构；能提供经常指导的金融机构；分支机构多、交易方便的金融机构；资金充足、费用较低的金融机构；员工素质好、职业道德良好的金融机构等。在融资时，创业企业要以实际业绩和信誉赢得金融机构的信任和支持，而不应以各种违法或不正当的手段套取资金。要与金融机构保持良好关系，主动与合作的金融机构沟通企业的经营方针、发展计划、财务状况、说明遇到的困难，减少信息不对称的情况，增强企业吸引力。

### 6. 融资渠道与方式工具组合策略

在更多情况下，融资渠道与方式需要组合。常见的组合方式有以下几种。

（1）不同期限的资金组合，期限长的资金用于项目投资；期限短的资金用于临时周转或短期投资。

（2）不同性质的资金组合。权益性资金用于项目投资；债权性资金用于临时周转或短期投资。

（3）成本组合。高成本的资金用于弥补临时性资金需求；低成本的资金用于置换高成本的资金或企业铺底流动资金。

（4）内外结合。缺少资金时，首先向管理要资金，其次才是外部资金等。

（5）传统和创新综合。随着我国金融体系改革深化，金融工具创新的速度会不断加快。企业需要不断关注、跟踪和应用这些创新的融资工具。

## 三、融资渠道与工具选择策略

### 1. 不同类型的创业企业融资策略

（1）制造业创业企业。大多数处于劳动密集型的传统行业，从业人员劳动占用大、产品附加值低、资本密集度小、技术含量低。一般投资收益率较低,但资金需求相对也较小。大多数要依赖信贷资金,直接融资难度较大。

(2) 高科技型创业企业。具有高投入、高成长、高回报和高风险的特征。其资金来源是"天使投资"和各种"风险投资资金",性质多数属权益资金。

(3) 服务型创业企业。其资金需求主要是存货的流动资金占用和促销活动上的经营性开支;特点是需求数量小、频率高、周期短、随机性大,但风险相对也较小;其主要融资方向是中小型商业银行贷款。

(4) 社区型创业企业。包括街道创办的手工工业,具有一定的社会公益性,因此,比较容易获得政府的扶持性资金;另外,社区共同集资也是一个重要的资金来源。

2. 不同发展阶段的创业企业融资策略

(1) 种子期。创业者可能只有一个创意或一项尚停留在实验室的科研项目,所需资金不多,应主要靠自有资金、亲朋借贷,吸引一些"天使投资",也可向政府寻求一些资助。

(2) 创建期。企业需要一定数量的"门槛资金",主要用于购买机器、厂房、办公设备、生产资料、后续研究开发和初期销售等。所需要资金往往较大。由于没有经营和信用记录,从银行申请贷款的可能性很小。这一阶段的融资重点是吸引股权性的机构风险投资。

(3) 生存期。产品投入市场,市场推广需要大量的资金,现金的流出经常大于流入。此阶段要充分利用负债融资,同时还需通过融资组合多方筹集资金。

(4) 扩张期。企业拥有较稳定的顾客和供应商及良好的信用记录,利用银行贷款或信用融资已比较容易。但由于发展迅速,需要大量资金以进一步进行开发如市场营销。为此,企业要在债务融资的同时,进行增资扩股,并为上市做好准备。

(5) 成熟期。企业已有较稳定的现金流,对外部资金需求不再特别迫切。此时的工作重点是完成股票的公开发行及上市工作。

3. 不同资金需求特点的企业融资策略

(1) 资金需求的规模较小时,可利用员工集资、商业信用融资、典当融资;规模较大时,可以吸引权益投资或银行贷款。

(2) 资金需求的期限较短时,可以选择短期拆借、商业信用、民间借贷;期限较长时,可以选择银行贷款、融资租赁和股权出让。

(3) 资金成本承受能力弱时,可以选择股权出让或银行贷款;承受能力强时,可以选择短期拆借、典当、商业信用融资等。

## 任务4　创业企业融资方案策划

**引导案例**

### 一元卖公司

胡腾出于大学毕业后的就业压力,想开办一家帮助大学生找工作的公司。2014年7月,胡腾详细写了一份筹办公司的计划书,向家人筹集了8万元的"创业基金",把创业的首选地定在了九省通衢之地——武汉。胡腾的6位同学又凑了4万元,成了他公司的股东,加上他的高中同学,胡腾的公司共有8名股东。2014年7月,胡腾来到武汉考察市场,把公司办公地点选在了高校林立的武汉洪山区汇通大厦。8月27日,胡腾正式注册成立了思迈人才顾问有限公司,任总经理,并建立了专业的人才网站——思迈人才网。开业之初,胡腾决定从最基础的为大学生找家教和其他兼职做起。为便于工作,胡腾在武汉各高校聘请了24名代理人,他们的主要任务是收集大学生寝室电话、散发公司传单、召集大学生求职聚会等。胡腾给他们开的工资是2000元/月的底薪,外加0.1元/张的传单派送费,在实际运作中,胡腾发现,按武汉标准,这些工作仅需50元的底薪便足够了。为了宣传公司,胡腾决定散发一些广告来提高公司知名度。12家广告公司经过竞标,胡腾选中了一家报价较低的广告公司。但是,这家以低价位赢得了合同的公司在拿到合同后又对胡腾展开游说,胡腾经不住业务员的游说,很快改变了原来的方案,结果8000元的预算仅印制了3种宣传品。家教首先要联系学生,按事先的构想,9月至10月是思迈免费服务期,9月底前发出的2万张传单,预计会有2000~3000人成为思迈会员,公司将为成为会员的大学生免费服务。实际到9月底,仅有500名学生来报名,其中150人在办卡时故意填错了身份证号,实际入会的仅有350名会员,会员卡做好后,却又有150人因担心收费没来领卡。最后,2万张宣传单换来的仅是200名免费会员,大大低于原先的设想。联系学生不太理想,家长方面也遇到了挫折。为取得家长需求信息,胡腾花了5000元在报纸上刊登了广告。最后,5000元广告换来的仅是35个客户,且多需美术、音乐等特殊家教,最终没有做成。截止到2014年10月8日,公司12万元的创业资金已花去了5万多元,却没有任何收入。在这种情况下,胡腾开始意识到自己并不适合管理一个公司,决定聘请职业经理人来管理。10月10日,经理人正式接管思迈公司,但仅接手一个星期后,经理人便辞职不干了。当初一起投资的6名同学见状,抽走了4万元的股份。最后仅剩下胡腾高中的一个同学坚持着和他一起干。

"是该结束了!"胡腾盘点发现,三个月的时间,公司净亏7.8万元。面对这种情况,胡腾决定以一元的价格把公司卖给一个博士生。

**思考:** 为避免出现上述情况,该如何进行处理?

## 一、创业企业融资程序

创业融资是一个复杂的过程,要解决目标投资者选择,向目标投资者证明其投资是有价值的、投资风险是可以控制的等问题。一个科学清晰的融资战略和周密详尽的融资策划是融资成功的前提,这就需要一套合理的程序或步骤来保障。

### (一)事前评估

事前评估就是在充分调查研究和对企业进行 SWOT 分析(即优劣势分析法,Strengths,Weaknesses,Opportllnies Threats)的基础上,系统分析企业融资的必要性和可行性。具体内容包括下述几个方面:

(1)企业发展战略判断。首先要基于 SWOT 等分析工具判断企业战略,然后判断融资与战略方向是否一致。

(2)融资需求的合理性判断。如:企业为什么要融资?不融资行不行?融资用途是否合理?资金需要量是否合理?还款来源是否合理等。有很多融资需求是不合理甚至是有害的,有许多是可以推迟、减少或者用其他替代办法来解决的。

(3)融资具备的基础条件判断——融资可能性分析。包括:融资主体、企业资产、报表、融资资料、渠道资源、融资机构和团队、融资知识和经验、与融资服务机构的合作、企业技术团队品质和行为等基础条件。据此判断融资成功的可能性及企业近期要做的基础性工作。

(4)融资诊断与评估报告。对上述结果进行归纳,作为高层融资决策的依据。

### （二）融资决策与方案策划

这个环节主要是就融资中的一系列关键问题进行决策和策划。包括：估算融资规模；确定融资渠道和方式；选择融资期限与时机；估算融资成本；评估融资风险等。

### （三）融资资料准备与谈判

该阶段企业一方面要着手准备相关融资资料，编制融资计划书（商业计划书）；另一方面要开始接触潜在资金提供方，就资金的使用价格、使用期限、提供方式、还款方式等细节进行协商，直到达成一致。

### （四）过程管理

该阶段包括资金组织、策划与实施等内容，它是根据双方谈判的结果和要求，对所有资金到位前的工作进行细化、论证、安排，核心是制定融资实施方案和签订融资协议两个环节。

### （五）事后评价

通过分析总结成败之处，为再次融资积累经验和相关资料。包括：融资效果评价及其成败经验教训分析；融资参与人员的表现及奖惩处理；企业融资档案的建立等。

## 二、创业企业融资决策

### （一）融资理念的树立

创业企业在融资时先应以科学正确的融资理念来指引，具体包括以下几种。

（1）资本经营观念。将资本当作一种商品，并以营利为目的面对其进行买卖（经营），要求融资的收益大于融资成本。成本包括客观的筹集和使用资本的费用（如股利、利息、融资费用等）和主观的机会成本，收益是指经营活动的结果即息税前利润（EBIT）。

（2）重视现金流量管理。现金流动是企业资产流动性和变现性的基础和具体体现。企业的所有经营活动，其财务本质都是现金流动的过程。现金流量不足将直接导致企业财务危机甚至破产。现金流量管理通过编制现金流动计划、现金流量表来进行。

（3）重视资金的时间价值。资金的时间价值指由于时间的因素而使资金的内在价值含量发生改变。不同时间点上的价值不具有可比性，必须通过现值计算或终值计算将其调整到同一时点才能进行比较。

（4）重视风险与收益的权衡。市场经济中收益与风险总是形影不离，高收益伴随高风险，因而企业必须在高收益和风险间进行权衡，既追求高收益又要重视风险。

### （二）融资决策的原则

（1）融资总收益大于融资总成本。必须经过深入分析，确信利用筹集的资金所产生的预期总收益大于融资的总成本时，才有必要考虑融资问题。

（2）融资规模要量力而行。融资过多，会造成资金的闲置浪费，并导致负债过多，增加风险，而融资不足又会影响企业投资计划及其他业务的正常开展。因此，应根据资金需求、企业自身条件以及融资的难易程度和成本情况，量力而行确定融资数量。

（3）尽可能降低融资成本。融资成本是决定企业融资效率的关键问题。对于企业选择哪种融资方式有着重要的意义。

（4）确定恰当的融资期限。融资期限的选择主要取决于融资的用途及融资人的风险偏好。原则上，流动资产宜选择各种短期融资方式；长期投资、购置固定资产适宜选择长期融资方式。

（5）选择最佳融资机会。融资决策要有超前预见性，及时掌握各方信息，科学预测政策、市场、环境等变化趋势，积极寻求并及时把握各种有利时机。

（6）尽可能保持企业控制权。企业控制权和所有权决定企业的战略、方向以及生产经营、利润和股东利益，放弃控制权一定要慎重，但也不能一味固守控制权不放。

（7）选择最有利于提高企业竞争力的融资方式。一般融资都可解决企业资金需求，不同融资方式对于企业的信誉、产品市场份额乃至获利能力影响大不相同，因此，应选择最有利于提高企业竞争力的融资方式。

（8）寻求最佳资本结构。不同融资方式形成的不同资本结构直接影响资本成本，进而影响企业的市场价值。一般来说，只有当预期普通股利润增加的幅度将超过财务风险增加的幅度时，借债才是有利的。

## 三、创业企业融资方案策划技术

### （一）融资规模的确定

#### 1. 融资规模的测算公式

创业企业资金需求总量可按下述公式计算：

资金需求总量 = 流动性资金需求量 + 偿债性资金需求 + 投资性资金需求量

投资性资金需求量 = 固定投资资金需求量 + 资本运营资金需求量 + 投机资金需求量

外部资金需求量可按下述公式计算：

外部资金需求量 = 资金总需求量 − 内部资金来源

内部资金来源 = 折旧 + 自然增长的负债 + 新增留存收益

#### 2. 融资规模测算方法

测算融资规模的方法大致包括3种：定性分析法、实际核算法、财务报表分析法。对于创业企业，大多采用实际核算法。

在核算中，流动性资金需求，主要测算用于维持生产、扩大规模、增加流动资金的投入，以及支付费用开支、弥补收入的季节性差异及承接新合同、需要垫资或增加投入的资金。

偿债类资金需求主要测算为保持信誉，需要归还银行到期贷款、供应商货款和其他外部借款等所需的资金。

固定投资需求主要测算购买生产设备及其厂房、不动产构建的费用。

资本运营类需求主要测算办理银行承兑汇票的保证金，购买土地、办理土地证费用，为获得某种资质或资格，扩大企业资本金、收购企业等所需资金。

投机业资金需求主要用于炒作有价证券股票、土地和房产及不良资产等所需资金。

#### 3. 创业企业在不同阶段的各类资金需求经验数据

企业资金的使用方向主要表现在4个方面：技术及产品开发、生产及设备、拓展市场、人力资源。其在不同阶段的资金需求经验数据参见表5-1。

表5-1　创业企业不同发展阶段的各类资金需求经验数据

| 企业发展阶段 | 技术及产品开发 | 生产及设备 | 拓展市场 | 人力资源 |
| --- | --- | --- | --- | --- |
| 种子阶段 | 50% | 10% | 5% | 35% |
| 创业阶段 | 40% | 20% | 10% | 30% |
| 成长阶段 | 20% | 30% | 25% | 25% |
| 发展阶段 | 10% | 35% | 35% | 20% |

## （二）融资成本的估算

### 1. 融资成本及其对企业融资决策的影响

融资成本是指使用资金的代价，包括融资费用及使用费用，前者是企业在筹资过程中发生的各种费用，如银行融资时的抵押物评估费、登记费、公证费、担保费、贴现费、手续费等，发行股票、债券支付的注册费、代办费、审核费、承销费，企业在融资过程中发生的差旅费、交际费等；后者是指企业因使用资金向其提供者支付的报酬，如向股东支付的股息、红利，向债权人支付的利息、债息，向出租人支付的租金等。由于融资费用与融资额几乎同时发生，因此可将融资费用视为融资额的抵减项。

即：融资成本率＝资金使用费／（融资总额－融资费用）

融资成本对企业融资决策的影响表现在三个方面：一是融资成本对投资具有决策依据的作用，融资成本是一项投资是否可行的取舍标准；二是融资成本影响着企业对于融资渠道和方式的选择；三是资本结构直接取决于企业的融资成本，企业只有通过改变主权资本和债务资本的比重才能找到最低加权平均的融资成本，从而确定最佳资本结构。

### 2. 融资成本的形式及估算

融资成本可分为：个别融资成本、综合融资成本及边际融资成本。在比较各种融资方式时，使用个别融资成本；在进行企业全部资本结构决策时，使用综合融资成本；在追加融资决策时，使用边际融资成本。

（1）权益融资成本。公式为：

优先股融资成本＝优先股年股利／（优先股实际融资额－实际融资费用）

普通股融资成本＝普通股年股利／（普通股实际融资额－实际融资费用）

（2）债务融资成本。公式为：

银行借款的融资成本＝借款利息×（1－所得税率）／（银行借款实际融资额－融资费用）

或：银行借款的融资成本＝借款利息×（1－所得税率）／（1－融资费用率）

企业债券的融资成本＝债券利息×（1－所得税率）／（债券实际融资额－融资费用）

（3）综合融资成本＝∑（各种融资形式的融资成本×该资本总额占总资本额的比例）

### 3. 融资成本的比较

首先，企业外部融资中，债务融资的成本一般低于股权融资的成本。这是因为，一方面股权投资者所获股利是一种税后收益，而债权人所获利息可作为营业利润扣除项目；另一方面股东的收益不确定性高，又是企业的最后索偿人，风险大，自然要求更高的报酬率。

其次，债务融资中，短期债务的融资成本一般低于长期债务。原因包括：资金的时间价值不同，长期债务使债权人面临更高的经济周期波动及信用或违约风险。

### 4. 融资成本与费用的控制

对于创业企业来说，如何融到资金比如何控制融资成本和费用更重要。而且当选定了融资渠道和方式以后，融资成本基本上就是刚性的，因而融资成本控制的重点应该集中在下述3方面：一是提高融资的效率，及早融到资金就可以尽早获得收益，从而弥补融资成本；二是减少融资的盲目性，对不同的资金供给方提高分辨能力，以免上当受骗；三是委托一家专业融资顾问机构，实行融资费用包干或风险代理，以弥补融资团队和关系资源的不足。

## （三）资本结构的确定

### 1. 影响资本结构的因素

资本结构指企业长期债务资本与股权资本的比例关系，由于债务资本本身有抵税效应，但过高的债务比例又会增加债权人和股权投资者的代理成本、破产成本和风险，提高融资成本，因此，必须确定一个合理的资本结构，以最大化企业的市场价值。资本结构理论目前还不能给出最优资本结构的具体描述，因而创业企业在选择融资方式和渠道时除了融资成本外，还需要综合考虑各方面的因素，具体如下。

（1）行业因素。一般来说，具有较大垄断性的行业、大量使用标准的通用机器设备等有形资产的行业、资产流动性较强的行业，能够承担较高的负债率。

（2）企业经营战略、管理者的风险态度。愿通过冒险以求得企业价值提高的企业适合股权融资，而希望稳步发展的企业适合债权融资。

（3）企业获利能力。获取能力强的企业可以融通较多的债权资本，使股东获取债务融资的杠杆效益。

（4）企业资产结构。企业的有形资产越多，通过资产的抵押、担保，就可筹集更多的债务资金；而专利技术、商誉等无形资产一般难以被资金提供方接受，相应可借贷的资金就少。

（5）企业经营规模和资金需求量。经营规模大的企业倾向于采取多角化或纵向一体化战略，可以更多地使用负债经营。

（6）企业面临的风险。企业经营风险越高，偿债能力越低，最优负债比率也就越小。

### 2. 最佳资本结构的确定

资本结构的决策目标就是使加权平均融资成本最小，从而使得企业价值最大化。具体可通过比较不同方案的加权平均融资成本来确定。

## （四）融资期限组合及融资时机的确定

### 1. 选择融资期限的依据

融资期限越长，融资成本就越高，但期限越短，融资的风险则越高。因而，融资企业应根据资金需求的长短、用途来合理确定期限。

原则上，企业的长期资金需求应与长期融资相结合，短期资金需求应与短期融资相配合。即：弥补流动性资金不足时，宜选择各种短期融资方式，如商业信用、典当、短期贷款、民间集资等；用于长期投资或购置固定资产时，宜选择各种长期融资方式，如长期贷款、内部积累、租赁融资、发行债券以及股权出让等。

除此之外，还要考虑还款来源的可靠性和不可抗力的影响，从保持信用的角度来看，企业在确定融资期限时应保守一些。

### 2. 融资期限组合方法

企业融资期限组合的策略大致可分为下述三类。

（1）到期配比政策。要求企业负债和资产到期完全一致，即：临时流动资产以短期负债融资，永久资产以长期负债和资本融资。这种政策不存在延期借款的问题，企业的违约风险很小。如：预计存货在30天内出售，企业可以用30天的银行借款为存货融资；固定资产的预计使用年限为5年，企业可以取得5年期的借款；厂房的使用年限为20年，企业可以发行20年期的抵押债券；等等。

（2）激进政策。企业的全部固定资产用长期资本融资，但部分永久流动资产用短期信贷融资。其好处是可节约一定的融资成本，但存在财务周转困难及违约的风险，也可能因为未来利率提高而增加成本，因而国内创业企业应慎用。

（3）保守政策。全部永久资产和部分或全部临时流动资产都用长期资本融资，企业的短期借贷即为满足经营旺季的需要，有时也满足在淡季储存有价证券的需要。该政策风险小但成本最高。

### 3. 融资时机的确定

融资时机是指有利于企业融资的一系列因素所构成的一种融资环境和时机。首先，融资时机取决于环境变化所提供的投资机会出现的时间,即何时进行融资取决于投资的时机,过早、过迟均不利,其次,融资时机取决于外部环境给企业提供的有利的融资机会。

由于创业企业一般只能适应外部环境的变化而无力左右外部环境,因此必须积极寻找、预测外部环境变化所提供的有利的投资机会和融资机会,并从长期和整体的战略观点出发,正确进行融资的时机规划,努力探求投资需要和融资机会相适应的可能性,尽力抓住有利的融资机会,避开对融资不利的威胁。

### (五)资金偿还风险的评估

#### 1. 未来盈利测算技术

资金偿还或收益分配从根本上来自企业投资项目未来的盈利。由于未来盈利在数量和时间上的不确定性,企业偿还债务或对投资者分配收益均有风险。企业未来盈利预算是在企业的投资规划、销售预测、成本费用预测和税负预测的基础上进行的。一般要依次进行下述步骤来预测:测算投资需求;测算产能(指产能利用率或达产率);测算销售量和销售价格及产销率;测算单位成本及总成本;用销售百分比法或因素分析法测算管理、销售及财务等三项费用;测算销售税金;利用损益表测算净利润。

在测算过程中,要注意坚持稳健原则,尽可能在一定的资料基础上合理假设,考虑行业、地域特点和企业管理水平,遵守相关财务会计制度规定。

#### 2. 债务偿还保证的测算

(1)抵押、担保措施的落实。资产是企业融资安全保障的基础。面对融资难,创业企业要换位思考。在融资前,提供令资金供给方满意的债务偿还或投资收益保证,特别是债务融资。此外,股东保证、关联企业保证、担保公司保证等也是企业常用的债务安全保证方式。

(2)还款来源评估。在确定还款来源时,要从还款来源的合理性和确定性两方面着手进行。还款来源主要有:融入资金使用在确定时限内产生的现金流;企业未来可以变现的资产;企业未来销售回款;企业未来可以借入的资金及其他确定的还款来源。

## 案例分析

### 以小搏大

杜德文做了几年的外贸服装,积累了一定的业务渠道,便打算自己办一家鞋厂,他仔细算了算,办个年产 50 万双皮鞋的中等规模的鞋厂需要 100 万元设备和周转资金,外加一处不小于 200 平方米的厂房。杜德文通过朋友在近郊某镇物色了一家负债累累、濒临倒闭的板箱厂,以"零转让"的形式接手了这家工厂,也就是该镇以资抵债的办法,将工厂所有的动产不动产以及工厂的债务全部一齐转让给了杜德文。厂房的问题是解决了,但是 100 万元的投资从哪里来呢?杜德文到银行去贷款,负责信贷的银行工作人员要他提供担保,可是上哪儿去找担保人呢?正在杜德文着急万分的时候,他的一位朋友一语点醒了梦中人:板箱厂的厂房就是现成的抵押物。就这样,杜德文不花一分钱,就解决了资金和厂房的问题,当然,他因此也背上了较重的债务,这就要靠他通过今后的创业慢慢地偿还了。

其实有不少人就是通过这种以小搏大的方式发家的。当然,这种求资的方法风险比较大,获得创业资金的代价是一大笔债务,但是创业本来就是风险和机遇并存的,如果你有足够的胆识,那么这种融资的办法将能帮助你在更短的时间里更快地走向成功。

## 四、创业企业融资能力提升技术

创业企业融资难的原因在于信息不对称、信用不高、竞争力不强等,因此,要提高融资能力,最根本的在于提升企业的综合素质。

### (一)改善经营管理,增强企业竞争能力

企业竞争力是指企业能够保持持续增长,并有效抵御市场风险的能力。竞争力的提高意味着企业利润的增加、内部融资能力的增强、偿债能力的提高、对股东回报的增加等,因此它是企业融资能力的微观基础。

影响企业竞争力的因素很多,大致可将其归结为企业产权结构和治理结构、企业经营战略、企业经营管理机制三个方面。

#### 1. 明确企业产权结构,改善企业治理结构

清晰明确的产权结构、完善的治理结构是保证企业经营决策正确性和吸引外部投资者的前提条件。对创业企业来说,家族企业制度在发展初期是比较有效的,但创业者应清醒认识到,随着企业的成长壮大,家族企业制度的封闭性将成为企业从社会吸引人才、吸引投资的桎梏,因而应从企业自身条件出发,选择适合企业实际的财产组织形式和经营管理方式,适时进行治理机制和管理模式的改进。

#### 2. 调整与创新企业经营战略

适合创业企业的经营战略有下述几种。

(1)集中竞争战略。即集中资源于某个范围有限的细分市场中,以取得领先地位。

(2)合作配套战略。即通过合作方式,为大企业生产配套产品,成为大企业的定点加工承包单位,这样既保证了产品销售、降低销售费用,也减少了经营风险,提高了专业化水平。

(3)差异化竞争战略。即通过生产与大企业有差异的产品的方式,更好满足消费者个性化、多样化需求,借此取得竞争优势。

(4)集团化战略。即若干个企业以产权为纽带结成多层次联合体,其中,大企业居于中心地位,外围由若干创业企业为其提供配套服务。创业企业加入企业集团,能够节约交易成本,获得规模经济,带动技术与产品升级,而且在融资方面还可享受大企业的信誉。

(5)集群战略。即众多独立自主又相互联系的创业企业,依据专业化分工和协作建立起来的组织。企业集群的形成增强了集群内企业的信贷可能性,有利于取得银行支持。

#### 3. 转变经营管理机制

(1)改善企业管理模式,实行制度化、规范化管理。要通过内外部环境分析和预测,制定科学合理的企业发展目标和战略规划,建立健全企业经营管理的各项规章制度,实行制度化、规范化管理,并不断提高决策和管理水平。

(2)加强财务管理,提高偿债能力。包括:建立和完善企业的财务管理制度,确保会计资料真实完整,提高财务管理水平,加强财务控制,加强合同管理,杜绝违约、侵权及欺诈失信行为;保证产品质量、服务质量和资金运行质量,及时足额缴纳税款。

(3)强化技术的开发与应用。首先,要充分认识到技术、产品创新对企业生存和发展的最大意义,走"名、特、优、新、精"。其次,在技术开发中要综合权衡技术的先进性、适用性之间的关系,避免好高骛远、闭门造车两种倾向。第三,建立企业信息系统,提高企业对市场、技术、产品的反应能力。最后,充分利用接近顾客、市场的优势,加强对技术、产品的二次开发。

### (二)强化融资意识,提高融资管理水平

#### 1. 学习相关金融法规,熟悉融资游戏规则

市场经济是法制经济,资金供给方和融资服务方的行为以及盈利模式都是在一定法规框

架下运行的。在和这些机构打交道的过程中,应该学会遵守这些规则,更好地利用这些规则为企业服务。相关融资方面的法律法规大致可分为以下五大类。

(1) 融资工具和融资渠道相关法规。具体包括:银行融资方面,《中华人民共和国中国人民银行法》《中华人民共和国商业银行法》《贷款通则》《关于进一步深化小微企业金融服务的意见》《银行开展中小微企业贷款业务指导意见》等;典当融资方面,《典当行管理办法》;租赁融资方面,《金融租赁公司管理办法》);政策性融资方面、资本运营方面的相关法律法规。

(2) 担保相关法规。包括:《中华人民共和国担保法》《最高人民法院关于适用〈中华人民共和国担保法〉若干问题的解释》《关于建立中小微企业信用担保体系试点的指导意见》等。

(3) 融资服务相关法规。融资中介服务机构种类很多,主要遵守《公司法》或行业自律的规范。包括《会计师事务所执业许可和监督管理办法》、注册会计师协会颁布的各类会计准则、《会计师事务所服务收费管理办法》等。

(4) 融资合同相关法规。常用的包括:《中华人民共和国合同法》《贷款通则》《典当行管理办法》《关于审理融资租赁合同纠纷案件若干问题的规定》《中华人民共和国担保法》《公司法》和各类企业法中相关合同的规定。

(5) 融资风险控制和处罚相关法规。包括:《中华人民共和国合同法》《中华人民共和国票据法》《中华人民共和国刑法》《关于金融诈骗案件协查管理办法》《银行卡业务管理办法》等。

上述法规还在不断被更新和完善,为此,小微企业、创业企业应通过各种方式和途径做好跟踪收集,如通过行业主管部门、专业融资中介服务机构以及互联网等。

**2. 强化融资基础工作**

融资基础工作涉及许多方面,其完善与否直接影响资金供给方的信心。具体内容如下。

(1) 融资主体的选择与重构。规模较大、营业期限较长、现金流量较大、符合政策支持、报表结构良好、知名度较高、与融资企业联系紧密的企业。当没有符合条件的企业时,可考虑通过组建企业集团、公司分立、与其他企业合并等资本运营手段重构融资主体,以满足融资方要求。

(2) 报表完善与重组技术。无论债权人还是股权投资者,都对企业的财务报表有严格要求。一般要根据会计师事务所的审计意见或资金供给方提出的意见进行完善与重组,还可以聘请融资顾门进行帮助。

(3) 融资渠道资源储备与公关。在融资工作进行之前,要对融资渠道进行选择、了解和跟踪,并为了储备、维护融资渠道而进行公关活动。一般应将短期和长期、债权和权益类、内部和外部资金渠道紧密结合,同时要统筹规划,树立互利共赢、长期合作意识。

(4) 企业融资机构和团队建设。随着创业企业发展壮大,应建立健全各类组织机构、部门。

(5) 资金、资产和资本管理技术。第一,借助信息化手段改进资金管理方式,加强融资危机管理;第二,强化中长期资金筹划,加强内部控制,并不断开拓资金渠道,弥补临时性资金不足;第三,重视资产管理,加强财务处理和税收筹划工作;第四,根据企业总体目标和相关战略制定长期的资本运营目标,并借助融资中介服务机构进行资本运营。

**3. 加强信用文化建设,提升信用水平**

(1) 创业企业融资与信用文化建设。信用指的是以偿还为条件的价值运动的特殊形式。其含义包括,要按时还本付息,要从事那些在贷款人看来不影响其贷款资金安全的行为。现代经济是一种信用经济,信用关系的正常运行是保障本金回流和价值增值的基础。创业企业融资难的最根本原因在于缺乏信用保证。重建信用文化是解决创业企业融资的前提和基础。信用体系包括征信系统的建立，失信惩罚机制的建立以及社会信用伦理道德的建立等。

在市场经济中，人的一切经济行为都是通过法律法规来调整的。只有有了法律的强制性保障，市场经济中的交易、借贷等契约关系才具有可确定和可预见的作用。在没有法律强制实施机制下，违约成本会大大低于违约收益，借款者更有可能采取信用欺诈的行为，因此，应通过一系列信用立法对不能履行契约的当事人进行严厉制裁，从而使违约者付出高昂成本，并对潜在的违约者起到一种威慑和警示作用，防范违约之风蔓延。

（2）创业企业信用管理中的基本原则和方法。

第一，要善于约束自己的投资和随意扩张行为，要懂得"节制约束自己的企业家往往是最后的成功者"。

第二，投资以前进行认真的市场调查和分析，多考虑不利的市场竞争局面，认真分析自己的竞争实力。

第三，不要试图逃避债权人的监管。特别是保障资金安全方面。

第四，不断提高自身的素质，充实自己的管理知识。许多创业企业信用的失败是源于管理水平和素质太低。

第五，健全企业财务制度，建立起与企业法律地位相适应的财务制度和信用制度，提高企业财务管理水平，增强财务信息的真实性。

第六，控制不同阶段的信用风险。在借贷前，注意运用信用评级工具，不能授信过量；贷款过后，要制定合理的信贷偿还机制，有效控制偿付风险；到了贷款后期，应做好应付账款管理工作，保证及时偿付。

第七，加强财务管理。要充分注意财务管理的细节问题，不要把资金闲置在无息或低息账户上；及时清理应收账款，建立切实可行的制度来处理呆、坏账；迅速支付各种票据，以保持良好的信用，同时与债权人和顾客间保持紧密联系。

（3）提供令资金供给方满意的融资安全保障措施。融资安全保障就是让资金供给方感到安全的一系列措施、机制的总和，它不仅包括法律保障，还包括信心保障和机制保障。

法律保障即通常理解的担保、抵押和质押等担保措施；机制保障是指保障资金安全的措施、制度安排和机制等，即通过流程、过程控制、管理、信息及时传递、控制融资方的行为、合同限制性条款、控股等方式来保障资金安全；信心保障则是让资金供给方感到放心和树立信心的措施总和，包括资料的准备与策划、经营团队的素质、现场管理水平、融资中介服务机构的协调等。

（4）建立新型银企关系。创业企业要顺利获得资金，还应积极与机构保持良好的公共关系，取得其信任。如经常与金融机构互访，定期提供财务报表等有关企业资料，对信贷资金按用途使用、按时归还，对金融机构的有关活动予以密切配合等。

### 4. 充分利用中介服务机构，提高融资效率

由于创业企业资源有限，应特别重视利用外脑为其服务。随着金融创新的不断进行，只有借助专业化的中介机构，才能有效利用新的融资工具满足其融资需求。

（1）融资中介服务机构的选择。提供服务的效力，融资中介服务可分为法定服务和选择性服务。前者是企业必须接受的服务，后者则是由企业根据需要自由选择。

考察融资服务中介机构的基本依据是：位置独立、能站在企业的角度考虑问题、具有丰富的融资经验和专业水平，机构背景及服务人员品质良好，收费与其提供的服务价值一致，提供的服务符合企业的实际情况等。

（2）主要融资中介服务机构及选择利用。各类融资服务中介机构各有优缺点，创业企业在融资中要对其进行选择与组合。

会计师事务所主要提供一些法定业务,如验资、审计、资产评估等,对其选择与利用要坚持业务优先、价位适度和相对固定3项原则。

不动产评估机构主要提供不动产的价值评估服务,是土地、房产抵押融资的一个必需环节,且必须由土地管理部门认可的机构进行。对其选择要注意其拥有的资质,并在聘请前征求资金供给方的意见,具体可采用招标或业务外包两种方式之一。律师事务所主要为企业起草和把关各类融资、合作协议,还可协助企业进行不良资产管理,在企业改制、兼并、收购等过程中提供法律顾问意见,并可协助企业对资金供给方的真伪进行辨别。对其选择要注重其业务经验,除了正常发挥法律顾问的作用之外,还应该根据不同融资需要,发挥不同律师的作用,并采取风险代理等各种方式。

融资财务顾问是专职为企业融资提供信息、技术和团队支持的机构,如帮助撰写商业计划书、提供融资建议、协助引入投资者、进行融资诊断与评估、参与融资沟通与谈判、协助海外上市、提供融资培训等。具体包括证券公司、投资公司、投资管理公司、投资担保公司、投资顾问公司、管理顾问公司、商务咨询公司、培训公司等。企业与融资财务顾问合作的方式有全面委托、部分业务外包和常年融资顾问三种。

信用评估机构通过自己的评估体系,对融资方的资信提供证明,使资金供给方在短时间内了解企业的信用状况。随着信用体系建设的全面推开,将会有越来越多的投资者借助信用评估进行决策。为此,创业企业应积极主动地开展信用评估,与那些具有较高公信力、可得到多数资金供给方和社会公众认可的机构建立密切关系。

## 项目回顾

融资与财务问题是创业者需要解决的主要难题之一。作为一名创业者,可以不管财务,但绝不能不懂财务。"万事开头难",对于白手起家的创业者来说,大部分财务类书籍都是针对已步入正轨的企业,这些书籍对他们帮助不大,他们想知道的是第一步该如何走。本项目共分为4个部分的内容:创业企业融资现状、创业企业融资模式、创业企业融资渠道与方式、创业企业融资方案策划技术,正是针对创业初期普遍面临的融资难题、融资方式和渠道问题等,力求通过通俗易懂的方式,帮助激情澎湃的创业者和有志于创业的朋友走好创业第一步。

## 复习思考

1. 我国创业企业融资难的原因有哪些?
2. 创业企业融资困难的解决对策有哪些?
3. 比较债权融资模式、股权融资模式的差异。
4. 比较各种融资渠道与方式的利弊关系。
5. 创业融资决策需要考虑哪些因素?
6. 创业企业融资方案应如何撰写?

## 综合案例

### 总是那么缺钱?

在国家机关工作的林峰于2013年9月辞职。辞职后的林峰成立了公司,出任法人代表,从事烧烤机的生产。然而，事情并不像林峰想象得那么简单。产品设计生产过程中遇到了诸多难题，环保专利产品的申报工作也非常麻烦。第一批共300台产品生产出来是2014年9月。林峰召开了隆重的新产品发布会，然而效果非常有限。接下来的市场销售更是不顺畅，销售人员因此情绪低落，队伍很不稳定。于是林峰决定先赔本销售。终于，产品于10月下旬卖出去12台，是一家新投资创业的烧烤店，由于对方资金紧张，只支付了60%的款项，余下的产品货款经过协商待烧烤店开张后才支付。然而烧烤店开张的第二天销售部经理就接到老板的投诉，列举了烧烤机的若干问题，虽然几经协调和道歉，烧烤店仍不依不饶，最终以抵消余款了事。

之后，林峰改进了产品设计。新的产品设计很快出来了，样机也出来了。然而新的问题又出现了，原来筹集的300万元此时基本用尽，预留的30万元预备金也都用完了。资金紧张引发了拖欠员工工资、房租和管理费用等一系列问题。于是，林峰把其他3个股东叫到一起开会商量对策，最后决定按比例再投入一笔资金，共计100万元。100万元对于公司的运营来说真是杯水车薪，钱很快就消耗殆尽。

林峰又召集几位股东商量对策，其中有两位股东明确表示不能再继续投资了，其余股东协商走融资这条路，大家分头找投资商。

春节过后，员工陆续离职，林峰尽量压缩开支，整天四处跑着或打电话融资，谈了很多，但几乎没有任何成效。在此期间他也尝试了其他方法，都没有什么成效。

他和几位股东通了电话，商量着干脆把公司卖掉。几经反复，没有结果。最后林峰给几位股东通了电话，开了一个散伙会。大家决定申请破产，不再参加年检了，让林峰随便处理，大家也不分钱了。

林峰的创业梦想就此破灭。

请思考并回答：

1. 林峰创业失败的主要原因是什么？
2. 如果你是林峰，你会如何进行决策？

 **实训项目**

学生分级组成项目团队，根据项目内容进行融资，拟打算向"天使资金"融资。项目团队设计一个融资方案，并对项目进行经营损益分析和评价，并据此编制项目分析报告，以PPT格式完成。各项目团队选出一名代表，准备汇报。

# 项目六　创业企业团队管理

## 创业寄语
李想：任何时候做任何事，制订最好的计划，尽最大的努力，做最坏的准备。

## 学习目标

**素质目标**
1. 学会构建良好的创业团队。
2. 树立良好的团队管理理念，提高企业持续发展能力。
3. 在培养创业意识中增强自我约束能力、企业持续经营能力。

**技能目标**
1. 掌握创业过程中的沟通能力、判断能力、分析能力、合作能力。
2. 懂得创业中的人力资源管理能力，增强企业的市场适应能力。

**知识目标**
1. 认识创业企业团队管理的特点及问题。
2. 掌握创业企业融资模式。
3. 掌握合伙人的选择标准和方法。
4. 掌握团队管理的方法。

## 项目结构

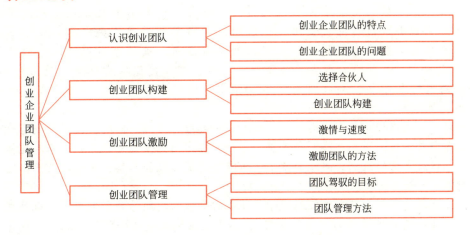

**职业指引**

有人曾经问比尔·盖茨："如果让你离开现在的公司，你还能创办第二个微软吗？"他坚定的回答："能。"但他接着补充了一句话："只要允许我带走100个人。"由此可见，组建团队是创立一个企业的前提和基础，团队组建主要包括寻找合伙人和组建经营团队。其中，寻找合伙人又是重中之重，原因是，合伙人的调整难度较大，而且合伙人的选择和调整对企业的发展会产生巨大影响。

团队组建之后的建设与管理，是创业企业经营管理的重要内容。企业的本质是通过资源的整合利用，为消费者创造价值，在满足客户需求的前提下，实现自身的赢利和发展。在企业的经营资源中，人是最重要的资源，是最活跃的资源，人本身是一种资源，同时也是对其他资源整合利用的实践者。

## 任务 1　认识创业团队

**引导案例**

### 中国合伙人

2013年上映的《中国合伙人》，唤起了许多人的创业梦想，也引发了人们对合伙人的思考。电影故事开始于20世纪80年代，成东青，农村出身，两次高考落败，眼看就要屈服于当农民的命运，他决定进行最后一搏，背下整本英文字典，从明眸变成近视眼，第三次考试，终于考上燕大；孟晓骏，精英知识分子，强烈自信，内心认定自己永远是最优秀的那个；王阳，80年代的浪漫派，样子俊朗，热爱文学，梦想当个诗人。这样三个性格各异的人在燕大相遇，戏剧性地建立友谊，共同走过人生的变化。

三人跟80年代莘莘学子一样，怀着一个"美国梦"。申请签证的结果是：两个成功，一个被拒。孟晓骏成功留学美国，准备要一展抱负，却未料在美国根本找不着工作，助教只当了不久就被辞退，只得在餐馆当服务生；理想与现实的冲击，让他重新去审视自己。王阳签证成功，却因个人原因放弃出国。成东青签证被拒，他只有留在燕大任教，却又因在外私自授课，被校方发现，认错悔过之后仍被除名。一无所有的成东青，为了节约成本，只有偷偷在肯德基办英语补习班，其独特的自嘲教学法，渐渐吸引了不少学生。这是命运的安排，亦是成就他人生成功的契机。

补习班渐成规模，成东青邀请王阳加入，一起办补习班。同时，成东青也邀请身在国外的孟晓骏加盟，正式开办"新梦想"学校。在出国热情高涨的年代，三人凭借个人魅力，包括成东青的自嘲式幽默教学法、孟晓骏的美国经验和签证技巧以及王阳的创新电影教学法，让"新梦想"取得了空前成功。

企业在迅速扩张，三个曾经的同学、现在的合伙人之间的关系却变得越来越糟。成东青被媒体和青年塑造成为"留学教父"，不由自主地散发着一股从"土鳖"蜕变成领导者的光芒，让孟晓骏心里感到极不平衡。另外，两人在管理方式及公司未来发展的定位上也存在较大的分歧，矛盾日积月累，最终分道扬镳。左右为难的王阳感叹："一定不要和自己最好的朋友一起合伙开公司。"

孟晓骏远走沈阳，三人的友情面临重重考验。然而，公司面临的一些挑战，又把三人再次团结起来，共同面对公司的困境。

（资料来源：百度百科）

**思考与讨论**：为什么合伙人之间会出现可以"共苦"、不能"同甘"现象？如何处理合伙人之间的矛盾和分歧？

成功的管理者实施管理活动之前，必须清楚认识管理对象的特点。创业企业跟成熟企业有一定区别，创业企业、小微企业员工数量较少，员工结构也具有特殊性，因此，创业企业团队管理也表现出一些特点。当然，创业企业由于观念、能力、发展背景等多方面的原因，团队管理中也存在着诸多的问题。

## 一、创业企业团队的特点

### 1. 人治为主

创业企业在管理体系、制度建设方面不够完善，管理的主要手段主要靠"人治"。"人治"较"法治"来说，具有较强的灵活性，而且对管理人员的素质要求较高。"人治"适应了创业企业成长阶段的需要，同时也是制约创业企业发展壮大的瓶颈。

### 2. 管理松散

因为缺乏完善的制度体系，创业企业管理比较松散，灵活性强，缺乏规范性。创业企业管理主要以工作为导向，只要完成工作，其他方面的要求比较宽松，比如，员工的日常行为规范、考勤等。

### 3. 一人统管

创业企业主要是由创业者管理，较少聘请职业经理人，不管是纵向的核心业务，还是横向的职能工作，都是大小统抓。一人统管虽然可以降低人力资源成本，但一个人的精力、能力总是有限的，因此，管理的精益程度有限。

### 4. 情感管理

创业企业主要是人管人的管理方式，"人治"的理念和风格主要看管理者的理念和风格，"人治"偏感性。另外，创业企业员工的学习经历和企业从业经验比较欠缺，职业性和理性思维弱，感性思维比较强，需要领导者在管理过程中投入更多的情感，通过情感管理来激励人、管理人、凝聚人。

## 二、创业企业团队的问题

### 1. 员工流动性大

与成熟企业相比，创业企业的工作环境、薪酬、发展空间、个人成长等诸多方面都缺乏吸引人才的优势。另一方面，创业企业对员工重视程度不够，留人意愿不强，缺乏留住人才的能力以及体系。加之企业"用工荒"现象越来越普遍，员工有更大的选择空间，致使创业企业员工流失现象明显。

 **案例分析**

### 因员工流失而关门的小快餐店

某连锁快餐店主要经营早点和简餐。为了快速发展，扩大影响，这家快餐店在短时间内一口气开了4家分店，均选址在商业比较繁华的地段。由于快餐店主要消费人群是年轻人，因此，快餐店招聘的员工也是一些30岁以内的年轻人。然而，从开店以来，招人一直非常困难，而且流失率较大，原因主要是劳动强度大、工作环境差和工资水平偏低。这种现象持续一段后，已经严重影响到了门店的正常经营。工作强度和工作环境很难改变；提高工资使4家店的经营成本普遍增加，而且，也不确定是否可以完全解决问题。最终，投资人刘先生决定关掉其中的两家店，将员工充实到保留下来的2家店里，并采取措施留住现有员工。

（资料来源：广州雄涛人力资源有限公司）

### 2. 组织纪律性差

如前所述，创业企业的制度体系不健全，缺乏监管，团队约束性差，主要靠创业企业主进行管理，管理盲区较多。另外，以工作为导向的管理方式，使一些创业企业主不想管、不愿管，甚至也管不了。

 **案例分析**

### 符总的烦恼

2018年，符总在深圳创办了一个小型机械自动化企业，企业有员工100余人，企业的主体是2个制造车间，公司聘请了两名管理人员分别进行两个车间的管理，采购、后勤及财务由符总的夫人全权负责，符总本人主抓销售。最近，符总发现两名车间管理人员经常脱岗或是提前离岗。由于企业管理制度不完善，符总也只是进行了口头提醒和要求。但情况并没有因此而好转，脱岗现象依然频繁发生。符总为此苦恼不已，如果辞退这两名管理人员，又担心人员补充问题，另外，新进人员需要长时间的培养和锻炼才能独当一面；如果制定制度进行约束，又怕引起员工的反感，影响员工的积极性，造成人在岗、心脱岗的现象。

（资料来源：深圳深拓自动化科技有限公司）

**思考：** 如果你是这个企业的老板，你会采取什么措施进行管理？

### 3. 团队活力缺乏

团队活力来源于团队文化和团队激励。创业企业团队松散，凝聚力不强，团队文化建设不到位，员工组织荣誉感不高，文化活动较少，使得创业团队缺乏活力。另外，创业企业不关注员工激励，也不注意化解员工抱怨，使员工缺乏工作激情。

### 4. 员工成长路径狭窄

员工成长是员工的重要需求。员工成长包括两个方面：一方面是员工能力的提升；另一方面是成长机会的提供。创业企业的各项资源有限，对员工能力培养和积累提升的贡献是有限的，并且创业企业为员工提供的培训机会也较少，忽视了员工能力的提升，对于员工职业生涯发展是不利的。另外，创业企业中的重要岗位大多由企业主及其亲属担任，员工的晋升机会和发展空间非常有限。

## 任务 2　创业团队构建

 **引导案例**

### 保持小团队，保持敏捷

2014年5月6日，腾讯公司宣布成立微信事业群（WeiXin Group，WXG），张小龙出任微信事业群总裁。他作为一个最新业务团队的掌舵人，希望之前微信的一些理念能继续保持和发扬。其中一条就是"保持小团队，保持敏捷"，他说："微信事业群规模变大，但要保持小团队心态，避免陷入官僚化和流程化。"如避免写PPT，认为那是形式化的体现，这虽然有些武断，但目标是效率的最大化。另外还要限制招聘的人员数，只招聘最优秀的人员加入团队。对一个优秀团队来说，人员也是少比多好。

（资料来源：腾讯科技）

**思考**：团队构建的基本原则有哪些？

创业团队，主要包括合伙人团队和经营团队。构建创业企业团队，首先需要选好合伙人，其次还需要构建好经营团队。选择合伙人主要是为了解决资源的问题，但是有了资源，还需要人去运营与管理，使资源的效率得到最大程度的发挥，为企业创造更大的价值，这就需要搭建一支小而精的经营团队。合伙人可以作为经营管理团队的成员，也可以不参与企业的经营管理。

### 一、选择合伙人

选好合伙人是企业成功的一半。纵观各大知名企业，其中大部分企业家在创业初期都有自己的合伙人。不管企业创办成功之后，合伙人的合作状态如何，都不能否定合伙人在企业发展中，尤其是初创期的重要作用。

合伙人可以从狭义、广义两个视角进行定义：广义的合伙人是指投资组成合伙企业，参与合伙经营的组织和个人；狭义的合伙人指《中华人民共和国合伙企业法》中所界定范围。本项目中所指合伙人为广义的概念。

从宏观上来看，任何一个人的资源和能力都是有限的，不可能完成所有的任务；从微观上来看，创办一个企业，能够具备所有企业创建和运营条件的人也是较少的一部分，大多数人都需要寻找自己的合伙人，实现资源和能力的互补，来达到创建和运营企业的全部条件。另外，合伙企业较独资企业更有利于风险分担，降低创办人的心理压力，同时群体决策与单一决策相比较，大概率上更趋于合理。合伙人可以是一个自然人，也可以是一个企业或法人，包括风险投资或基金公司。本书所指合伙人为自然人。

### （一）选择合伙人的标准

创业是一条艰辛的道路，在这个过程中会遇到各种意想不到的困难，需要有人一同面对，共同克服。创业的成败受多种因素的影响，如市场、项目、销售、技术、管理等，但最主要的还是人的因素。因此,在选择你的合伙人时,要仔细考量、认真分析。

要成功选择合伙人,首先要确定合伙人的选择标准。以下为合伙人选择时需要考虑的因素。

### 1. 资源和能力因素

(1) 资源因素。大部分创业者之所以要寻找合伙人,其中一个非常重要的原因就是希望合伙人可以弥补自己资源上的不足。因此,在选择合作伙伴时,一定要充分了解对方的资源状况,并进行精准评估。

首先,对方所拥有的资源是不是你所需要的。资源包括的内容很多,比如资金、技术、信息、知识、人力、机器设备、厂房等有形资源和无形资源。如果你现在缺少资金,就应该选择资金比较雄厚的合作伙伴;如果你缺少的是技术和经验,那应该选择技术型人才作为合作伙伴,而不需要对方投入很多的资金,采取技术折价入股也是种合伙的方式。

其次,对方的资源状况是否符合你的要求,即资源的数量和质量情况。为了弄清楚对方的资源状况,需要进行调查了解和评估,有必要的情况下还需要权威部门的评价认定。

(2) 能力因素。合伙人作为企业的投资方,持有企业的股份,对企业的经营决策具有话语权,尤其是控股股东具有绝对的话语权。即使实行"两权分离",所有权和经营权分离,合伙人不参与企业的经营,聘请职业经理人进行管理,合伙人也需要具备企业经营的能力。一个拥有资源的合伙人,如果不懂经营管理,风险是非常大的。

### 2. 个人情感因素

(1) 理想信念。1加1能不能大于2,除了合伙人之间的资源是否能优化整合以外,更重要的是合伙人是否有统一的理想信念。正所谓"人心齐,泰山移",只有合伙人之间统一思想,才能形成强大的战斗力。理想信念的冲突是一切冲突的根源,所以,在选择合伙人时务必注意,一定要选择志同道合的合伙人。

### 案例分析

**动物拉车**

梭子鱼、螃蟹、天鹅成了好朋友,一天,他们同时发现路上有一辆车,车上有好多好吃的,于是就想把车子拖回家去。三个家伙一起负起了沉重的负担,他们铆足了劲,身上青筋暴露,使出了全身的力气,可是无论他们怎么拖、怎么拉,车子就是不动,小车还是在老地方。原来,天鹅使劲往上提,螃蟹横拉,梭子鱼则向右行进。究竟谁对谁错?反正,他们都使劲了。

**思考:** 基于上述案例我们在选择合伙人应该注意些什么?

(2) 性格特点。人的性格具有多样性,即使拥有相同的世界观、人生观和价值观,人的性格表现也是千差万别的。选择合伙人之所以要考虑对方的性格特点,是因为性格不合会导致合伙人之间的沟通障碍,而沟通障碍又会导致矛盾冲突,最终导致合伙人关系破裂。关于性格互补好还是性格相似好的问题,并没有严格的标准和绝对准确的答案,关键看选择者自己的偏好、承受能力和驾驭能力。

(3) 道德品质。道德品质是选择合伙人时需要考虑的首要的因素。一个人的道德品质决定了一个人的价值观念和行为方式,进而影响着企业的经营理念和文化氛围。一个工作能力越强的人,如果人品不好,他的破坏力就越强,带来的伤害将是致命的。遵纪守法是对合伙人道德品质的最基本要求,也是最低要求。合伙人的道德品质还要求有较好的人格修养和职业素养。

### 3. 家庭支持

每个人都身处在复杂的社会关系中,承担着各种各样的责任,扮演着各种各样的角色。一个人的决定,受多个方面的影响,其中一个重要的因素就是家庭。工作与家务进行严格划分是不现实的,家庭原因往往让一个人作出违背自己意愿的决定。因此,在选择合伙人时,要关注家庭对合伙经营的看法和态度。现在,很多大学生希望合伙创业,在同学圈里形成一个团队,蓄势待发,但很多时候因为家人的反对,最后不得不放弃创业项目。

## (二)合伙人选择途径及评价

### 1. 选择途径

(1)朋友圈。通过朋友圈寻找合伙人是一个重要且便捷的途径,这种方式具有很多优势。第一,彼此了解、信息充分。朋友之间的沟通交流会比较多,而相互之间的了解会使合作风险大大降低。第二,理想、信念比较接近。朋友圈较之普通朋友要更近一步,是基于一种共同的爱好形成的相对固定的群体,因此,彼此之间的价值观念、理想信念比较接近。

当然,通过朋友圈寻找合伙人也存在一些劣势:首先,朋友之间所拥有的资源可能相对一致,缺乏互补性;其次,朋友之间合伙,缺乏新鲜的创意和理念,对企业发展不利;再次,朋友之间的情感,有可能会影响企业的经营管理活动;最后,朋友之间合伙存在朋友关系破裂的风险。

**案例分析**

**挚友联手造就神话**

1968年,与盖茨在湖滨中学相遇时,比盖茨年长两岁的艾伦以其丰富的知识折服了盖茨,而盖茨的计算机天分又使艾伦倾慕不已。就是这样,两人成了好朋友,随后一同迈进了计算机王国。艾伦是一个喜欢技术的人,所以他专注于微软新技术和新理念。盖茨则以经营为主,销售员、技术负责人、律师、商务谈判员及总裁等角色一人全揽。微软两位创始人就这样默契地配合,掀起了一场至今未息的软件革命。

惠普公司(HP)由比尔·休利特和戴维·帕卡德于1939年创建。1934年,从斯坦福大学电气工程系毕业的戴维·帕卡德(Dave Packard)和比尔·休利特(Bill Hewlett)去科罗拉多山脉进行了一次为期两周的垂钓野外露营,由于对很多事情的看法一致,两人结成一对挚友。此后,比尔在斯坦福大学和麻省理工学院继续研究生学业,而戴维则在通用电气公司找到一份工作。由于得到斯坦福大学教授及导师Fred Terman的鼓励和支持,二人决定开办公司并自己经营。戴维·帕卡德夫妇迁居至加利福尼亚州帕罗奥多市艾迪森大街376号居住,比尔·休利特在这栋房子后面租了一间小屋。比尔和戴维用538美元作为流动资金,并利用业余时间在车库里开展工作。比尔利用其研究课题成功研发出了惠普第一台产品——阻容式声频振荡器(HP200A),这是一种用于测试音响设备的电子仪表。此后,二人又相继生产出几项惠普早期的产品,诸如谐波分析仪及多种湿疹分析仪。

思考:你喜欢这种朋友式的共同创业方式吗?为什么?

（2）亲戚圈。亲戚之间合伙创业是最原始的方法与途径，与亲属之间建立合伙关系具有以下优势。第一，合伙关系相对稳定。亲属之间的合伙关系不仅受法律、制度和企业章程的约束，同时，还受血缘关系的伦理约束，因此，亲戚合伙时，合伙人之间能够团结一致，尽职尽责，损坏合伙关系的事件发生概率小。第二，信息充分，合作风险小。与亲戚建立合伙关系也具有一些劣势，与以上关于朋友圈的论述相似，更甚的是，夹杂在合伙关系之中的伦理关系，对企业经营管理的影响更大。而且，亲属之间的利益纠纷比朋友圈还要多，使得越来越多的人选择朋友而非亲属进行合伙经营。

 **案例分析**

### 台湾魏氏四兄弟

"康师傅"的创始人是台湾魏氏四兄弟：魏应州、魏应交、魏应充和魏应行。四兄弟的父亲魏德和于1958年在台湾彰化乡村办起了一个小油坊，起名"鼎新"。1978年"鼎新"更名为"顶新"，也就是如今顶新国际集团的前身。1978年，魏德和去世后，油坊由四兄弟接管。经过魏氏四兄弟的努力，而今，"康师傅"品牌产品已家喻户晓。

（资料来源：中证网）

（3）社交媒体。新兴媒体的出现，特别是网络和移动终端的迅速发展，使信息传播越来越快，越来越便捷，大大缩短了人与人之间的距离，为寻找合伙人提供了更为广阔的空间。目前已经出现了很多专门为创业和寻找合伙人开发的网站。

#### 2．合伙人评价与选择

寻找合伙人是一件困难的事情，选择合伙人也是一件令人纠结的事情，但不能因为困难而降低选择标准甚至"饥不择食"，也不能因为纠纷就放弃对合伙人的评价，武断地作出决定。对合伙人进行充分的了解、分析和评价，谨慎决策，会大大降低合伙关系破裂的风险。

（1）信息收集。信息是评价和决策的基础，要对合伙人作出客观的评价，必须对合伙人的信息进行充分的了解、收集和分析。信息收集的渠道有很多种，可以采用面谈法，双方进行面对面的沟通和交流，也可以查询公开的信息资料，还可以了解关联人员对其作出的评价。如果确有需要，也可以委托专业的调查机构进行调查和评估。信息收集过程中，最关键的环节是确保信息的准确性和真实性，如果信息失真，再怎么分析也无济于事。

（2）选择标准。关于合伙人的选择标准在上文已有所提及。这里需要特别指出的是，合伙人选择评价标准没有统一、绝对的指标体系，每个人有每个人的选择评价标准，仁者见仁，智者见智。比如，作为合伙人甲可能认为乙不合适，丙可能认为丁很合适。

（3）最终决策。对收集到的信息进行分析，并将分析结果与设定的标准进行比对，来评价对方是否适合作为你的合伙人。最理想的状态当然是对方所有的条件都达到标准要求，但现实往往不是这样的。一个资金实力雄厚的人，可能性格与你不和；能力很强的人，可能手无分文。这种情况下，如何作出选择呢？我们的建议是先设定关键指标，并为这些关键指标设定"可以接受的下限"或"可以接受的上限"。所谓关键指标就是对方必须具备的条件，如果不具备其中任何一条都将不予以考虑。其他指标作为非关键性指标，如果非关键性指标没有达到标准要求，需要考虑以下几个问题。

第一，这些未达到标准的因素是否可以在合伙过程中得到改善（如：能力问题）？

第二，这些未达到标准的因素是否会给以后的合伙关系造成重大影响？
第三，你是否可以重新审视你的标准，并降低要求？
第四，你是否有改进的可能来适应对方（如：性格特点）？

### 案例分析

#### 诸葛亮之"知人性"

夫知人之性，莫难察焉。美恶既殊，情貌不一，有温良而为诈者，有外恭而内欺者，有外勇而内怯者，有尽力而不忠者。然知人之道有七焉：一曰，问之以是非而观其志；二曰，穷之以辞辩而观其变；三曰，咨之以计谋而观其识，四曰，告之以祸难而观其勇；五曰，醉之以酒而观其性；六曰，临之以利而观其廉，七曰，期之以事而观其信。

**思考：**你对人的观察能力如何呢？你是不是经常会看走眼呢？

## 二、创业团队构建

团队构建并没有固定的模式，不同的企业以及在企业不同的发展阶段，团队构建的要求和思路都是不一样的。评价一个团队的好坏，关键要看这个团队的效率、效益，以及团队成员的自我成长。创业企业由于其自身的特点，适合构建小而精的柔性团队。

### （一）"小"

（1）渐进性构建"小"团队。构建"小"团队是一个相对的概念。创业企业相对来说，规模较小，工作量较少，人力资源需求数最少。因此，"小"团队构建是可行的。关键的问题是掌握团队"小"到什么程度是适宜的，也就是团队紧缩的下限。任何一个企业都不可能一次性地把人力资源配置到最佳状态，而且，这个最佳状态只是一个理想中的状态。企业经营活动是动态的，工作量也是动态的，员工的能力和效率也是动态的。因此，创业企业也不可能一次性地将团队成员数量控制在一个最优的状态，需要不断地动态调节。最终的理想目标是：工作任务高效完成，人力资源得到充分利用，员工收获满意的回报。

尽管，不同的行业、不同的企业、不同的阶段，团队人员数量配置的要求都不相同，但精简团队成员数量时，需要考虑以下几个问题：一是员工的生理承受能力；二是员工的心理承受能力；三是员工付出与回报的匹配度；四是精简后团队成员的薪酬设计与人力开发；五是员工精简是否会影响工作质量。

（2）小团队的优势。构建小团队，具有以下几个方面的优势。

第一人力成本低。创业企业一般处于创业初期，或是分割成熟企业的边缘市场，利润率比较低，且企业实力较弱，因此成本控制是创业企业重点关注的管理方向。构建小而精的柔性团队，避免机构臃肿、人员冗杂，可以为创业企业节约人力成本支出。

第二便于管理。创业企业的管理能力相对较弱，主要是由创业企业的特质决定的。大部分创业企业的管理靠"人治"，管理体系不健全，制度建设及监督机制不完善，不适合大团队的管理。小团队的管理相对容易，管理难度小，在管理体系不健全的情况下，靠"人治"也可以达到良好的效率。

第三信息传递快，工作效率高，灵活机动。创业企业的管理层相对较少，业务流程短，审批手续简单，决策速度快，因此，运营效率相对较高。

## （二）"精"

"小"和"精"是两个密切相关的概念，"精"是"小"的前提和基础，"凡兵在乎精，不在乎多"。

（1）选拔精兵强将。"精兵强将"也是一个相对的概念，"精兵强将"是与创业企业发展相适应的优质人力资源。与成熟企业相比，创业企业在吸纳人才方面存在明显的劣势，如薪酬福利、工作环境、发展空间等，这也是制约创业企业发展的一个重要因素。创业企业选择团队成员时应放弃"最优"原则，采用"适宜"原则，结合创业企业自身的岗位要求和福利条件，选拔与福利条件和岗位要求最匹配、最适宜的成员。创业企业经营团队核心成员的来源途径主要有以下4个方面。

第一，合伙人。创业企业合伙人成为经营团队成员是比较普遍的现象。合伙人作为企业的投资方，参与企业经营管理活动，主动性、积极性和忠诚度方面都会比较高，是打造创业企业精英队伍的重要途径。

第二，招聘。招聘渠道有很多，既可以公开招聘，也可以举贤推荐，还可以精准定向"挖人"。公开招聘是目前比较主流的方式，具有信息量大、选择面宽的优点。但考虑到创业企业公开招聘"精兵强将"过程中存在的劣势，建议关注后两种选拔方式。举贤推荐包括亲戚推荐、朋友推荐、员工推荐等。推荐的好处在于，推荐人对双方都比较了解，被推荐人与拟聘岗位的匹配度会比较高，另外，推荐人也充当了担保人的角色，对被推荐人也是一种鞭策。当然，推荐这种方式对于推荐人也是有要求的。

第三，精准定向"挖"人。是指企业合伙人或高层管理者在工作生活接触的人群中，发现有适合某个职位的人员，而主动向其发出加盟邀请。这种方式相较于公开招聘来说，更加精准。

第四，培养。人的能力是可以通过培养和锻炼得到提升的。创业企业在招聘"即招即用"型精兵强将时相比大中型企业处于劣势。另外，较高的人力成本也让很多创业企业望"人才"兴叹。内部培养是创业企业构建小而精团队的重要方式。创业企业主可以从招聘入手，选拔一些有发展潜力的种子成员，后期进行有计划的培训和锻炼，使其成长为企业的中坚力量。这些从企业成长起来的员工，业务精通，忠诚度高，人力成本也比较低，实现了企业与员工的双赢。

（2）构建"一专多能、一人多岗"的柔性团队。创业企业与其他类型的企业一样，是由多个职能联动运转的，这些职能不能因为企业规模小而舍弃，都需要有人去完成，但又不必要为每个职能任务设置岗位和人员，这样会增加企业的人力成本负担，而构建"一专多能、一人多岗"的柔性团队，则可以解决这个问题。这种柔性团队建设可以加强团队成员之间的协作，充分挖掘员工潜力，提高工作效率，降低人力成本。

团队成员具有"一专多能"的素质是构建创业企业柔性团队的前提和基础。这种素质除了通过招聘复合型人才来解决以外，更多的还是需要企业有计划地培养和锻炼。创业企业不可能像大型企业那样分工精细、各司其职，却是培养复合型人才的良好平台。

知识广角

### 正确理解 "一人多岗"

1. "一人多岗"与"责任不清"是不同的概念

"一人多岗"是在岗位职责权限界定清晰的情况下，一个员工承担多个职责任务，充当多个岗位角色的一种人力资源配置方式。

"责任不清"是指岗位职责没有清晰界定，或界定模糊，或重复界定的现象，与谁来从事这个岗位没有必然的联系。

2."一人多岗"要遵循"回避""相关""适当"原则

"一人多岗"这种人力资源配置方式，需要精心设计，要遵循一些岗位之间的"回避"原则，如：采购人员与检验人员不能由同一人兼任，否则就违背了管理的一般原则。同时，还要注意"相关"原则，如：一个人从事的工作、承担的职责，不能跨度太大，否则也不利于团队成员能力的有效利用。最后，要遵循"适当"原则，一个人在组织中充当的角色不能太多，否则会造成精力分散，顾此失彼，影响工作质量。

## 任务3 创业团队激励

 引导案例

### 赛马不相马

"人人是人才，赛马不相马"是海尔集团的人力资源管理理念。张瑞敏曾说："给你比赛的场地，帮你明确比赛的目标，比赛的规则公开化，谁能跑在前面，就看你自己的了。"海尔集团实行"三工并存、动态转换"制度。三工，即在全员合同制基础上把员工的身份分为优秀员工、合格员工、试用员工（临时工）三种，根据工作态度和效果，三种身份之间可以动态转化。"今天工作不努力，明天努力找工作"。"三工动态转换"与物质待遇挂钩，在这种员工制度下，工作努力的员工可及时地被转换为合格员工或优秀员工，同时也意味着工作不努力，就会由优秀员工被转换为合格员工或试用员工，甚至丢掉岗位。

（资料来源：百度百科）

**思考**：此激励方法有何特点？你有什么更好的建议？

### 一、激情与速度

创业企业要想在激烈的市场竞争中生存和发展，需要付出加倍的努力，创造更大的价值。而我们已经论述过创业企业适合构建小而精的团队，换句话说，创业企业要用更少的人力，创造更大的价值。要实现这个目标，有三个途径：延长劳动时间、技术升级、提高效率（在现有技术水平下）。延长劳动时间受法律限制，也违背企业"人本管理"的概念，作为有社会责任的企业应该遵守法律并维护团队成员的生理及心理健康。技术升级由于成本太高，也不适合创业企业。而要在现有技术水平下提高效率，努力方向有两个：提高团队成员的能力和让他们充满激情地动起来，即速度。

例：有一个人的工作是搬运铁块，搬动路线是从A至B，距离20米，每个铁块的重量是5千克，现在，这名工人每次搬一个铁块，一小时可以搬60次，共300千克。如果我们要提高这名工人的产出，使搬运量每小时大于300千克，有什么方法呢？

假设：每次搬运铁块的重量="能力"、每次搬运往返的时间="速度"。

方法一：在速度不改变的情况，提升能力，提高每次搬运铁块的重量。

方法二：在能力不改变的情况，提高速度，增加单位时间内往返的次数。

由于提升能力的问题，不是本节需要讨论的内容，所以，我们重点阐述"如何提速"。提高速度，就是提高效率。提高速度，固然与一个人的生理条件和工作方法相关，但与一个人的心态和激情的关系更加紧密。心态是指员工对待工作及组织的态度。不同的员工有不同的心态，同一个员工在不同的时间点也有不同的心态。人心在变，环境在变，心态在变。如果这种变化是积极的，必将激发员工的"正能量"，提高工作效率；反之，如果这种变化是消极的，也必将降低员工的工作热情，影响工作效率。人际关系是影响员工心态的重要因素。1933年，人际关系学说代表人物梅奥通过霍桑实验证明了人是由社会需求引起工作动机的，并且通过同事的关系而获得认同感，员工的工作效率随着上司能满足他们社会需求的程度而改变。人际关系包括与领导、同事、下属的360°人际关系网。

人与组织之间的关系，也会对员工的心态产生极大的影响。人与组织之间的关系，体现在员工对企业制度、企业文化等方面的认同。只有员工认同公司的价值理念、制度文化，才会融入其中，并为之努力工作、敬业付出，从而产生较高的工作效率。如果缺乏这种认同，员工凝聚力下降、人心涣散，工作效率是可想而知的。

员工需要不断调整自己的心态来适应公司的发展，公司也需要营造良好的工作氛围，为员工形成良好的心态创造条件。同时，对于员工的心理问题，要及时发现、及时疏导，避免问题沉积。目前，有部分大公司建立有专门的员工心理咨询机构。公司管理层是员工心态的第一影响者，也是调节员工心态的第一责任人。"管理者"不仅要"管"人，还需要"理"人。

## 二、激励团队的方法

要让团队充满激情地动起来，最主要的手段就是激励。西方对管理的研究较早，提出了一些比较有影响力的激励理论，主要回答"用什么来激励""怎么来激励"等问题，归纳起来可分为两大类，即内容型激励理论和过程型激励理论。内容型激励理论主要包括马斯洛的需求层次理论、赫茨伯格的双因素理论和麦克米兰的成就需求理论；过程型激励理论主要包括弗鲁姆的期望值理论、亚当斯的公平理论、洛克的目标设置理论。

在激励理论的指引下衍生出了很多激励方法和手段。不同的管理对象适用的激励方法也不相同，只要是可以对人的积极性起到激发作用的方法都可以称为激励方法。以下重点介绍几种适合创业企业的激励方法。

### （一）领导作用

要让团体充满激情，首先领导自己必须充满激情，必须做好表率。激情是领导者必须具备的素质，是影响组织氛围的重要因素。领导者要用自身的感染力去带动身边的团队成员，唯有信心满满、身先士卒，才能提振士气。领导者的激情主要体现在以下几个方面：

第一，对目标充满信心；

第二，敢于面对困难；

第三，勇于承担责任；

第四，决策果断；

第五，保持良好的精神状态；

第六，反应迅速。

  **案例分析**

### 只有持久的激情才是赚钱的

谈到成功，马云的座右铭是"永不放弃"，他说："短暂的激情是不值钱的，只有持久的激情才是赚钱的。"如今，马云在商界获得了很高的声誉，也成为很多创业者崇拜的企业家。马云，英语教师出身。1995年，他在美国首次接触到互联网，回国后创办网站"中国黄页"。1999年，在他的召集和带领下，18位创始人在杭州的一间公寓中创立了阿里巴巴，开拓电子商务应用，从事B2B业务。完全不懂技术的马云，对电子商务充满了信心和激情，而且一做就是十几年，从而成就了他的阿里巴巴传奇。

### （二）物质激励法

物质激励是最基础的激励方法，也是创业企业最行之有效的激励方法之一，这是由创业企业自身状况和从业人员状况决定的。以下介绍三种物质激励的方式。

（1）薪酬体系。薪酬体系对员工的激励作用主要体现在两个方面：一是薪酬水平的激励，一般来说，薪酬水平越高，激励越大，薪酬水平越低，激励效果越差；二是薪酬结构的激励，通过弹性薪酬、弹性、浮动薪酬结构设计，鼓励多劳多得，激励员工努力工作，以获得更高的薪酬。

（2）物质奖励。企业通过评先、评优活动，对先进典型推行表彰和物质奖励，或者对工作中表现突出的员工进行临时物质奖励。这不仅是对被奖励人的激励，同时，通过树立榜样和营造竞争氛围，也是对其他员工的一种鞭策和激励。

（3）员工持股计划（employee stock option plan，ESOP）。这是指通过让员工持有本公司股票或期权而使其获得激励的一种长期绩效奖励计划。员工持有企业股份，使员工从"为企业工作"转变为"为自己工作"，培养主人翁意识，把更多的能力、精力、热情投入到企业的生产经营活动中。另外，员工持股也表现了企业对员工的重视和尊重，也为员工实现自身价值提供了机会，从马斯洛需求层次理论可以看出，员工持股计划体现出对人的两种需求的满足，对员工具有激励作用。

作为创业企业，员工持股计划似乎听起来有些大和空。不过，员工持股计划只是一种理念，操作方法可以灵活多样。对于核心员工，创业企业可以考虑与其合伙，使其从员工变为合伙人，至于股份，可以是赠送，也可以低价转让。

### （三）环境激励法

一名员工在企业中工作，除了获得物质报酬以外，还期望有一个良好的工作环境。一个人花在工作上的时间占到了整个人生的大约三分之一，工作中的心情不仅影响着工作效率、效果，也影响着个人的幸福。

情绪也许不能对团队成员产生激励作用，但它是一个人充满激情的条件。良好心情对员工保持工作热情具有很大的作用。从人本管理的角度来说，保持员工良好的工作心情也是对员工的关心。

创业企业员工人数相对较少，关系简单，通过一些方法和手段保持良好的工作软环境是必要的，也是可行的。以下介绍这些方法：

第一，建立风清气正、团结协作、互助共赢的企业文化，不拉帮结派，不相互中伤；

第二，奖罚分明，注重公平；

第三,开展丰富多彩的文化活动,缓解团队成员工作压力;
第四,正确处理工作团队成员之间的分歧或冲突;
第五,管理适度,批评与表扬并用,就事论事,不掺杂个人情绪;
第六,为团队成员下达任务的同时,要为其提供资源、帮助和支持。

## 案例分析

### 《孙子兵法》之"地形篇"

《孙子兵法》之"地形篇"中写道:"视卒如婴儿,故可与之赴深溪;视卒如爱子,故可与之俱死。厚而不能使,爱而不能令,乱而不能治,譬若骄子,不可用也。"意思是,领导如能像对待自己的孩子一样对待部队成员,对职工在思想、工作、生活等方面要给予关怀和照顾,使职工感到企业的温暖,增强对企业的感情,满足团队成员的尊重需要、社交需要,必将产生极大的激励作用和忠诚度。但是,对士卒如果过分滋养而不能使用,一味溺爱而不能驱使,违犯了纪律也不能严肃处理。这样的军队,就好比"骄子"一样,也是不能用来打仗的。

### (四) 情感激励法

自古以来,我们都是非常重视感情的,人们重视亲情、友情、同学情、战友情、同乡情等。这种情感让彼此之间更加亲近、更加信任、更加凝聚。在企业管理过程中,领导与员工之间也应建立良好的情感,要关心员工、相信员工、尊重员工,正所谓"士为知己者死,女为悦己者容""人敬我一尺,我敬人一丈",情感付出必将感化员工和激励员工。当然,情感需要纯正的动机和自然的表达,刻意和做作必将带来相反的效果。

## 知识广角

### 如何运用感情激励法?

如何营造良好的工作氛围,如何保持员工良好的心情感受,是运用情感激励的关键。以下介绍几种做法。

一、关心员工。关心员工的身心健康,关心员工的工作、家庭和生活,解决员工实际困难,帮助员工成长。

二、相信员工。信任是情感建立的基础。"疑人不用、用人不疑",只有相信员工,员工才会有归属感。

三、尊重员工。尊重员工的人格和尊严,同时,也要尊重员工的权利,鼓励职工参与企业的民主管理,通过参与管理,使职工由旁观者变为当事人。

四、就事论事,不搞恶意中伤。

五、正确处理与员工之间的矛盾。处理与员工之间的矛盾要客观公正,不可有私心杂念。

六、认可员工。对于员工的付出和成绩,要及时给予认可和激励。

### (五) 平台激励法

马斯洛需求层次理论指出,"自我实现需要"是人的最高需要。每个人都期望发挥自己的潜力，表现自己的才能，实现自己的理想和目标，体现自己的人生价值。因此，通过对人的分析和评价，合理配置人力资源，相信员工，为团队成员提供发挥才能的机会和平台，实现团队成员的不断晋升和成长，是一种重要的激励手段。

 **案例分析**

### 《三国演义》中的庞统

刘备占据荆州，领荆州牧，庞统以从事的身份试署耒阳县令。在任期间不理县务，被免官。东吴鲁肃写信给刘备，告诉刘备庞统"非百里才也"，诸葛亮也对刘备说起过庞统。于是，刘备召见庞统，经过一番交流过后，刘备对庞统大为器重，任命他为治中从事，对其倚重程度仅次于诸葛亮，后庞统和诸葛亮同为军师中郎将，献计征蜀，为三分天下奠定了基础。

（资料来源：百度百科）

### （六）目标激励法

目标激励法既涉及内容型激励理论，也涉及过程型激励理论。首先，目标的实现一定是为了满足人们的某种需要，因此，属于"用什么激励"的问题，其次，通过设定目标使人为了实现目标努力奋斗，又属于过程型激励理论的范畴。为了实现目标激励，企业可以为团队成员设定长期、中期、短期目标。定期进行考核，并配套相应的奖惩制度。要使目标激励法达到预期的目的，首先要合理设计目标。目标科学合理是能否达到激励效果的关键，设置企业目标时，要认真研究企业的内、外部环境及员工能力，将目标设在经过艰苦努力能够达到的水平上，目标设得过高或过低都不能起到理想的激励作用。其次是科学设计目标考核体系，包括考核过程及考核结果的应用。

### （七）榜样激励法

榜样的力量是无穷的。通过竞赛、评比或对先进事迹的挖掘，将团队优秀的事迹树立为团队的榜样和标杆，并采取有力措施营造追赶先进的浓厚氛围，使员工自觉向先进看齐，从而起到激励作用。

 **知识广角**

### 榜样不应该只是一个花瓶

树立榜样或标杆，无疑是对优秀成员的一种激励，树立标杆更重要的作用是激励其他成员向这些优秀成员学习，使团队获得成长。因此，榜样不应该只是一个人的荣誉，不应该只是给予一个人或几个人的奖励，不应该只是一个"花瓶"。当然，更不应该是一个被批判的对象，有些"标杆"不能得到大家的认可，被树立成先进典型以后，反而成了被批判的对象。如果出现这种情况，不仅达不到预期的效果，反而起到了相反的作用。为了杜绝以上现象的发生，建议如下：

（1）确定榜样的过程要合理。评先评优的过程要充分体现民主，不能领导"一言堂"，更不能指定。在评选过程中，企业员工应该广泛参与，充分发表意见，选出大家公认的榜样。

（2）确定榜样的标准要科学。树立的榜样一定要能体现先进性，确实值得别人学习，否则将事与愿违，不仅达不到激励的效果，还会引起员工的不满情绪。

（3）要注重先进事迹的宣传。树立榜样的目的是号召其他员工向其学习，这就需要加强先进事迹的宣传，一是为了明确学习的方向，二是为了激发学习的热情。

### （八）竞争激励法

现在的企业者都处于激烈的市场竞争环境中，企业内部也应该建立竞争机制，各个岗位靠能力、靠水平竞争上岗，通过竞争对"在其位者"产生压力，促使其不断作为，给"不在其位者"带来希望，从而产生较大的激励效果。

### （九）奖罚激励法

对团队成员付出的额外劳动或优秀表现，企业应该及时进行奖励，以激发其努力工作的激情。奖励包括物质奖励和精神奖励。同时，对有缺点和错误的成员进行批评或处分，纠正他们的不良行为。奖励和惩罚的方式方法要运用得当，不能千篇一律。特别要注意惩罚手段的运用，要根据不同的人、不同的情况，区别对待，要以事实为根据，以改进为目的，并辅以耐心的思想教育，切忌简单粗暴，以免使职工产生抵触情绪或丧失振作起来奋起直追的信心。

## 任务4　创业团队管理

 **引导案例**

#### "三驾马车"的解散

新东方创始人俞敏洪在事业风生水起、坐拥千万身家的时候，打算邀请曾经的两个好朋友一起创业，一个是徐小平，一个是王强，他们三个日后被称为新东方的"三驾马车"。起初，三个人各自负责不同的业务，谁赚的钱就归谁，俞敏洪做出国英文培训，徐小平做留学咨询，王强负责口语培训。

但随着公司发展规模越来越大，矛盾冲突也随之而来。国外留学归来的王强，信奉一切以规则为准；而包括俞敏洪在内的新东方早期管理层陆续将亲戚引入公司，出现了家族化管理的趋势。王强要求公司必须改革，走现代化管理的路子，而改革先要从俞敏洪开始。俞敏洪需要让他的母亲和亲戚从新东方离开，俞敏洪的母亲骂他不留情面，使得俞敏洪不得不在办公室当众下跪。王强帮助俞敏洪开除违反公司规定的员工，要求俞敏洪在开会时必须关掉手机，要求员工不能在公众场合吸烟。

徐小平在公司第一次董事会上因为如何开会的问题，和俞敏洪吵了起来，最后俞敏洪拍了一下桌子后摔门而去。徐小平公开说，他在新东方的使命就是指导俞敏洪、批判俞敏洪、改造俞敏洪。这样使俞敏洪下不来台的时候，还有很多次。

由于观点冲突越来越多，矛盾越来越尖锐，最后终于爆发了，徐小平和王强选择了离开新东方。

（资料来源：根据《柴静访新东方"三驾马车"》视频资料整理）

**分析**：新东方三个合伙人解散的根本原因是什么？有何解决措施？

运营一个企业，带领一个团队，就像掌舵一艘航行在大海中的船，企业就是这艘船，船员就是这个企业的经营团队。一个优秀的船长就是要带领自己的团队，驾驶船只完成任务，达成目标。

## 一、团队驾驭的目标

### （一）企业满意——企业目标是否实现

人是企业最重要的资源，以人力资源构成的团队是企业目标是否能实现的决定因素。作为掌舵人，肩负着带领团队成员同心同德、攻坚克难，为企业创造价值，实现企业目标的责任。评价一个掌舵者是否合格，团队带得好不好、企业目标是否达成是首要的指标，就像航行中的船，方向不能偏离，要向目的地前进，并最终抵达目的地。

### （二）成员满意——成员目标是否实现

人本管理的思想告诉我们，企业要重视人、依靠人、关心人、发展人。从企业经营的目标来看，也无非是为了满足社会需要、企业需要和员工需要。因此，让员工满意，既是企业经营的目标之一，也是领导者带领团队的目标之一。没有成员满意的团队是不可维持的，没有员工满意的企业也是不能持续的，让员工满意也是企业的社会责任。成员是否满意，决定着团队是否有凝聚力，是否有战斗力。如果团队驾驭不好，人心涣散，流失率上升，企业目标也很难实现。

### （三）第三方满意——社会目标是否实现

企业是社会的一个细胞，是社会大家庭中的一员，企业生存靠的是为社会创造价值，而创造价值和实现价值的过程中都需要与社会进行互动。第三方包括的范围很广，只要与企业相关的人或组织，都可以称为第三方，如政府、顾客、供方等。团队行为就代表了企业行为，在与第三方接触过程中，应该体现一个企业的责任和团队的素质，赢得社会的认可，同时为社会贡献应有的价值。

## 二、团队管理方法

### （一）打造凝聚力——向共同的目标前进

凝聚产生力量。有凝聚力的团队会产生协同效应，达到"1+1>2"的效果。团队有凝聚力可以降低团队内耗，提高团队效率，而且凝聚力强的团队一般都是一支和谐的团队，在这样的团队里，成员关系融洽，心理满足感强，也是对成员的一种激励。

形成团队凝聚力的关键是团队成员具有某种"共识"。共识包括：共同的信念、共同的理念、共同的价值观、共同的目标、共同的认识等。这种共识，可能是成员的本质特性使然，也可能是彼此交流的结果。创业企业应该重视在团队组建和团队建设过程中建立和形成一种共识，并通过一些激励手段来凝聚这种共识。

### （二）团队控制——按标准完成目标

控制的目的不是为了管人，更不是为了约束人，而是为了使团队能够按预期完成目标。控制是一个系统的管理活动，包括控制标准制定、制定过程和后续处理。任何团队都需要控制，不管这个团队有多么自觉、多么和谐、多么有凝聚力。一个自觉的团队可以适当放宽控制过程，但不可以不制定行动标准，否则团队就没有自觉行动的方向。控制的方法有很多，以下重点介绍三个。

（1）制度控制。制度是最有效和最科学的控制手段，企业通过制度建设、设计团队的行动标准，并对制度进行宣传及监督执行。对违反制度规定的要及时处理，处理也要按制度执行。创业企业的制度建设方面是薄弱点，但对于一些约定俗成的非文字化标准，也应遵守执行。

（2）法律约束。法律是有强制力的硬性约束，规定人们应该和不应该的行为，包括规范市场主体的法律、规范市场行为和市场秩序的法律、规范劳资关系的法律和有关宏观调控的法律等。企业管理层和企业每一位员工都必须遵守各类法律法规。

（3）道德约束。任何的法律和制度都有"盲区"，这就需要道德的约束来弥补。道德对企业管理层和员工来说是无形的软制约，道德约束对于减少现代企业中的道德风险十分重要。道德约束的关键是如何在团队中发挥道德的规范作用，作者认为，一是要加强优秀价值理念的宣传，二是要树立榜样，及时奖罚。

当然，要对团队进行控制，光有制度、法律和道德标准是不够的，还需要严格的监督和执行，以及与之配套的奖罚措施。

## （三）正确处理团队冲突

团队成员之间发生冲突是常见现象，对于这种冲突，应该科学地去看待。20世纪40年代之前，大部分的学者认为冲突是非常有害的，是管理失效的结果，应该尽快消除。70年代末，学者们强调冲突是无法避免的，是与生俱来的，应该接受冲突，因为存在即是合理的。现代冲突理论认为和谐、平静的组织对于变革是不利的，管理者应该维持一定程度的冲突，使团队保持旺盛的生命力和创新能力。由此可以看出，团队冲突是把双刃剑，既有好的一面也有不好的一面。作为管理者应该充分发挥冲突带来的好处，而抑制团队冲突带来的坏处。

对于一个团队来说，任何冲突都会带来一定的负面影响。维持一定的矛盾冲突，首先要看，这种冲突是利大于弊，还是弊大于利，企业是否能够充分掌握这种冲突，使"利"得到充分发挥，而且能很好地控制"弊"的范围。

团队冲突的最大利好是由冲突激发出来的团队激情，形成冲突双方的竞争格局，通过这种内部竞争，提升团队成员的战斗力和创造力。团队冲突的弊端主要是冲突会造成双方的心理隔阂，不利于团队思想稳定，也不利团队合作；而且，冲突可能会造成恶性竞争，损坏企业的整体利益。

要正确应对团队冲突，需要对冲突类型进行分析，并在此基础上，采取有效措施解决。以下，我们从不同角度对不同类型的冲突分别进行讨论：

（1）如何处理因私引起的冲突？

团队成员在工作或私人交往中，难免会发生冲突，而这种冲突不是基于工作原因，可能是性格、观念、沟通等方面引起的。这种冲突虽然看似与企业无关，但因为冲突对于团队成员的影响会转移到工作情绪中，从而对团队绩效产生影响。因此，企业对于私人冲突也需要进行管理。特别是对于一些严重的冲突，企业需要及时采取措施，对冲突原因进行了解，及时教育和纠正，对于冲突中有明显过错一方，企业需要表明立场，起到仲裁的作用，这是对无过错一方的激励，同时也是对有过错一方的警示。对于轻微的冲突，企业不必强行介入，但需要观察冲突双方的工作状况是否受到影响，再决定是否采取措施。

因私引发的成员冲突不是企业需要重点关注和解决的，原因有二：其一，这种冲突发生的概率小；其二，对企业造成的影响比较小。

 **案例分析**

### 工作中的"看不惯"

广州某管理咨询有限公司在成立之初，在当地招聘了一批员工作为后备管理人员培养。随着企业不断发展、团队不断壮大，这些首批招聘的员工基本都走上了管理岗位。起初的几年，团队成员关系融洽，彼此相互合作，具有较强的凝聚力。但在接下来的时间里，情况发生了变化，一是团队成员中出现了一些小团体，另外，这些管理人员的职业发展状况出现了不平衡，有些职位高，有些职位低。在这些因素的影响下，工作氛围大不如前，成员之间相互"看不惯"的现象越来越明显，甚至出现言语上的激烈冲突，团队凝聚力大大下降。企业高层领导没有意识到这种问题，也没有采取相应的措施，企业的快速发展掩盖了这些隐秘的问题，最终导致3名管理人员陆续离职。

**思考：** 如何解决公司当中的私人矛盾？

（2）如何处理因公引起的冲突？

工作冲突可能是企业本身的体制机制问题引起的，可能是成员观点、理念不同引起的，也可能是相互配合不顺畅引起的。

正确处理团队冲突，首先必须要杜绝因企业本身体制机制问题引发的没有任何意义的冲突，如责任不清、信息沟通障碍、分配不合理等原因引起的冲突。这种冲突不会给企业带来任何好处，但这又是创业企业普遍存在的问题，所以创业企业需要通过提升管理水平来理清责任分工、界定权限、畅通沟通渠道、营造和谐氛围、科学设计分配方案等，从而解决这些冲突的根源。

团队成员因观点、理念不同引起的冲突，是最常见的冲突形式。这种冲突是有利于企业发展的，通过各种观点的碰撞，激发团队成员的热情和创造力，并使团队成员之间形成一种竞争意识。但这种冲突也是比较难解决的，因为，企业需要评价不同的观点，并作出选择和决策。对于合作不畅引发的冲突，最重要的是分析原因、理清责任、监督改进，引导双方走向同一个目标，以企业利益为重，重新走上合作的轨道。

 **案例分析**

### 采购与生产的矛盾

广东江门某食品加工企业在生产过程中需要原材料、辅助材料和包装物，采购属于供应部门，生产属于使用部门。采购和生产分别由两名主管负责，在两人的合作过程中不时发生矛盾，原因是材料未能按计划时间送达，打乱了生产计划，生产负责人经常指责采购人员，采购人员也拿出各种理由予以反驳，希望生产方面理解并在可能的情况下调整生产计划，降低影响。久而久之，两人合作起来越来越困难。有时，生产临时需要采购一些材料，采购人员会故意拖延，以示"报复"。企业老板发现问题后，分别与两人进行沟通，了解情况，采取了以下解决方案，使采购与生产的关系得到一定程度的改善。

第一，不对任何一方进行批评，但强调双方都要以企业总体利益为重，不管采购物资因何原因延期到达，生产部门应该尽可能进行计划调整，降低影响；另外，在生产部门临时提出采购要求时，采购人员应尽可能采购到位，配合搞好生产工作。

第二，因采购物资未按期到达，造成生产计划不能完成的，不考核生产部门，不追责生产部门。

第三，因客观原因造成采购物资不能按期到达的，不考核采购部门，但采购部门应及时通知生产部门，并提出解决方案，与生产部门共同协商做好生产调整工作。因主观原因造成采购物资不能按期到达的，要严格执行考核及惩罚制度。

**思考**：评价上述处理方法。

(3) 如何处理上下级的冲突？

上下级的冲突主要源于上下级之间的不认同，如观念不认同、观点不认同、工作方式不认同、能力不认同、结果不认同。这种不认同既包括上级对下级的不认同，也包括下级对上级的不认同。

由于存在单方不认同或相互不认同，就会产生冲突，冲突可能是显性的，也可能是隐性的。企业需要格外关注隐性的冲突，通过观察、了解、沟通和交流对成员之间的隐性冲突进行识别、分析和处理。

解决团队冲突，最好的方法是预防。对于上下级之间的冲突，应从上下级同时入手。方法简要介绍如下：

第一，提高管理者的领导艺术水平，使其善于进行人力资源管理和沟通；

第二，增强管理者的领导能力，树立领导权威；

第三，提高管理者的素质修养，树立领导形象；

第四，合理配置人力资源，避免上下级之间的性格和观念冲突；

第五，提升团队成员能力，真正成为领导的得力助手；

第六，培养团队成员的执行力，即使在观点有冲突的情况下；

第七，转变作风，不做"甩手领导"，领导除了要安排任务以外，还要指导下属、培养下属，为下属提供完成任务所需要的资源。

对于已发生的冲突，处理时应注意以下几个原则：

第一，不当场处理；

第二，维护领导权威与员工思想疏导并重；

第三，注重客观事实，公正解决，避免由点及面，引起更大范围的冲突，影响更多成员的情绪，造成更坏的影响；

第四，对于隐性的冲突，企业应该及早发现、及时解决，避免日积月累，对企业绩效、团队成长和个人发展造成长期的不良影响。

## 案例分析

### 三位核心成员的陆续离职

张是某企业综合部的部长，部门主要工作职责是行政、后勤（包括安全工作）和人力资源。部长下设三个主管，分别负责行政、后勤和人力资源。张是这个企业老员工，又是企业一位领导的亲戚,三位主管入职都不到一年,而在这不到一年的时间里,三个主管在一个月内先后离职,原因是无法接受张的观念和管理方法,例如:随意要求人力资源主管开除员工,违背《劳动法》规定;要求员工加班却又不支付加班费;缺乏管理能力和沟通技巧,与三名主管均发生过争吵,等等。企业领导也意识到了综合部存在的问题,但并没有采取有效的措施。第一个提出辞职的是后勤主管,在其离职后,企业领导没有配置人员,而是将后勤工作分配给行政和人力资源主管,使两位主管更加消极。在后勤主管离职10天后,行政主管辞职,其后不到一周,人力资源主管辞职。而这三位主管曾经都是从其他单位跳槽过来的佼佼者。作为领导,我们可能经常去抱怨下属如何如何,也许,有时候,我们也需要反思一下我们自己。

**思考:** 分析上述现象,作为领导的你该如何解决?

(4) 如何处理成员与组织的冲突?

成员与组织的冲突主要表现为成员对组织文化的不认同,特别是新进成员。这种冲突,一方面有利于企业文化的不断创新和改进,避免一潭死水;但另一方面,文化是企业发展过程中长期沉淀的结果,具有一定的稳定性,加之,这种文化冲突不意味着企业文化一定存在问题,也可能是员工的问题。如果员工不能适应这种文化,可能会造成员工抱怨、绩效下降甚至人员流失。处理这种冲突,可以从以下3方面着手:一是从源头控制,在招聘过程中加强对应聘者思想理念的考察,选拔思想理念与企业文化相一致的员工;二是加强团队成员的企业文化培训,使其尽快融入团队,接受企业文化;三是企业文化不能一成不变,需要不断发展和创新,以适应时代的要求。

知识广角

### 公私转换

你可能可以将公事和私事严格地区分开来,但任何一个人都不可能将情绪在公事和私事之间完全区分开,使私人情感不影响工作,工作不影响私人情感。因此,企业需要同时重视因私冲突和因公冲突,及时化解矛盾,否则,因公因私产生的冲突会形成恶性循环,影响团队成员情绪,进而影响工作绩效。

### (四) 降低员工流失率

创业企业员工流失问题是制约创业企业发展的主要因素。如何解决这个问题是驾驭团队的重要课题。降低员工流失率的方法和措施,大部分都可以借鉴本书中关于团队激励的方法论述。以下针对创业企业员工流失的主要原因,介绍降低流失率的5个主要措施。

(1) 完善薪资体系。薪酬是造成创业企业员工流失的重要因素,薪酬体系设计既要重视公平,也要重视效率。公平体现在员工薪酬对比上,员工对薪酬的关注,不仅在于绝对数,也在于相对数,也就是说员工既关注自己的收入,也关注别人的收入,既关注当前的收入,也关注与历史收入水平的比较。因此,创业企业在确定员工薪酬的时候,一定要注意不同员工之间的公平和员工薪酬水平的合理增长。公平不是平均,公平的薪酬与员工能力、付出和绩效相匹配,企业实施"同工同酬",而不是"同岗同酬"。创业企业可以应用宽带型薪酬体系,为不同职业类型的员工提供更大的晋升平台和加薪机会。另外,创业企业提供给员工的工资往往是一个固定值,缺乏工资的结构设计和弹性设计,不利于调动员工的积极性,使员

工没有愿景、动力。创业企业、小微企业可以丰富员工工资结构，增加工资弹性，鼓励多劳多得，提高薪酬的激励效果。

（2）聘请专业咨询团队，解决高层次人才的需求问题。创业企业在吸引高层次人才方面的劣势是相当明显的，表现在薪酬福利、发展空间、工作环境等多个方面。缺乏高层次人才，包括高层次技术人才和高层次管理人才，是制约创业企业发展的瓶颈。为了降低创业企业高层次人才的引进难、留人难的问题，企业可以考虑聘任兼职的咨询团队替代全职聘任的方法予以解决。首先，咨询团队的能力可以满足创业企业发展的需要；其次，聘请咨询团队的成本相较于聘任高层次人才来说要低；最后，聘请咨询团队，可以保证创业企业主的经营管理权。

（3）情感留人。薪资虽然是造成创业企业员工流失的重要因素，但并不是唯一，创业企业的工作氛围，即人文环境，也是重要原因之一。创业企业文化建设相对滞后，原因是创业企业主缺乏企业文化建设的意识，同时也缺乏企业文化建设的人才。这就导致创业企业的凝聚力较差，员工流失率上升。创业企业需要营造一种团结、和谐的"家文化"，创业企业主除了对企业倾注精力以外，需要对员工加强情感投入，以人为本，切实关心员工、重视员工和发展员工。

（4）招聘适合的人，不追高。现在，大部分企业招聘时，将学历作为一个门槛，而且，学历要求越来越高。学历与能力之间确实存在一定的联系，但对于创业企业来说，追求高学历显然是不符合实际的。

（5）重视人才的内部培养。培养员工，既是对员工负责，也是对企业负责。培训员工，既是员工的福利，也是企业的红利。创业企业通过人才的内部培育，就可以调动员工的积极性，提高稳定性。又可以解决企业外聘人才难度大、流失率高的问题。当然，这需要创业企业主转变观念，能够接受并愿意为员工培训支付相应的成本。

 **案例分析**

### 情感留人——海底捞

怎样才能让员工把海底捞当家？海底捞创始人张勇觉得这简单得不能再简单：把员工当成家里人。

如果员工是你的家人，你会让他们住城里人不住的地下室吗？不会。可是很多北京餐馆的服务员就是住地下室，老板住楼上。海底捞的员工住的都是正规住宅，空调、暖气、电视、电话一应俱全，还可以免费上网。公司还雇人给员工宿舍打扫卫生，换洗被单。公司给员工租房的标准是步行20分钟到工作地点，因为北京交通太复杂，服务员工作时间太长。如果你的姐妹从乡村初次来北京打工，你一定担心他们路不熟，会走丢，不懂规矩，会遭遇城里人的白眼。于是，海底捞的员工培训不仅仅有工作内容，还包括怎么看北京地图，怎么用冲水马桶，怎么坐地铁，怎么过红绿灯。

海底捞的员工经常骄傲地说："我们的工装是100元一套的好衣服，鞋子也是名牌——李宁！"做过服务员的张勇知道，服务员的工作表面看起来不累，可是工作量相当于每天走10公里的路。

你的姐妹千里迢迢来打工，外甥和侄子的教育怎么办？不把这个也安排好，她们不可能一门心思扑在工作上。于是，海底捞在四川简阳建了寄宿学校，因为海底捞二分之一的员工来自四川。

（资料来源：海底捞的管理智慧．前瞻网）

**思考**：评述海底捞这种降低员工流失率的做法。

## （五）正确处理合伙人关系

不管合伙人是退居幕后只做一个单纯的投资人，还是走向前台，既作为出资人，又作为经营团队的成员，他们都是企业团队的重要组成部分。合伙人关系是一种特殊的关系，合伙人具有较大的话语权，处理合伙人之间的关系需要更高的智慧。

处理合伙人关系最主要的是解决合伙人之间的意见冲突问题。创业团队各个成员的背景不同，文化修养、人生观、价值观也存在差异，尤其是彼此间关于企业发展和企业管理的观念与想法不同时会直接导致合作过程中出现矛盾。与其他团队成员出现意见分歧时，不能采取强行命令的方式解决。因为大家都有最终的决策权。当分歧出现时，建议采取以下方式解决：第一，合伙人全体表决，而不是一人专断；第二，多交流、多论证，形成共识；第三，退让，适当运用妥协的方式，可以维持合伙人关系的稳定。另外，还是需要建立领导核心，树立权威，减少分歧的产生。

## （六）正确处理家族关系

家庭成员参与创业企业投资和经营，在小企业发展过程中不可否认起到了一定程度的积极作用。家庭成员具有忠诚度高、可靠性强、矛盾分歧少的优势，但在企业日常管理和发展过程中处理家族关系，对于领导者来说也是一种考验，需要智慧和勇气。家族关系处理不好，这种关系可能会成为企业发展的障碍。

家族关系涉及两种：一是自己的亲属，二是合伙人的亲属。"如何处理与自己亲属的关系""如何处理与合伙人亲属的关系"是企业主必须面对的，处理家族关系的主要问题是如何对亲属进行管理，以及如何平衡亲属与其他职工的关系，如何在其他员工心里建立公平和信任。

## 项目回顾

一个企业的诞生首先当然是要有一个通过评估的可行的项目和方案，接下来要做的事，就是要组建团队。团队是企业经营成败的关键，组建和管理团队是领导的重要工作。组建团队首先要寻找合伙人，确定投资人团队。也就是说，当一个人要实施一个项目，而又缺少实施的必需资源时，需要寻找合伙人，共同投入资源来运作这个项目。当然，在发起人不缺少资源的情况下，出于分散风险或公司运营的考虑，也可以邀请他人加入。寻找合伙人的过程可能是顺利的，也可能是艰难的，这取决于发起人之前的人脉积累，也取决于项目本身的吸引力，等等。但不管怎样，选择合伙人都不能草率进行，因为合伙人的选择就像一场婚姻，是企业一辈子的大事。合伙人团队确定以后，项目运作具备了基本的资源，下一步的工作就是运用这些资源开展实质性的经营，这时就需要组建经营团队。经营团队成员既可以是合伙人团队的成员，也可以是对外聘的员工。目前，大部分创业企业的合伙人都或多或少地参与企业的经营活动，并承担主要管理者的角色，而企业的中基层员工大多为外聘。

团队管理和控制是企业领导的重要工作。创业企业团队管理具有自身的特点，结合实际情况，对创业企业进行控制，保持团队的方向性，提升团体凝聚力，通过各种激励手段，让团队成员充满激情和战斗力，才能提高创业企业的竞争力，降低企业经营风险。

1. 创业企业团队管理的特点有哪些？

2. 选择合伙人的标准有哪些？
3. 创业企业如何构建小而精的团队？
4. 创业企业团队激励的方法和手段有哪些？
5. 团队冲突的类型有哪些？
6. 冲突化解的方法有哪些？

## 综合案例

### 华为的"狼性文化"

华为成立于1987年，多年来，华为取得的业绩是骄人的，2014年10月9日Interbrand在纽约发布的"最佳全球品牌"排行榜中，华为以排名94名的成绩出现在榜单之中，这也是中国大陆首个进入Interbrandtop 100榜单的企业。

不管是成立之初的精英小团队，还是现在拥有十几万员工的庞然大物。华为都需要依赖一种精神，把这样的一个巨大而高素质的团队团结起来，而且使企业充满活力。华为找到的因素就是团队精神——"狼性"。

华为团队精神的核心就是互助。华为非常崇尚"狼"性，而狼有三种特性，其一，良好的嗅觉；其二，反应敏捷；其三，发现猎物后发起集体攻击。

"胜则举杯相庆，败则拼死相救"是华为"狼性"的体现。在华为，对这种"狼性"的训练是无时无刻不存在的，一向低调的华为时时刻刻把内部员工的神经绷紧。从《华为的冬天》到《华为的红旗还能打多久？》无不流露出华为的忧患意识，而对未来的担忧就要求团队团结，不能丢失狼性。

华为的管理模式是矩阵式管理模式。这一管理模式要求企业内部的各个职能部门相互配合，通过互助网络，面对任何问题都能作出迅速的反应。不然就会暴露出矩阵式管理最大的弱点多头管理，职责不清。而华为销售人员在相互配合方面效率之高让客户惊叹、让对手心寒，因为华为从签合同到实际供货只要四天的时间。

任正非在《致新员工书》中写道："华为的企业文化是建立在国家优良传统文化基础上的企业文化，这个企业文化黏合全体员工团结合作，走群体奋斗的道路。有了这个平台，你的聪明才智方能很好发挥，并有所成就。没有责任心，不善于合作，不能群体奋斗的人，等于丧失了在华为进步的机会。华为非常厌恶的是个人英雄主义，主张的是团队作战。"

值得思考的是，如何实现和保持团队合作和旺盛的战斗力。《华为狼性文化的终结》（2011年，新浪财经）一文中指出，华为强硬的管理和丰厚的收入，使团队充满凝聚力的同时，也产生了一些负面影响。

"狼性"文化如同一把"双刃剑"考验着华为。新人进入华为的第一感受像学校，而外人感觉像军营。过度的硬性管理在创造辉煌的同时，也给华为的明天带来了阴影。

请思考并回答：
1. 你如何评价华为的团队文化？
2. 你如何评价华为团队建设和管理的方法？

**实训项目**

以班级为单位，在班级中确定6～8名同学（视班级总人数灵活掌握）作为发起人，发起人的确定方式可以是自荐、指定或是抽签。每个发起人依次选择（发起人一次只能选择1人，第1位选择完毕后，第2位开始选择，以此类推）。在全班范围内选择2名合伙人及3～7名同学作为经营团队成员，选择顺序可通过抽签方式产生。选择完毕后，形成6～8个经营团队。

任务：①发起人说明选择每位团队成员的理由；②确定组织结构和每个团队成员的分工（发起人、合作伙伴可以参与经营，也可以不参与经营），并说明理由。

# 项目七 创业企业资源管理

 **创业寄语**

蒋小龙：要想创业成功，首先要学会发现特定资源的价值或者善于获得合适的资源——合适的人才、合适的设备和原料、足够的资金和恰当的信息，同时，我们必须能以科学的方法对拥有的资源进行有效管理。

 **学习目标**

**素质目标**
1. 掌握良好的创业思维及资源管理理论。
2. 树立良好的个人创新创业能力，提高企业持续发展能力。
3. 在培养创业意识中增强自我约束能力、企业持续经营能力。

**技能目标**
1. 掌握创业过程中的决策能力、判断能力、分析能力。
2. 懂得创业中的资源营运能力，增强企业的市场适应能力。

**知识目标**
1. 了解资源的概念以及资源的类型、重要性。
2. 掌握如何获取创业资源。
3. 重点掌握创业资源的拼凑、整合。
4. 重点掌握创业资源的高效利用。

 **项目结构**

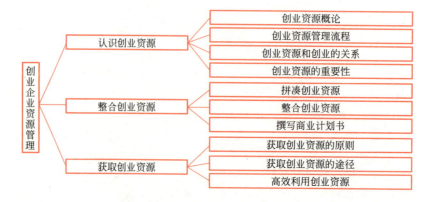

**职业指引**

在现实生活中,人们经常把创业的失败或者某个项目的失败的原因归结于资源受限,抱怨自己无力得到更多的资源。也许我们认为,只要拥有无限的资源,任何事情都是可以完成的。但是,一方面,无限的资源并不存在;另一方面,即便拥有大量的资源,也并不意味着绝对的成功。与此同时,资源都是有成本的,企业必须经常衡量得到的结果与耗费的资源是否相当,否则就是得不偿失——这可不是个容易作出的决定。在本项目,我们将有机会学习资源管理的相关知识,以便恰当地使用资源,获得成功。

## 任务 1　　认识创业资源

**引导案例**

### 研究生面馆

2006年有6位研究生在成都开了面馆。虽然在开业前两个月,6个人曾分头到成都大街小巷的各个面店去"明察暗访",两个月下来,先后跑了几百家面馆,吃了一千多碗面,发现了"成都的快餐吃得最多的还是面条"这样的事实,但他们并没有拥有提供"好味道面"的技术,他们的面"量少、难吃"。4个多月后,6人怅然将面馆转手他人。

**思考:** 评述上述案例并提出合理化建议。

在创业过程中要实施和懂得资源管理及运营,首先要知道"资源"的概念,明白资源究竟意味着什么,以及它对于创业企业的产品开发和服务工作的重要性;然后掌握"资源整合及获取",也就是管理资源的关键措施。同时,在这一任务中我们将会学到在创业过程如何实施资源管理,即在资源不足的情况下,该如何完成创业项目。

## 一、创业资源概论

### (一)创业资源的概念

创业资源为创业企业所拥有、控制或整合的各种有形、无形的要素与要素组合。"拥有、控制或整合"描述了创业企业资源获取与利用的途径和方式;"有形、无形"说明了创业资源的存在形态;"要素与要素组合"是从创业企业创造价值的方式和投入产出的角度来说的。

所有创业企业都有自身生产系统,如图7-1所示,这个生产系统将输入(资源)转化成理想的输出(产品或服务)。企业要为它的客户提供产品或服务,同时自己要获得利润。为了实现这个目的,企业就需要在生产系统中输入资源。可以说,资源是实现企业目标的重要工具。

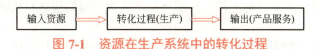

**图 7-1　资源在生产系统中的转化过程**

资源作为"输入",是产生一切的基础,没有资源,就没有最终产品;没有最终产品,创业企业也就不能生存。对于这个生产系统来说,"输入"可以是一种原材料、一件半成品或者是另外一个生产系统的成品。

"转化过程"就是各种商业操作和将原材料转化为产品的生产过程,它包括:物理过程(例如制造过程中的产品外形变化);位置变化过程(例如货物运输);交易过程(例如销售的实现);存储过程(例如商品库存);信息过程(例如信息的传递和交流)。

需要注意的是,这些转化过程并不是互相排斥的。例如:对于一家初创型商贸企业来说,它既允许顾客比较价格和质量(信息过程),又要存储货物一直到其卖出去(存储过程),同时它还要销售货物(交易过程)。"输出"不仅包括为顾客提供的商品和服务,也包括利润、工资和信息等。

### (二)创业资源的类型

#### 1. 直接资源和间接资源分类法

林强、林嵩、姜彦福等人(2003、2005、2007)按照资源要素对企业战略规划过程的参与程度,认为创业资源有间接资源和直接资源之分。财务资源、管理资源、市场资源、人才资源是直接参与企业战略规划的资源要素,可以把它们定义为直接资源;政策资源、信息资源、科技资源这三类资源要素对于创业成长的影响更多的是提供便利和支持,而非直接参与创业战略的制定和执行,因此,对于创业战略的规划是一种间接作用,可以把它们定义为间接资源。根据上述分析,创业资源的概念模型图如图7-2所示。

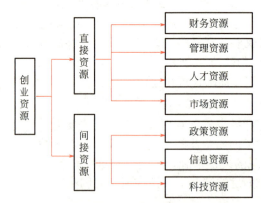

图 7-2 林强等人的创业资源概念模型图

财务资源:是否有足够的启动资金?是否有资金支持创业最初几个月的亏损?

管理资源:凭什么找到客户?凭什么应对变化?凭什么确保企业运营所需能够及时足量地得到?凭什么让创业企业内部能有效地按照最初设想运转起来?

人才资源:是否有合适的专业人才来完成所有的任务?

市场资源(包括营销网络与客户资源、行业经验资源、人脉关系):凭什么进入这个行业?这个行业的特点是什么?盈利模式是什么?是否有基本的商业人脉?市场和客户在哪里?销售的途径有哪些?

政策资源:可不可以有一个"助推器"或"孵化器"推进创业,比如某些准入政策、鼓励政策、扶持政策或者优惠等。

信息资源:依靠什么来进行决策?从哪里获得决策所需的信息?从哪里获得有关创业资源的信息?

科技资源:创业的企业凭什么在市场上去竞争,为社会提供什么样的产品和服务?大学生创业造就了惠普公司、英特尔公司等今天的高科技企业,造就了硅谷神话,为美国创造了巨大的社会财富，首先依靠就是核心的科技技术。

2. Barney 分类法——人力和技术资源、财务资源、生产经营性资源

从 Barney 的分类来看，创业时期的资源就其重要性来说，分别有以下的细分：组织资源、人力资源、物质资源。由于企业新创，组织资源无疑是三类中较为薄弱的部分；而人力资源为创业中最为关键的因素，创业者及其团队的洞察力、知识、能力、经验及社会关系影响到整个创业过程的开始与成功；同时，在企业新创时期，专门的知识技能往往掌握在创业者等少数人手中，因而此时的技术资源在事实上和人力资源紧密结合，并且上述两种资源可能成为企业竞争优势的重要来源。在物资资源中，创业时期的资源最初主要为财务资源和少量的厂房、设备等。因此，细分后的创业资源经过重新归纳，主要为以下几种：①人力和技术资源，包括创业者及其团队的能力、经验、社会关系及其掌握的关键技术等；②财务资源，即以货币形式存在的资源；③生产经营性资源，即在企业新创过程中所需的厂房、设施、原材料等（图 7-3）。

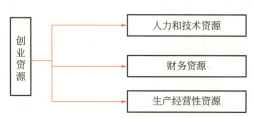

图 7-3 Barney 等人的创业资源概念模型图

## 二、创业资源管理流程

资源管理可以被视为一个由计划、组织和控制所组成的流程。图 7-4 给出了这一流程和流程的每一个阶段涉及的关键要素。

图 7-4 创业资源管理流程

## 三、创业资源和创业的关系

要认识创业资源的重要性，可以从创业资源与创业过程的关系中去认识。我们首先将创业过程分为两个组成部分，企业创立之前的机会识别，以及创立之后的企业成长过程。

机会识别与创业资源密不可分。从直观的含义上看，机会识别是要分析、考察、评价可能的潜在创业机会。机会识别的实质是创业者判断是否能够获取足够的资源来支持可能的创业活动。机会识别的主观色彩较浓，由于个性特质的不同，不同的人在如何识别机会上存在种种差异。既然机会识别与人的主观特质密不可分，而人的特质在很大程度上属于天生的成分，对于创业，我们是否毫无改善的途径？如果从资源这一角度看待，创业机会的识别就是把落脚点落在创业资源的获取上，而创业资源的获取中需要特定的技术和思维分析方式。从这一角度来看，通过创业教育、创业实践等，我们是能够通过后天的办法提高这些能力的。

林强（2007）等人认为，创业资源对创业成长具有重要的支持作用，在创业过程中，创

业者的工作重点应当放在如何有效地吸收更多的创业资源并且进一步整合成企业的竞争优势上。资源的有效利用对于企业意义重大（Timmons，1999），不能有效利用，已经获取的资源仍会逐步散失。资源整合对于创业过程的促进作用是通过创业战略的制定和实施来实现的。对于任何一个企业来说，战略定位不清晰、核心资源不明确是其发展的主要障碍，所以有效的资源整合，能够帮助创业者重新认识企业的竞争优势，制定切实可行的创业战略，为新创企业的成长打下良好的基础。一方面，战略的制定和实施需要一定的资源予以支持，只有拥有充分的资源，战略才有制定和实施的基础，因此，新创企业所拥有的创业资源越丰富，创业战略也越有保障；另一方面，创业资源还可以适当校正企业的战略方向，帮助新创企业选择正确的创业战略，因此，企业获取的创业资源越多，创业战略的实施也越有利。根据上述分析，我们把创业资源与创业过程之间的关系整理如图 7-5 所示。

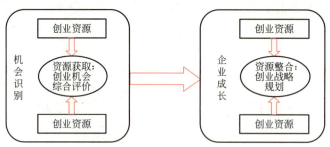

图 7-5　创业资源与创业过程之间的关系

## 四、创业资源的重要性

### （一）技术资源的重要性

目前大学生的技术意识还不够强。从中国大学生创意大赛上收集到的创意方案来看，其中偏向于商务服务类的居多，而拥有核心实用技术的少。大学生应注意掌握现在社会发展的方向。真正的创业者，一是拥有核心技术，二是拥有一流团队。仅仅依靠一个商业上的创意来融资比较难了。技术资源能回答这样的问题：我们能提供什么样的产品或者服务？它能满足或者说实现人们什么样的需求？谁会需要我们提供的产品或者服务？有研究者指出，在创业初期，技术资源是最关键的创业资源之一。其原因如下。

（1）创业技术是决定创业产品的市场竞争力和获利能力的根本因素。现实中一些看起来很有市场前景的"商机"，如果没有拥有或者掌控核心技术就贸然进入，必然很快遭受重创。

（2）创业技术核心与否决定了所需创业资本的大小。对于在技术上非根本创新的创业企业来说，创业资本只要保持较小的规模便可维持企业的正常运营。很多时候，拥有核心技术，就拥有了获得资金支持的资本。2005 年大学生创业竞赛中，上海交大七彩虹创业团队所持项目——分布式 ISP 接入方式，通过技术手段实现上网电话费用的降低，可以从当时的每小时 2 元降到 0.07 元。有关人士认为这一项目极具市场前景，如能推广，会给风险投资带来丰厚的回报。上海交大学子科技创业有限公司近水楼台先得月，抢先和七彩虹创业团队签了投资协议。

（3）从创业阶段来说，由于企业规模较小，因此对管理及人才的需求度不像成长期那样高。创建企业是否掌握创业需要的"核心技术"或"根部技术"，是否拥有技术的所有权，决定着创业的成本，以及新创企业能否在市场中取得成功。尤其对依托高科技创业而言更是如此。美国的微软公司和苹果公司，最初创业资本都不过几千美元，创业人员也只有几人。

它们之所以走向成功，就是因为它们拥有独特的创业技术。所以，创业企业成功的关键是首先寻找成功的创业技术。

（4）要特别指出的一点是，我们关于技术的外延应该比较宽广一些，做菜、按摩、养猪等其实都有技术可言，如果小看这些工作的技术含量，将会给自己带来意想不到的损失。

## （二）人力资源的重要性

### 1. 人力资源重要性

人力资源不仅仅指创业者及其团队的特长和知识、激情，人力资源包括创业者及其团队拥有的能力、经验、意识、社会关系、市场信息等。美国苹果公司创立人史蒂夫·乔布斯曾经说过："刚创业时，最先录用的10个人将决定公司成败，而每一个人都是这家公司的十分之一。如果10个人中有3个人不是那么好，那你为什么要让你公司里30%的人不够好呢？小公司对于优秀人才的依赖要比大公司大得多。"

阅读许多大学生创业的故事，我们发现，大学生自主创业最艰难的不是资金，而是意识、知识、信息和技能的匮乏，创业越深入，这些不足就越容易体现出来。一旦企业成立了，创业者团队的经营管理能力以及经验等就至关重要。中国大学生创业轰轰烈烈的多，真正成功的很少，相当一部分甚至创业不到3个月就宣布解散。

创业不是一件很轻松的事情。在创业初期，事无巨细，创业者都要亲力亲为，既包括对外筹集各种资源、协调各种关系、开发客户、应对各种变化，也包括对内分配资源、管理运营。总体而言，由于教育方式等多方面的原因，我们的大学生一直在象牙塔里攻读知识、激扬文字、畅谈抱负，对现实社会、市场残酷性知之甚少，难免"眼高手低"。不少大学生创业之初，因为社会经验的缺乏，不了解商场上的待人接物、为人处世方式、与生意合作伙伴的应酬方式，不了解企业运作中的一些起码常识（如盖章、签字、账户开立、税务等）等，创业的每一步都可能洒下一把泪，碰出一头疙瘩，到最后，任何一个小的困难都可能成为压垮其理想与抱负的"最后一根稻草"。所以，大学生创业的代表人物——分众传媒的江南春直言："我不赞成大学生比较盲目地一毕业就创业。"这应该是有感而发。

财务因素不是最重要的约束。资金是可以通过团队的能力以及团队所拥有的技术去获得的，但反之并不成立。2006年刚从上海交大毕业的陈云，以数字医疗方面的科研项目为基础创办了碧峰软件信息技术有限公司，拿到了30万元上海市"大学生科创基金"。但陈云坦言，"市场化产品与实验室产品有很大区别，而大学生通常缺乏与市场接轨经验，这比缺乏资金更容易导致创业失败"。创业不仅需要持续的技术支持，还需要出色的创业团队，而且创业投资者真正看中的往往就是创业所依赖的技术的潜能以及出色的创业团队。

### 案例分析

#### 中国女大学生风险创业第一人——李玲玲

创业获得了财务支持但经营能力不足，也必将导致创业企业失败。1999年，武汉华中理工大学一名叫李玲玲的学生除了拥有7项实用新型专利外，还有部分专利正在开发投产过程中。2000年5月，她曾被评为湖北省十大杰出青年。1999年7月，李玲玲领取大学生风险创业基金10万元，成立武汉天行健科技开发有限责任公司，任董事长兼总经理，被媒体誉为"中国女大学生风险创业第一人"。但是，李玲玲所创办的公司不到一年就陷入了运营停顿状态。持续创业的经营能力和把握市场能力的欠缺把她从创业的列车上摔了下来。

> 来自美国的一项统计资料也显示了创业容易、成长难的现实。在美国创业企业中，有40%的小老板，在创业的第一年就不得不面临关门大吉的命运，而存活下来的60%中，约有八成无法欢度五周年庆，更令人惋惜的是，能够熬过五年的创业企业主，其中只有20%能继续走完第二个五年。
>
> 创业不可能一帆风顺。创业过程既是一个对市场不断探索的过程，也是一个对企业内部的各种资源调整整合的过程，同时还是一个不断学习的过程。创业者是否能够及时发现经营和管理中的错误、判断错误性质，是否具备领悟正确东西的意识和思维以及能力，是否能够及时、有效和经济地纠正错误，这往往决定创业是否成功，也是决定创业企业发展的速度、高度和稳定性的关键资源。有些时候，大学生有了内部企业管理经验，就很容易骄傲自满，忽视了自己市场能力的缺乏，创业很可能就是一个"美丽的诱惑"。

**2. 提升人力资源管理能力**

创业不仅需要激情，更需要理性。千万不要以为知识或者特长可以跨越社会经验和必要的商业学习过程。提升创业团队自身的人力资源，不仅仅是决心的问题，正确的方法、合适的谋划同样很重要。

（1）拜访优秀的人士。如何迅速提升创业团队自身的人力资源，向他人学习是一个最为快捷的方法。但优秀的人一般不会主动来到你身边，因此需要我们在校期间主动地、大胆地向优秀的人请教。要善于寻找最好的顾问，如高素质的董事、律师、银行家、会计师与其他专业人士，并让他们在更早的阶段更深入地参与公司活动，甚至加入自己的创业团队。可以将学校、政府、企业里面优秀的、值得拜访、并对创业有帮助的人列一个表，设法找到他们的联系方式，然后大胆、大方地给他们打电话（或者发邮件、利用QQ/MSN/SKYPE），拜访他们或者与他们共同进餐。要记住，拜访前最好做好充足的准备。优秀的人一定是很乐意帮助愿意上进的优秀青年，同时一定要对自己充满信心。

（2）创业活动准备"三阶段"。创业三阶段即体验创业阶段、学习创业阶段和实践创业阶段。

第一个阶段体验创业。这个阶段主要是因地制宜地开展一些商业活动。比如出售旧书、出租影碟、提供学生喜欢的方便食品，买卖一些学生用品赚取差价，利用同一商品在不同地域的价格差异进行一些"倒卖活动"等，从中体会一些商业精神，学习许多商业游戏规则，以及找到自己所学知识和各种素质在处理社会问题中的优缺点。

第二阶段是学习创业。很多人对第一个阶段的活动浅尝辄止，但有的同学可能在此基础上得到启发，发现其中可能蕴藏商机，便在此基础上进一步寻找商机，包括几个志同道合的同学参加创业大赛，或者模拟公司运作。因此成立团队，开展市场调研，进行管理和策划，了解和学习未来商业社会上的各种游戏规则，学习如何适应团队的合作运行方式，学习解决商业市场难题的方式，学习开发自身商业潜能的途径，学习一些财务、管理、市场营销基本知识。

第三阶段才是实践创业。前两个阶段磨合已经使你拥有最好搭配的创业团队。而打下的良好基础可以保证你们能够发挥出自身最好的资源优势。如果有了好项目，大学生只要学习必要的公司运营规则，全面了解一些准备创业市场的情况，就可以开始进入实际创业。

## 任务2　整合创业资源

 **引导案例**

"东北大学生创业第一人"、在2006年第二届中国青年创业周上一举摘得"中国最具潜力创业青年奖"的董一萌，于2001年获得长春市新星创业基金10万元，并于当年9月成立"一萌电子公司"，主营网站建设和软件开发。他认识到一个企业必须有自己的核心产品，其发展才有后劲。当时，全国网民中近90%是通过搜索引擎寻找需要的信息，董一萌意识到，搜索引擎营销是一个黄金行当。然后，他们"集中所有精力，做好这一件有创新和实用性的小事"。几个月后，"一萌电子公司"推出了自己研发的"善财童子"，客户只要使用该产品，便可使其网站排在搜索结果的前几名。至2005年年底，"一萌电子公司"发展了全国多个省市的代理商，并在北京建立了分公司。

**思考**：创业资源中什么资源最重要？

创业团队自身的人力资源为创业时期最为关键的因素。创业者及其团队的洞察力、知识、能力、经验及社会关系影响到整个创业过程的开始与成功；同时，在企业新创时期，专门的知识技能往往掌握在创业者等少数人手中，因而此时的技术资源在事实上和人力资源紧密结合，并且上述两种资源可能成为企业竞争优势的重要来源，只要获得技术资源及人力资源，财务资源就迎刃而解。因此本任务是就技术和人力这两样核心资源为关键点来阐述如何拼凑、整合资源。

## 一、拼凑创业资源

### （一）资源拼凑的类型

#### 1. 创造性拼凑

拼凑（bricolage）除了有修补术、修修补补的意思外，还包含了以下几层意思：一是通过加入一些新元素，实现有效组合，结构会因此改变；二是新加入的元素往往是手边已有的东西，也许不是最好的，但可以通过一些技巧或窍门组合在一起；三是这种行为是一种创新行为，会带来意想不到的惊喜。创造性拼凑有三个关键要素，分别如下。

（1）手边的已有资源。善于进行创造性拼凑的人常常拥有一批"零碎"，它们可以是物质，也可以是一门技术，甚至是一种理念。

（2）整合资源用于新目的。拼凑的另一个重要特点是为了其他目的重新整合已有资源。整合手边已有的资源，快速应对新情况，成为创业的利器。拼凑者有一双善于发现的眼睛，洞悉手边资源的各种属性，将它们创造性地整合起来，开发新机会，解决新问题。这种整合大多不是事前仔细计划好的，往往是具体情况具体分析、"摸着石头过河"的产物。

（3）将就使用当前资源。将就使用，特德·贝克和里德·纳尔逊在他们的文章中使用了英文"Making Do"，意味着经常利用手边的资源将就使用。拼凑者需要突破固有观念，忽视正常情况下人们对资源和产品的常规理解，坚持尝试突破。这种办法在资源使用上经常和次优方案联系在一起，也许是不合适、不完整、低效率、不全面以及缓慢的，但是在某种程度上是我们能够唯一理性选择的。这种方案的产出是混杂的、不完美的半成品，也许看上去不精致，有很多缺陷，阻碍和无用的成分，但是，拼凑者们已经尽到职责，并且还可以继续改进。

### 2. 全面拼凑

全面拼凑指创业者在物质资源、人力资源、技术资源、制度规范和顾客市场等诸多方面长期使用拼凑方法，在企业现金流步入稳定后依然没有停止拼凑的行为。往往过分重视"零碎"，经常收集储存各种工具、材料、二手旧货等。偏重个人技术、能力和经验；不太遵守工艺标准、行业规范、规章制度。不遵守在社会网络中的传统角色，顾客、供应商、雇员、亲戚、朋友等角色都是可以互换的，并且形成了一种"互动强化模式"。

### 3. 选择性拼凑

选择性拼凑指创业者在拼凑行为上有一定的选择性，有所为，有所不为。在应用领域上，他们往往只选择在一到两个领域内进行拼凑，以避免全面拼凑的那种自我加强循环；在应用时间上，他们只在早期创业资源紧缺的情况下采用拼凑的方案，随着企业的发展逐渐减少拼凑，甚至到最后完全放弃。在应用领域上，他们往往只选择在一到两个领域内进行拼凑，以避免全面拼凑的那种自我加强循环。在应用时间上，他们只在早期创业资源紧缺的情况下采用拼凑的方案，随着企业的发展逐渐减少拼凑，甚至到最后完全放弃。

## （二）资源拼凑策略

受到资源限制的创业者一般有三种选择：首先，资源搜索；其次，规避新挑战，例如，拒绝新挑战，或者某些极端的例子，缩减规模或者解散；第三，采用拼凑，通过整合手头的资源将就应对新的问题或者新的机会。之后，创业者又面临了两种选择，即全面拼凑和选择性拼凑。为此，实施资源拼凑的基本策略如下：

（1）突破习惯思维方式；
（2）手边资源的再利用；
（3）将就；
（4）资源整合；
（5）不是所有的领域都适合拼凑。

# 二、整合创业资源

不管资源准备如何充分，也不可能预见创业后所有的问题。任何一个创业者都不可能在想出了所有问题的答案后再创业。讨论资源重要性的目的不是给立志创业者泼冷水，也不是建议大家坐等"万事俱备"。

创业者与创业之初所控制的资源多少关系不大。很多人在初次创业的时候，都是十分欠缺资源的。大量例证也表明创业之初企业家可支配的资源几乎是微不足道的。对于创办一个小企业来说，并不需要多少资本。在企业家把企业做到一定规模之后，与之相比企业的初创资本可以忽略不计。这一规律不仅在知识经济时代，即使是资源经济时代也可举出许多例证。

## （一）整合外部资源的机制

整合资源的机制如下：
（1）识别利益相关者及其利益。
（2）构建共赢的机制。
（3）维持信任长期合作。

## 案例分析

### 身无分文，创业天下

1946年井深大与和盛田昭夫创立东京通信工业公司（索尼公司前身）时，初创资本仅为500美元；惠普公司的创始人休立特（William Hewlett）和帕卡德（David Packard）创业之初身无分文，是用特曼（Fred Terman）教授所借的538美元租用汽车房创立惠普公司的；苹果电脑公司是沃茨尼亚克（Steve Wozniak）和乔布斯（Steve Jobs）于1976年在自家的汽车房创立的；沃尔玛的创始人山姆·沃尔顿1962年由一个小店起家，现已发展为全球4000多家连锁店；中国刘氏家族创办的希望集团仅以1000元起家，现已发展成为中国最大的民营企业之一；香港上市公司金利来的创始人曾宪梓在创业之初仅有6000港元的资本。

### （二）资源整合的原则

资源整合的原则如下：
（1）尽可能多地找寻出利益相关者；
（2）识别利益相关者的利益所在，寻找共同利益；
（3）共同利益的实现需要共赢的利益机制作为保证，共赢多数情况下难以同时赢，更多是先后赢，创业者要设计出让利益相关者感觉到能赢而且是优先赢的机制；
（4）沟通是创业者与利益相关者之间相互了解的重要手段，信任关系的建立有助于资源整合，降低风险，扩大收益。

### （三）整合外部资源的过程

（1）资源整合前的准备：建立个人信用、积累人脉资源；
（2）测算资源需求量：估算启动资金；测算营业收入；编制预计财务报表；结合企业发展规划预测资源需求量；
（3）编写商业计划；
（4）确定资源来源；
（5）资源整合谈判。

创业资源的优化配置是创业者实现成功创业必须仔细斟酌的问题。创业成功并不需要100%拥有所有资源，整合资源的能力远胜于拥有所有创业资源。实际上，所有成功创业者在新创企业成长的各个阶段，都会做到用尽可能少的资源推进企业往前发展。同时，对他们而言，资源的所有权并不是关键，关键的是对其他人的资源的控资、影响程度。这种态度的好处在于，它能够减少创业者创业所需的资本量；在选择经营企业还是放弃企业时处于更有利的地位，以放弃资源所有权为代价而提高了灵活性；降低了沉没成本、固定成本，并以丰富的利润抵消变动成本的上升，进而大大降低了创业者把握商机过程中的风险。

## 案例分析

### "为我所用"的资源

广东机电学院2011级工商管理专业在校大学生黄俊鹏经过充分的市场调查，得出

"开拓西式婚礼市场必定会有丰厚的回报"的结论，决定进军这一领域。2013年10月28日，他注册了江门市俊鹏西式婚庆公司，并于11月2日在互联网上开设婚庆网站。但是，黄俊鹏没有西式婚庆所需的教堂、婚庆用品，也没有业务推广和报纸电视广告的经费，他是如何解决这一问题的呢？答案就是整合他人的资源。首先是场地问题——教堂，江门市的两个教堂在广东是比较著名的。黄俊鹏以详细的计划书使教堂负责人相信，江门市第一家西式婚庆公司很有前景，双方成功签了一个三年的合作协议。对于婚庆用品，黄俊鹏经过两个月的奔波，和江门市一家大酒店以及几家婚庆用品店达成协议，租用他们的婚庆用品，它们也成为婚庆公司的长期合作伙伴。至于广告，则想办法吸引媒体眼球，让他们主动报道——黄俊鹏从学校就业指导课上的模拟招聘会中得到启发，他做了一个模拟婚庆活动。2013年11月2日，黄俊鹏在江门市最繁华的街道上举行了一场模拟婚庆，吸引了江门市的许多媒体，当天的报纸都用了相当大的篇幅报道模拟婚庆的事情。模拟婚庆的视频上传到了婚庆公司的网页上，全国的朋友都能看到。模拟婚庆的视频传上网页后的第二天，公司就接到了广东一对新人的电话，这是公司的第一笔业务，他们报价20万元。自此，公司的婚庆业务便红火起来。

## 三、撰写商业计划书

### （一）商业计划书的重要性

一份详尽的创业计划书对创业而言是一个重要的资源。编写计划书的过程主要是为了能够帮助创业者及其管理小组设计一份走向成功的蓝图。其重点主要有两大方面：①为什么该企业是个绝佳的投资机会；②在建立企业时，应该采取哪些措施才能抓住这个机会。当创业者编写创业计划书时，创业团队也在不断地清理自己的战略，发现管理小组中需要弥补的不足，并对所需资本和人力资源有一个更详细的了解。

如果没有这一在编写创业计划书时的分析过程，创业者很难应付经验丰富的投资者对其企业所提出的有关问题。投资者不愿意听到"这个问题我也不是很清楚。我得下次再告诉你有关答案"这样的答复。编写企业创业计划书的过程还可以提高创业者在与投资者见面时的信心。展示信心也是给投资者留下良好印象的重要一环。除此之外，企业计划是影响将来企业是否成功的关键。发现企业创业计划书只是第一次。将来还会编写很多年度计划书、季度更新计划，以及各种财务预测。

### （二）编写创业计划书

在每年的大学生创业计划大赛中，尽管涌现出一些值得投资的计划，但是也暴露出不少问题：许多创业者无法把自己的创意准确而清晰地表达出来，缺少个性化的信息传递，一些计划甚至写得不知所云；相当数量的创业计划对目标市场和竞争对手情况缺乏了解，分析时采用的数据经不起推敲，没有说服力，缺乏操作性等。这些说明创业者缺乏对创业所需各种资源的准确理解，也反映出大学生在创业方面知识的缺乏。创业计划书应编写得清楚、扼要，能对所涉及的关键的假设作具体解释。具体而言，一个创业计划书必须回答清楚以下几个基本问题：

①你要做什么（what）？清楚、简洁地描述你的产品或服务的名称、特点、核心优势。

②你的市场在哪里（for whom and at where）？论证你的产品或服务面向的顾客群及其特点、规模；同类或者相似产品服务的市场状况以及竞争对手状况，你的产品所拥有的差异性以及优势。

③ 你准备和谁一起做（with whom）？阐释你的团队构成、团队技能组成以及拥有的基础资源、核心资源。

④ 你准备怎么做（how do）？说明你将采用什么生产产品或者提供服务的技术、使用什么样的市场方法寻找你的顾客以及销售你的产品。

⑤ 创业第一年可能的经营状况是什么样（how）？（预先）编制第一年的现金流量表、损益表，估计第一年可能会遇到的各种困难和风险。

第五项内容尤其重要，却常被创业者们所忽略。只是大篇幅地描绘未来美好的蓝图却对创业后马上可能遭遇的风险缺乏认识者，不可能获得投资商的青睐。任何投资商都会知道，没有100%无风险的项目。不能认识、不敢正视风险的创业者，当然不会知道如何处理风险、避免风险。如果独立完成项目计划书有困难，创业者还可通过以下途径来完成商业计划书。

① 雇用一位咨询顾问在创业计划书的编制过程中提供帮助。

② 购买专为编写创业计划书所设计的软件或（并）阅读有关这一内容的书籍。吸引他人以商业计划作为知识产权资本，加入自己的创业团队，成为未来新创企业的一个股东。

③ 购买他人已有的创业计划，但应注意要进行理性甄别，并借助专家力量对该计划进行完善。

④ 构思自己的创意，委托专业机构研究、编制创业计划。

⑤ 让你信赖的有敏锐的业务判断力的人（员工/同事/朋友/家人等）从风险投资者的角度阅读计划书，并听取建议。

如果选择第一种途径的话，创业者必须与咨询顾问一起编写。一位专业的创业计划书编写者可以将创业者的想法以被风险投资者所接受的形式表现出来，从而省去了创业者自己组织信息的麻烦。但创业者必须要有成功开展项目的想法，不应该期望第三方对你的行业有和你一样多的了解。计划书代表的是你和你创业团队的综合构思，你最好能够尽量多地把你的想法写在纸上，然后再寻求别人的帮助。

一些为编写创业计划书所设计的软件价格很合理，而且也很实用。它们可以帮助你组织你的计划，并且帮助你建立你的财务预测。但是，它们无法帮助你规划自己的公司。你还得自己思考，自己给你的企业做战略上的计划。很多创业者发现他们很难做到先读完一两本有关如何写创业计划书的书以后再坐下来写一篇完整的计划书。对他们来说，一种办法是可以读几份其他企业的创业计划书，对计划书内容的组织及其逻辑先有所了解。

## 任务 3　获取创业资源

### 引导案例

#### 工资—玩具—生意

2012年8月，家住河南省驻马店市的郭威考上了广州某高职院校。开学那天，父亲拿出仅有的6500元学费郑重地交给他。为了供姐姐读大学，家里已经借了10000多元的外债，这笔钱是卖掉家里的粮食加上两头半大的猪东拼西凑而来的。接过带着父亲体温的钱，郭威的眼睛湿润了。

走进校园，郭威才发现，生于贫穷之家的大学生并非自己一人。来自云南的吴建，父母双双下岗，只能靠父亲蹬三轮维持生计。来自四川农村的张扬，家庭条件也非常艰难，为了圆儿子的大学梦，父亲和别人签了打工五年的合同。相同的命运使他们成了好朋友，当其他同学意气风发地畅谈美好未来时，他们却在为眼前的生计发愁。几个年轻人开始寻找突破困境的机会。最初的时候，他们只是干些家教、推销之类的短工，这不仅挣不了多少钱，还因此影响了正常的学习、生活。

2012年寒假期间，郭威到一家玩具厂打工。工作结束时，老板却要用一部分玩具来抵工资。就在公司员工吵吵嚷嚷地表达不满的时候，郭威的脑子转开了：小孩是玩具的主要消费者，而老板给他们的玩具的价格，只是到商场购买的一半。如果将这些玩具拿到学校或学校附近的小区推销，肯定能赚钱。果然，短短一下午的时间，郭威就将自己的玩具卖了个精光。尝到了甜头，他立即赶到公司，从其他员工手中收购玩具。这一次，他从玩具中赚了1230多元。虽然收入不多，他心里还是喜滋滋的，这毕竟是他赚取的第一桶金啊。接下来，郭威与吴建、张扬等同学组成一个团队。依靠集体的智慧和力量，很快把玩具生意做得红红火火。后来，他们还把生意做进了相邻的大专院校。

**思考：** 案例能给我们什么启发？

## 一、获取创业资源的原则

创业者能否成功地开发出机会，进而推动创业活动向前发展，通常取决于他们掌握和能整合到的资源，以及对资源的利用能力。许多创业者早期所能获取与利用的资源都相当匮乏，而优秀的创业者在创业过程中所体现出的卓越创业技能之一，就是创造性地整合和运用资源，尤其是那种能够创造竞争优势，并带来持续竞争优势的战略资源。尽管与已存在的进入成熟发展期的大公司相比，创业企业资源比较匮乏，但实际上创业者所拥有的创业精神、独特创意以及社会关系等资源，却同样具有战略性。因此，对创业者而言，一方面要借助自身的创造性，用有限的资源创造尽可能大的价值，另一方面更要设法获取和整合各类战略资源，善用资源整合技巧。

（1）创业总是和创新、创造及创富联系在一起。一位创业者结合自身创业经历提出了这样的观点：缺少资金、设备、雇员等资源，实际上是一个巨大的优势。因为这会迫使创业者把有限的资源集中于销售，进而为企业带来现金。为了确保公司持续发展，创业者在每个阶段都要问自己，怎样才能用有限的资源获得更多的价值创造。

（2）学会拼凑。很多创业者都是拼凑高手，通过加入一些新元素，与已有的元素重新组合，形成在资源利用方面的创新行为，进而可能带来意想不到的惊喜。创业者通常利用身边能够找到的一切资源进行创业活动，有些资源对他人来说也许是无用的、废弃的，但创业者可以通过自己的独有经验和技巧，加以整合创造。例如：很多高新技术企业的创业者并不是专业科班出身，可能是出于兴趣或其他原因，对某个领域的技术略知一二。但他们却凭借这个"略知一二"敏锐地发现了机会，并迅速实现了相关资源的整合。整合已有的资源，快速应对新情况，是创业的利器之一。拼凑者善于用发现的眼光，洞悉身边各种资源的属性，将它们创造性地整合起来。这种整合很多时候甚至不是事前仔细计划好的，而往往是具体情况具体分析、"摸着石头过河"的产物。而这也正体现了创业的不确定性特性，并考验创业者的资源整合能力。

（3）步步为营。创业者分多个阶段投入资源并在每个阶段投入最有限的资源，这种做法被称为"步步为营"。步步为营的策略首先表现为节俭，设法降低资源的使用量，降低管理成本。但过分强调降低成本，会影响产品和服务质量，甚至会制约企业发展。比如：为了求生存和发展，有的创业者不注重环境保护，或者盗用别人的知识产权，甚至以次充好。这样的创业活动尽管短期可能赚取利润，但长期而言，发展潜力有限。所以，需要"有原则地保持节俭"。步步为营策略表现为自力更生，减少对外部资源的依赖，目的是降低经营风险，加强对所创事业的控制。很多时候，步步为营不仅是一种最经济的做事方法，也是创业者在资源受限的情况下寻找实现企业理想目的和目标的途径，更是在有限资源的约束下获取满意收益的方法。习惯于步步为营的创业者会形成一种审慎控制和管理的价值理念，这对创业型企业的成长与向稳健成熟发展期的过渡，尤其重要。

（4）发挥资源杠杆效应。尽管存在资源约束，但创业者并不会被当前控制或支配的资源所限制，成功的创业者善于利用关键资源的杠杆效应，利用他人或者别的企业的资源来达到自己创业的目的：用一种资源补足另一种资源，产生更高的复合价值；或者利用一种资源撬动和获得其他资源。其实，大公司也不只是一味地积累资源，他们更擅长于资源互换，进行资源结构更新和调整，积累战略性资源，这是创业者需要学习的经验。对创业者来说，容易产生杠杆效应的资源，主要包括人力资本和社会资本等非物质资源。创业者的人力资本由一般人力资本与特殊人力资本构成：一般人力资本包括受教育背景、以往的工作经验及个性品质特征等；特殊人力资本包括产业人力资本（与特定产业相关的知识、技能和经验）与创业人力资本（如先前的创业经验或创业背景）。调查显示，特殊人力资本会直接作用于资源获取，有产业相关经验和先前创业经验的创业者能够更快地整合资源，更快地实施市场交易行为。而一般人力资本使创业者具有知识、技能、资格认证、名誉等资源，也提供了同窗、校友、老师以及其他连带的社会资本。

---

 **知识广角**

### 成功创业者的健康心理特征

美国研究人员对一些取得成功的创业者进行了研究，归纳出他们取得成功的以下几项健康心理特征。

（1）自信。他们普遍都有很强的自信心，有时会给人咄咄逼人的感觉。

（2）急迫感。他们通常急于想见到事物的成果，因此会给别人带来许多的压力。他们信仰"时间就是金钱"，不喜欢也不会把宝贵的时间浪费在琐碎的无聊事情上。

（3）脚踏实地。做事实在，不会为了使自己舒服一点而马虎从事。

（4）崇高的理想。为了实现个人理想，他们不会计较虚名。他们生活简单朴实，必要时常常身兼数职。

（5）情绪稳定。他们通常不喜形于色，也很少在人前抱怨、发牢骚。遇到困难时，他们总是坚韧不拔地去突破困境。

（6）喜欢迎接挑战。喜欢承担风险，但并不是盲目地冒险。他们乐于接受挑战，并从克服困难中获得无穷乐趣。

（7）控制及指挥的欲望。他们通常非常执着于自己的决策，不习惯只听命于人。如果你在公司里是一个唯唯诺诺、不吭一声的人，或只是一个"虽不喜欢公司的环境，但又没有勇气辞职自闯前途"的人，那你与一名真正的创业者还有一段距离。

（8）健康的身体。他们通常必须在"不寻常的时间"处理事务。如果你有某种宿疾，那么你的创业之路必定满布荆棘、困难重重。

（9）广泛的知识涉猎。几乎大事小事无所不知。他们既能掌握事情全盘的来龙去脉，又能明察秋毫。

（10）超人的能力。他们能够从杂乱无章的事物中，整理出一套逻辑的构架。有时候他们作决策时会全凭直觉。

（11）客观的人际关系态度。他们为了事业往往是"冷酷无情""不顾情面"，给人以"大公无私""就事论事"的感觉。

## 二、获取创业资源的途径

### （一）获取技术资源的途径

获取起步项目所依赖技术的途径方式有：①吸引技术持有者加入创业团队；②购买他人的成熟技术，并进行技术市场寿命分析等；③购买他人的前景型技术，再通过后续的完善开发，使之达到商业化要求；④同时购买技术和技术持有者；⑤自己研发，但这种方式需要时间长，耗资大。我们应该随时关注各高校实验室、老师或者学生的研发成果，定期去国家专利机构查阅各种专利申请，养成及时关注科技信息、浏览各种科技报道、留意科技成果，从中发现具有巨大商机的技术的习惯。政府机构、同行创业者或同行企业、专业信息机构、图书馆、大学研究机构、新闻媒体、会议及互联网等，都是我们获取这些信息的渠道，可以根据自己的实际情况与各种方式的特点，选择一种或多种方式，尽可能获取有效的需要的信息。

### （二）获取人力资源的途径

这里的人力资源不是指创业企业成立以后需要招募的员工，而是指创业者及其团队拥有的知识、技能、经验、人际关系、社会网络等。创业前，如果有可能，可以在读书期间做一些产品的校园或者地区代理，热水袋、拖鞋、牛奶、化妆品，到手机卡、数码产品、婚纱店、美容店、家教中心等，都可以去尝试。这个过程中既能赚些钱，增长关于市场的知识，还可以锻炼组织能力——因为往往要组织2~3人的小团队（团队人数切忌太多，2~3个人也可以了，最多别超过5个）。也可以考虑进入一个企业为别人工作，通过打工的经历学习行业知识，建立客户资源渠道，了解企业运作的经验，学习开拓市场的方法，认识盈利模式。为了创业而到一个公司工作，应该选择什么样的公司呢？是世界500强之类的大公司还是小公司呢？在这一点上，我赞成迪士尼公司总裁加里·威尔逊·沃特的观点："在一个小公司的资深层任职，可以给你一种广阔的视野并向你提供更具创意的机会，小公司承受不了人员冗余的压力，我了解发薪水时没有足够的现金情况如何，我了解贷款付息20%时的情况如何。我涉猎范围广泛，为我在大公司发展经营战略打下了良好的基础。"

### （三）获取营销网络的途径

营销网络将帮助新创企业产品或者服务走向市场，换回用户的"货币选票"。一般情况下，新创企业可通过以下途径拥有未来的营销网络：

（1）借用他人已有的营销网络，使用公共流通渠道；

（2）自建的营销网络与借用他人营销网络相结合，扬长避短，使营销网络更适应新创企业的要求。

### （四）获取外部资金资源的途径

对于外部资金的获取，一般可通过以下5种途径获得：

（1）依靠亲朋好友筹集资金，双方形成债权债务关系；

(2) 抵押、银行贷款或企业贷款；

(3) 争取政府某个计划的资金支持；

(4) 所有权融资，包括吸引新的拥有资金的创业同盟者加入创业团队，吸引现有企业以股东身份向新企业投资、参与创业活动，以及吸引企业孵化器或创业投资者的股权资金投入等；

(5) 一份详尽可行的创业计划，以吸引一些大学生创业基金甚至风险投资基金的目光。

在获取外部资源之前，记住一个企业家曾经说过的一段话："创业首先要用自己的钱干起来，你自己的钱不先投进去，凭什么让别人为你投钱？"以上途径中，通过打工和创业实践来提升自己和团队的人力资源，通过创业计划获得支持，是大学生创业最能把握也是最需要把握的能力，这部分内容我们已经在项目四中提到，这里将不再赘述。

## 三、高效利用创业资源

高校大学生创业存在甚至是严重存在信息不对称的问题。有不少身边的创业资源还没有被大学生知晓、了解，更谈不上加以运用了。目前高校系统聚集了大量的可以帮助大学生创业的资源。有创业意愿的大学生应该留意这些在身边的资源，加以充分利用，不但能更好地提高自己创业判断分析和把握机遇的能力，而且也可能孕育着很好的机会。

### （一）高校创业教育与创业指导

首先是各高校几乎均有的创业课程、创业者协会、科技和发明协会以及讨论或者实践创业的学生社团、沙龙、论坛和讲座等。在这些团队里有规章，有固定的活动时间，学生们可以同志同道合的朋友交谈，甚至有时候可能会有向成功企业家请教的机会。记学分的创业创新课题不仅由学校的老师来讲，也邀请校外企业家授课，采取大班讲座、小班操练、案例剖析、创业比赛、专家辅导、实战模拟等一系列创新的教育方法和手段，帮助同学们对创业要素、创业过程以及创业者所涉及的问题有更为透彻、全面的了解。

有的大学（如复旦大学）还组织来自企业、高校、科研单位和政府职能部门的有关人士成立大学生创业导师团，通过创业讲座、政策咨询、业务指导等方式，为学生创业团队现身说法、答疑解惑，提供项目论证、业务咨询和决策参考等服务，甚至发掘有潜力的创业项目进行跟踪辅导。

有些地方的团委和青联会还梳理、编制了青年创业服务指南，搭建了信息咨询平台，如通过制作和发布专业创业服务网页等方式，引导青年人积极创业。

实际上，在过去的20多年中，创业学成为美国大学尤其是商学院和工程学院发展最快的学科领域。目前，美国的创业教育已被纳入国民教育体系之中，内容涵盖了从初中、高中、大学本科直到研究生的正规教育，并且已经形成一套比较科学、完善的创业教育教学、研究体系。英国、法国、日本等国家创业教育基本推广到初中，在国际上已经形成这样的共识：高等院校设置创业课程，不仅有利于大学生创业和就业，还会形成国家经济发展的直接驱动力。

### （二）创业基金

为鼓励创业，政府出台了一系列支持计划，其中一个与大学生创业有密切联系的是《中国青年创业国际计划（YBC）》。各地也先后出台了有关计划或者设置相应的基金。上海市出台了《上海市高校学生科技创业基金》（即天使基金）。政策措施以及计划、基金切实地帮助了很大一部分青年大学生创业。

另外，中央电视台《赢在中国》节目以及各地电视台举办的类似节目也设置有创业基金；有一些企业或者企业家到高校或者学团组织系统设置有大学生创业基金。

 **知识广角**

## 大学生创业成功七要素

大学生有创业优势，比如学识、理论基础等硬件条件。但缺乏经验、眼高手低、盲目创业的"短板"，也注定了大学生创业之路将会困难重重，很多心理承受能力差的创业者大多在第一轮就被"淘汰出局"，或许这也是造成大学生创业成功率低的又一因素。当然，想要改善现状，光靠政府支持的外力条件是远远不够的，关键是要增强大学生自身的创业能力，才能从根本上避免盲目创业现象的产生，同时提高大学生创业成功率。从七方面入手，把创业梦变成现实。

### 一、必不可少的创业计划书

创业不是仅凭热情和梦想就能支撑起来的，在创业前期学会编制一份完整的、可执行的创业计划书应该是每位创业者的必修课。通过调查和资料参考，要规划出项目的短期及长期经营模式，以及要评估出是否能赚钱、赚多少钱、何时赚钱、如何赚钱以及所需条件等。当然，以上分析必须建立在现实、有效的市场调查基础上，不能凭空想象、主观判断。根据计划书的分析，再制定出创业目标并将目标分解成各阶段的分目标，同时制定出详细的工作步骤。

### 二、周密的资金运作计划

周密的资金运作计划是保证"有粮吃"的重要步骤。在项目刚启动时，一定要做好3个月以上或到预测盈利期之前的资金准备。但启动项目后遇到不可避免的变化，则需适时调整资金运作计划。如果能懂得一些必要的财务知识，计划好收入和支出，始终使资金处于流动中而不出现"断链现象"，那么项目的初期就能为未来发展打好基础。

### 三、不断强化创业能力与知识

俗话说"不打无准备之战"，创业者要想成功，必须扎扎实实做好充分准备和知识的不断积累。除了合理的资金分配，创业者还必须懂得营销之道，比如如何进货、如何打开产品的销路、消费者对产品的需求是什么，都要进行充分的调查研究。这些知识获取渠道可以是其他成功者的经验，也可以是书本理论知识。同时还要学会和各类人士打交道，如工商、税务、质检、银行等，这些部门都与企业的生存发展息息相关，要善于同这些部门的人员交朋友，建立和谐的人脉关系。

### 四、为自己营造一个好的氛围

由于缺少社会经验和商业经验，大学生创业总是显得"心有余，而力不足"。不如给自己营造一个小的商业氛围，比如加入行业协会，就可以借此了解行业信息，学会借助各种资源结识行业伙伴，建立广泛合作，提升自己的行业能力。千方百计给自己营造一个好的商业氛围，这对创业者的起步十分重要。

### 五、学会从"走"到"跑"

在创业的初期，受资金的限制，或许很多事都需要创业者本人亲自去做，不要认为这是"跌份"或因此叫苦不迭，因为任何一个企业，从"走"到"跑"都是要经历一个过程的，只有明确目标且不断行动，才能最终实现目标。同时在做事的过程中，要分清主次轻重，抓住关键重要的事情先做。每天解决一件关键的事情，比做十件次要的事情会更有效。当企业立稳了足，并有了资金后，就应该建立一个团队。创业者应从自己亲力亲为，转变为发挥团队中每一个人的作用，把合适的工作交给合适的人去做。一旦形成了一个高效稳定的团队，企业就会跨上一个台阶，进入一个相对稳定的发展阶段。

### 六、盈利是创业企业终极目标

做企业的最终目的就是盈利，无论你的点子有多少，如果不能为企业盈利就不具备商业价值。因此无论是制定（订）可行性报告、工作计划还是活动方案，都应该明确如何去盈利。企业的盈利来源于找准自己的用户，了解自己最终使用客户是谁，他们有什么需求和想法，并尽量使之得到满足。

### 七、在失败中学会成长

从创业成功案例中不难发现，创业者往往都有"见了南墙挖洞也要过去"的信心。从小就知道"失败是成功之母"这个道理的大学生创业者，又有多少人真正体会到其中的力量呢？如果创业失败了，你又应该怎样面对失败？只有充分准备和不断学习，才能够在很大程度上降低发生这种情况的概率。与此同时调整方案，换个方式和方法继续前进，永远不要停止前进的脚步。经历过一个"死而复生"的过程，就能在未来的创业中获得成功。

### （三）诺基亚青年创业教育基金

2007年2月7日，诺基亚（中国）投资有限公司向中国光华科技基金会捐赠670余万元人民币，用于设立"诺基亚青年创业教育基金"，基金分3年在经选择的全国150所高校实施"诺基亚青年创业教育计划"。根据合作协议约定，"诺基亚青年创业教育计划"以"青年创业，成就未来"为宗旨，为期三年，由中国光华科技基金会（"光华基金会"）、中华全国青年联合会（"全国青联"）、诺基亚（中国）投资有限公司共同组织实施。"诺基亚青年创业教育计划"包括五个阶段：第一阶段，创业大讲堂，宣传创业思想，展示成功事例；第二阶段，创业培训，创业导师为青年提供KAB课程；第三阶段，创业计划大赛，发现优秀青年创业人才；最终第四到第五阶段，选择大赛优胜者，提供部分资助资金，并通过指导顾问和教育培训给予青年创业者持续帮助。其中创业培训阶段由全国青联组织实施，在相关高校推广国际劳工组织与全国青联合作开发的《大学生KAB创业基础》课程；其他四个阶段由光华基金会组织实施。

受到学校、老师和学生普遍欢迎的KAB，即Know About Business，意思是"了解企业"，该项目目前已在20多个国家实施，是国际劳工组织为培养大学生的创业意识和创业能力而专门开发的教育项目，是我国引入大学的第一门国际课程，计划在2010年以前将该项目推广到全国2000所高等院校，培训师资1万名，使至少50万名学生免费学习KAB课程。

除了以上资源以外，我们千万不要忽视自己的激情、年轻、创新的思维、不屈不挠的毅力、对未来的信心等，这些品质也是我们重要的资源。

## 项目回顾

资源与创业者的关系就好比颜料和画笔与艺术家的关系。获取不到创业所需的资源，创业机会对创业者而言则毫无意义。机会识别的实质是创业者判断是否能够获取足够的资源来支持可能的创业活动。创业机会的存在本质上是部分创业者能够发现特定资源的价值，而其他人不能做到这一点。就整个创业过程来说，创业机会的提出来自于创业者依靠自身的资源财富对机会的价值确认。例如，同样的产品或者盈利模式，一些人会付诸行动去创收，其他人却往往放任机会流失。对于后者来说，往往是缺乏必要的创业资源，因此，从这一角度去看，创业就是把创业机会的识别与创业资源的获取结合起来。本项目主要学习了什么是创业资源，创业所需的各种资源类型，分析现有的资源状况，明确资源缺口和关键资源，如何找到途径和时机获取适当的资源并有效利用资源。

## 复习思考

1. 什么是资源？
2. 什么是创业资源？
3. 创业资源的分类有哪些？
4. 创业资源在创业过程中的作用有哪些？
5. 创业资源的重要性有哪些？
6. 获取创业资源的途径有哪些？
7. 如何有效整合创业资源？
8. 如何高效利用创业资源？

### 三位大学创业者的故事

#### 一、桌游三国杀——黄恺

风靡全国、中国最成功的桌游（即"桌上游戏"）《三国杀》，其创始人黄恺正是一位标准的创业者。黄恺2004年考上中国传媒大学动画学院游戏设计专业，他在大学时期就开始"不务正业"，模仿国外桌游设计出了具有中国特色、符合国人娱乐风格的桌游《三国杀》。2006年10月，上大二的黄恺开始在淘宝网上贩卖自己设计的桌游《三国杀》，没想到大受欢迎，而毕业后的黄恺并没有任何找工作的打算，而是借了5万元注册了一家公司，开始做起《三国杀》的生意。2009年6月底《三国杀》正式被移植至网游平台，2010年《三国杀》正版桌游售出200多万套。

#### 二、铁血网创始人——蒋磊

蒋磊是典型的大学生创业者，16岁保送清华，创办铁血网，20岁保送硕博连读，中途退学创业。如今，铁血网稳居中国十大独立军事类网站榜首，铁血军品行也成为中国最大的军品类电子商务网站，年营收破亿元，利润破千万元。时光倒回2001年，16岁的蒋磊初入清华园，电脑还没有在这个普通宿舍出现，他只能去机房捣鼓他的网页，他想把自己喜欢的军事小说整合到自己的网页上，他的"虚拟军事"网页一经发布，就吸引了大量用户，第二天就达到了上百的浏览量。蒋磊很兴奋，他把"虚拟军事"更名为"铁血军事网"。2004年4月，蒋磊和另一个创始人欧阳凑了十多万元，注册了铁血科技公司。在此期间蒋磊还被保送清华硕博连读学习了一阵。2006年1月1日，蒋磊最终顶住了家庭以及学校的压力毅然决定辍学创业，以CEO的身份正式出现在铁血科技公司的办公室里。经过12年的努力，目前蒋磊的公司拥有员工200余人，他创办的网站已成为能够提供社区、电子商务、在线阅读、游戏等产品的综合平台。据透露，截至2012年12月，网站已有1000万注册会员，月度覆盖超3300万用户，正处于稳步且高速的增长中。

#### 三、聚美优品——陈鸥

陈鸥是一名标准的大学生创业者。他的大学生创业经历要追溯到他的上一个gg游戏平台。陈鸥在16岁的时候考上了新加坡南洋理工大学。作为一个资深游戏爱好者，陈鸥在大四的时候决定在游戏领域创业，凭着有限的资源做出了后来影响力巨大的gg游戏平台。作为当时没有任何资源的大学生创业者，那时的创业经历是非常艰苦的，据陈鸥回忆，那时候他为了节省成本，不得不每天都吃最便宜的鱼丸面。后来，陈鸥出售gg平台，获得了千万元级别的收益，也为自己后来的创业道路做了极好的铺垫。而他创造的gg游戏平台，现在仍然是东南亚地区最受欢迎的游戏平台之一，全球拥有超过2400万用户。

请思考并回答：
1. 分析三位创业者成功的主要原因是什么？
2. 结合上述案例思考，如果你要创业，会如何去寻找、整理资源？

## 实训项目

学生分组组成项目团队，分享讨论一些资源利用、开发、整合的具体事例，这些事例可以是自己经历的，也可以是从其他渠道获取的。在分享讨论的基础上，总结资源整合的原理、措施甚至技巧。

# 项目八　创业企业战略定位

## 创业寄语
蒋超：创业企业战略定位是创业者最占用时间、最重要、最困难的事情。

## 学习目标
**素质目标**
1. 学会制定创业企业的战略规划。
2. 树立良好的战略管理理念，提高企业持续发展能力。
3. 在培养创业意识中增强自我约束能力、企业持续经营能力。

**技能目标**
1. 掌握创业过程中的判断能力、分析能力、决策能力。
2. 懂得创业中的战略管理能力，增强企业的市场适应能力。

**知识目标**
1. 认识创业企业战略管理的特点及问题。
2. 掌握创业企业战略类型。
3. 掌握创业企业战略规划的制定方法。

## 项目结构

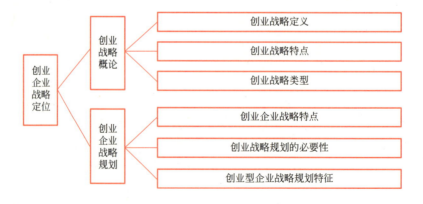

**职业指引**

中国企业平均寿命7年左右，民营企业平均寿命只有3年，中关村电子一条街5000家民营企业生存时间超过5年的不到9%。大多数创业企业盲目上马，导致战略不当、定位不准、主业模糊，最后不得已关门大吉。创业企业成功至关重要的因素就是要善于分析市场环境、捕捉市场机会、进行精准战略定位。他们需要关注某一特定群体，区域产品差异嫁接，进行合理定位。本项目从战略定义、特性等内容来描述创业企业战略的重要性、必要性。

## 任务1 创业战略概论

### 引导案例

#### 破釜沉舟的成功

创业需要有一定的胆略。韩国现代企业集团在开创之初，承建了釜山洛东江逾龄桥梁的修建工程。施工不过两年，便受到战后物价波动的严重影响，预计总工程费将比签约承包时超出4倍之多。企业因此负债累累，几乎到了破产的边缘。危势怎样扭转？企业创始人、董事长郑周永毅然决定：继续修建釜山洛东江大桥，即使赔进老本，也绝不偷工减料。现代企业集团的信誉用巨大的经济代价换来了。此后，现代企业集团凭着自己的信誉，在韩国最长的桥梁汉江大桥的修复工程招标中击败了当时韩国国内其他的四大建设巨子，得标承建第一期工程，从而带来现代企业集团的转机。接着又承建了第二、三期工程。汉江大桥工程上的得手，使郑周永一跃成为韩国建设业的霸主。

**思考：** 分析郑周永成功的原因。

### 一、创业战略定义

创业（entrepreneurship），以机会识别、评价及利用为核心，聚焦于产品、流程和市场的新颖、独特，一直被视为驱动经济增长的重要因素。自20世纪末以来，管理者越来越多地面临快速变化的市场机会和竞争环境，创新与技术的不连续性、相互依赖的经济全球化、人口统计学的变化、基于知识和资源的竞争、一些公司的去规模化或与之相对的资本运作、大规模跨行业并购整合等，为企业在制定战略决策时提供了大量机会，同时也带来了潜在的威胁。一项战略决策的失误，有可能带来整座企业大厦的轰然倒塌，诸如诺基亚、摩托罗拉等相关案例不在少数。为应对这些挑战，管理理论家们提出了一种创业导向的战略决策路径，历经30余年的发展，逐渐形成了今天的创业战略理论体系。

随着创业战略研究的深入，诸多研究者根据自己的理解对创业战略进行了解读和分析，全面研究随之展开。创业战略的概念界定一直悬而未决，创业、公司创业、战略创业、创业导向、创业态势等一些相似的概念在推动创业相关研究发展的同时，却在一定程度上混淆了对创业战略的认知，虽不断有学者从自己的角度提出见解，长期以来却缺乏正式的、系统化的定义。创业战略（entrepreneurial strategy，ES），是一个涉及范围较广的概念，如Hitt、Eisenhardrt等学者所讲，创业战略这一词语对于人们来讲意味着很多不同的事物，尝试将战略标记为创业将会十分困难，故而难于提出精确的定义。

从概念构成上看，创业战略主要涵盖两个概念，即创业与战略。创业是创造增值财富的动态过程，其核心在于对机会的追求，主要关注如下3个问题：机会的产生、利用及权变应对。故而，创业可以被定义为识别和利用先前未被利用的机会，组合并利用各种资源部署新的组织或行业配置，创造新的产品、流程、市场或组织形式。战略，是用来发展核心竞争力、获得竞争优势的一系列综合的、协调性的约定和行动，它是一项计划、一种计策、一种模式、一个定位、一种观念，其精髓在于与竞争对手差异化。在创业过程中，面临同样的环境与机会，有些企业能够抓住机会获取成功，而有些企业则不然。究其原因，除了自身资源与能力外，主要在于对优势的把握，需要持有一种战略观点。创业战略是将创业与战略进行有机结合，是企业在创业过程中为抓住并利用机会获取竞争优势所采取的战略。

从内容构成上看，创业战略是公司战略的一项组成部分，它包括一套持续的、组织认可的与创新有关的活动和资源分配模式，与系统维持战略和增加适应战略不同，它聚焦于根本变革战略，是企业建立和重建与环境本质关系的一套方法论。创业战略定位于创业行为与公司管理战略的交互，聚焦在初创、成熟和衰退背景下创业对于企业发展的贡献和影响，它关注于应用创造力和创业思维来发展一种核心竞争力。具体到执行和操作层面，创业战略有很多种类，如特许经营战略、国际化战略、基于关系的战略和基于技术的战略等。

综上所述，本书对创业战略定义为：一种公司层战略，以创新、风险承担和前瞻性为主要特征，关注于应用创造力和创业思维来发展一种核心竞争力，定位于创业行为与公司战略和管理战略的交互，聚焦在初创、成熟和衰退背景下创业对于组织的贡献和影响，包括一套持续的、组织认可的与创新有关的活动和资源分配模式，是企业建立和重建与环境本质关系的一整套方法论。

## 二、创业战略特点

### （一）创业战略具有前瞻性

（1）创业需要前瞻性。爱心：创业成功的催化剂。在竞争日趋激烈的今天，产品和企业的公众形象定位对创业成功与否起着关键作用。富有爱心，则是构成诚实、良好商业氛围的重要因素。从某种角度看，爱心是创业成功的"催化剂"。

（2）社交能力：借力打力，寻求捷径。在当今提倡合作双赢的时代，过去那种单枪匹马的创业方式已越来越不适应时代需求。扩大社交圈，通过朋友掌握更多信息、寻求更大发展，日益成为成功创业的捷径。

（3）合作能力：趋利避害，形成合力。有一个良好的创业团队是关键。大家在一起创业，分享各自的知识和经验，同时也避免了很多创业"雷区"。

（4）创新精神：创业成功的维生素。在竞争激烈的市场中，缺乏创新的企业很难站稳脚跟，改革和创新永远是企业活力与竞争力的源泉。

（5）魄力：该出手时就出手。在创业过程中，往往是风险与机会并存。创业者必须善于发现新生事物，并对新生事物有强烈的探求欲；必须敢于冒险，即使没有十足把握，也应果断地尝试。

（6）敏锐眼光：识时务者终为俊杰。生意场上，眼光起了决定性作用。很多资金不多的小创业者，都是依靠准确抓住某个不起眼的信息而挖到"第一桶金"的。

### （二）创业战略具有全局性

创业是一种群体的行动，是一个持续前进的过程，是一个不断整合资源的过程，是一个资本不断投入又不断积累、不断增值、不断再扩张的长期过程。这里，每一项决策，都带有全局性和整体性。每一个策划、每一个变化、每一个效果的出彩、每一个重量级的商业走势分析和市场评价,都关系到创业企业的声望、形象、影响和品牌,都会影响到创业企业的发展和走势。因此,创业的过程中需要的是全局统筹下的战略思索,资本运作中的冷静判断,深谋远虑后的难题破解,宏观指导下的微观对接。

创业战略研究恰恰是在研究整盘棋怎么下,而不只是在研究一步棋怎么走。因此,这种研究带有整体性和全局性。这种研究带有策划性和指导性。创业者只有具备了这种创业素质和创业思路,才能不断地提升创业企业的核心竞争能力。

### (三) 创业战略具有系统性

商战中,战略能力的系统化设计和系统化布局,是企业竞争战略的一种高层次发展。它说明:创业者竞争的着眼点,已经不是一招一式的斗法,不是一单交易的赢输,不是一批客户的增减,不是一时股价的跌涨,不再着眼于战术的分解、轰动效益的即得、引发效应的产生,而是把创业的过程看作一个庞大的系统工程,看成一个有机联系的整体。这种整体性,决定了战略性质的全局性和战役组织的系统性。这已经远远地超出了传统商战的范畴和范围。这种战略的系统性是创业过程中由战役的组合性和竞争的连续性决定的。

特别是,由于创业企业无形资产的累加会产生倍增效应,因此,培育创业企业的无形资产和进行多种战略资源的整合,将成为创业企业两个战略决策的重点。实施这两个战略决策本身就是一个系统。

### 创业战略系统性

创业战略系统性体现在以下 10 个方面:
(1) 创业团队和员工的一致性;
(2) 核心和骨干的互动性;
(3) 创业资源和能力的整合性;
(4) 产品和形象的适应性;
(5) 售前推销和售后服务的协调性;
(6) 网上营销信息和传统买卖信息对接的及时性;
(7) 创业企业人员结构性调整和相应震颤的应对性;
(8) 保护商业机密的警惕性和管理上的防范性;
(9) 新产品开发的能动性和市场扩散的进击性;
(10) 营销战略的开拓性和商业信誉的优良性。

这诸多方面的协调动作和分头动作、及时动作和分散动作,都要求有一个坚强、能动、敏捷的战略实施的应对、协调和运作系统。这种能力是一种系统性商战能力,是现代创业企业所必须具备的能力。

### (四) 创业战略具有抗风险性

创业战略研究的前瞻性、全局性和系统性决定了创业战略的抗风险性。这种抗风险性表现在:①具有战略防御思考和战略防御部署;②具有系统防御能力;③具有应对变化的战略调整能力(包括战略的调整,也包括战术的调整和战役的调整)。经过战略策划以后增强了或者具有了上面所说的 3 种能力,就从根本上减少了创业过程中的盲目性、迂回性和试探性,把能够规避和预防的风险,尽量加以规避和预防。这就从整体上、制度上、思路上、领

## 三、创业战略类型

### （一）破釜沉舟式战略

引导案例中提到创业需要胆识和勇气。破釜沉舟式的创业则需要一定的条件：第一，创业者要有远大志向，有一个雄伟的目标；第二，必须一举成功；第三，必须有非常专注的精神状态。当然，就算是绝处求生，也要有求生的技巧。

**案例分析**

**技巧得当，事半功倍**

日本阿托搬家中心总公司经理夺田千代乃与其丈夫二人共同经营运输业。1973年发生的"石油危机"，使其破产。正当夺田千代乃为今后的生计发愁时，一天，报纸上一条简短的消息引起了她的兴趣。消息说，日本关西地区每年搬家开支达400多亿日元，其中大阪市就达150亿日元。夺田千代乃想，搬家这一不引人注目的行业也许可以助自己起死回生。于是，她和丈夫一商量，办起了一家搬家专业公司。在公司起名问题上，夺田千代乃也是煞费苦心。她想，谁要搬家，肯定会在电话号码簿上找运输公司的电话。因此，她决定利用电话号码簿为自己的公司做不花钱的广告。日本的电话号码簿是按行业分类的，在同一行业中，企业的排列顺序又是以日语的字母为序。夺田千代乃巧妙地利用这种惯例，把自己的公司取名为"阿托搬家中心"，使它名列同行业的首位，用户查找时很容易发现它。同时她还选了一个好记的电话号码："0123"。该公司于1977年6月创办，营业额逐年翻番。到20世纪80年代中期，年营业额已达140多亿日元，并从一个地区性的小企业，发展成为一个在全国近40个城市拥有分公司或联营公司的中型企业。美国和东南亚一些国家都购买它的搬家技术专利。总经理夺田千代乃也被评为日本最活跃的女企业家。

在我们的现实生活中，无论是什么时候，就算是面临人生的绝境，也不要轻易地放弃，而要破釜沉舟，在绝境中抓住机会，从而扭转时局，取得最终胜利。

### （二）品牌式战略

实施品牌式战略创业，需要如下一些条件：
（1）品牌是一种投资而非投入；
（2）品牌永远要年轻化（如，可口可乐）；
（3）品牌要保持元素的时尚化。

**新东方的成功**

在充分竞争的英语培训市场，新东方一骑绝尘，靠的就是对本土消费者需求的深刻把握。与传统的机械学习法迥然不同，新东方招聘在英语水平测试中取得优异成绩的本地大学毕业生担任老师，并采取互动和团队学习的方法。结果是，其学生数量在2年内增长到1.5万人，新东方现在占据了英语水平测试准备市场55%的份额。

## （三）创造性模仿战略

创造性模仿是"创造性仿制者在别人成功的基础上进行再创新"。创造性模仿者没有创新一种产品或一项服务，它只不过是完善这种产品或服务，并给它重新定位。比如，突出产品特性，以适应稍有不同的市场。这样在短时间内，这个新事物就会真正满足顾客的需求，占领市场。但是，要想从众多模仿者中脱颖而出，仅仅靠快速模仿远远不够，他们需要更为致命的武器，那就是"创造性模仿"。

"创造性模仿"由哈佛商学院教授李维特率先提出。此后，德鲁克又从战略高度对其进行了精辟论述，认为创造性模仿是"创造性仿制者在别人成功的基础上进行再创新"。创造性模仿者没有创新一种产品或一项服务，它只不过是完善这种产品或服务，并给它重新定位。比如，突出产品特性，以适应稍有不同的市场。这样在短时间内，这个新事物就会真正满足顾客的需求，占领市场。创造性模仿被称为"无技术发展"的创新，但德鲁克进一步指出：创造性模仿仍具有创造性，它是利用他人的成功，因为创造性模仿是从市场而不是从产品入手，从顾客而不是从生产者着手。它既是以市场为中心，又是受市场驱动的。

如果只有模仿，而缺乏创造，那么，攻敌之弱的同时，自身的弱点也成为对手的攻击点。创造性模仿也会引来众多模仿者。一个有价值的定位肯定会引起他人的争相仿效，从而使最初的独特定位丧失。比如，国产手机的销量整体下滑，一个重要的原因就是：由于国产手机的盲目上马和过热生产，雷同度高的产品使市场凸显疲态。

其一，真正的高手，并不是基于产品的简单模仿，而是对跨国巨头的远见、价值观的模仿。

其二，深刻理解本土需求，这是"创造性模仿"中创造性的基础。

其三，为扭转竞争劣势而进行的商业模式创新。

**案例分析**

### 模仿高手——云南白药

"新兴杀手"是指那些来自新兴市场经济体的本土巨头，它们大多来自中国、印度、巴西等，"杀手"们是由新一代雄心勃勃的管理层领导的富有活力的私营企业。

云南白药算是一个异军突起的中国"新兴杀手"。当它现在被当作一个"全球应对全球"的创新案例时，我们不妨追溯一下它的起步原点：云南白药首先是一个模仿高手。

强生是云南白药的模仿对象。云南白药王明辉曾说："中药与材料科学结合是个全新的市场，这是云南白药产品创新的一个重要方向。"王明辉也提到，强生公司在非药品市场领域的发展，特别是将生物医药技术与材料科学相结合所进行的产品创新，给了云南白药很大的启示。事实上，云南白药的所有"杀手"级产品，都是中药与材料科学的结合，不管是云南白药创可贴、白药气雾剂、白药膏、急救包还是云南白药牙膏等，这种跨界组合让一个传统中医贵族焕发了活力。

再仔细观察，这些挑战跨国巨头的"新兴杀手"大多是模仿高手，或者被称为是"快速模仿者"。

## （四）柔道战略

柔道是将对手的体能和力量为己所用，借力打力，击败对手而获胜的一种武术。它使弱者或体重处于劣势的人能够战胜身体方面占优势的对手。简单地说，柔道战略就是避其锋芒、放弃硬碰硬的竞争思维模式。其目标不仅仅是帮助企业在市场中争夺立足之地，而是要使企业成为一家大企业。柔道战略的精髓有三个方面：移动——让自己处于最佳位置；平衡——梳理进攻思路，保持进攻的姿态；杠杆借力——将竞争对手的力量转化为自己的竞争优势。柔道战略需要遵循以下几个原则。

### 1. 移动原则

简单地讲，移动原则就是不要引发冲突，要界定竞争范围，并快速进入阵地。首先要界定好自己的竞争领域。市场永远都有机会，关键是要去寻找合适自己发展的领域。作为中小企业，产业选择和市场定位是最重要的。分析竞争对手，找出他们的薄弱环节，这时薄弱环节一般都是因为他们对核心力量的过多投入和保护而造成的。所以，有人认为创业企业的成功不是自己努力的，而是大企业造成的。这话虽有偏颇，但也很好说明了对手的弱点就是自己的机会。在选择竞争领域时，要努力做到市场与自身的最好匹配。在自己的"主场"作战，往往胜利就多了一份把握。其次要悄然进入，不要轻易引发冲突。当创业企业还比较弱小时，要学会"夹着尾巴做人"，尽量避免招惹强大的竞争者，这样就能给自己赢得时间和空间。许多中小企业为了引起消费者的注意，总喜欢在还未站稳之前，做一些哗众取宠的事。这样往往是在媒体的追捧下，获得了关注，但也招来了围攻和打击。要进入市场，又不能引起对手的注意，这就需要创业企业的经营者在市场进攻策略上花费点心思，另辟蹊径；最后全力以赴，快速发展。在找到目标和独特的通道之后，创业企业就要全力以赴，快速发展。在竞争对手，尤其是大的竞争对手察觉之前，尽可能地成长壮大，增强自身实力，要充分利用合作去盘活控制范围之外的资源为己所用，展开竞争。

### 2. 平衡原则

企业的快速发展迟早会遭到竞争对手的察觉和攻击。所以，最佳的选择是适当退让以保持自身的平衡。平衡就是要在竞争中努力处于一种既能反击又能进攻的状态。所以说，适当退让不是投降。简单地说，平衡原则包括三个方面的意思或者说技巧：一是抓住对手，和对手（潜在的、现实的）展开不同层次的合作，或者是作一定程度的退让，限制了对手的活动范围。二是避免针锋相对，针锋相对会将弱势企业拖入一场拉锯战的消耗中。同时，要研究对手的每一次进攻，找到可以利用的地方，不必回击对手的每一次进攻。三是推拉制衡，找到能够将对手的势能转化为自身优势的方法，这样就可以削弱对手的攻势。

## 案例分析

### 短期平衡，长远发展

蒙牛刚开业时，在一无厂房、生产设备，二无销售市场的情况下，很低调，竭力做到不和对手展开面对面的竞争。所以在产品推向市场之初，它的产品的外包装上印了一句话："向伊利学习，做内蒙古乳业的第二品牌"。一名看似简单的广告语巧妙地将自己和对手捆绑在一起，利用对手的品牌提升了自己的知名度，将对手的优势转化为自己的优势，同时降低了和对手的竞争强度。以后人们在电视上看到的"蒙牛为内蒙古喝彩"的广告，都是努力做到避免直接竞争。这样的例子，在伊莱克斯进入中国之初也被利用。伊莱克斯作为全球知名的家电企业，在它进入中国之初，清醒地审视自己，放下架子，把自己看成一个初学者，做出的第一个宣传就是"向海尔学习"。同样也巧妙地利用了海尔在中国消费者心目中的影响，帮助消费者认识了自己。

### 3. 杠杆借力原则

通过移动原则，赶在对手察觉之前，利用自己的快速进入，建立了先行者优势。接下来，平衡技巧的运用使企业牵制了对手，延缓了对手的进攻，巩固了自己的优势。但要赢得最终胜利，中小企业还必须向前一步，利用杠杆借力原则，以最小的努力发挥最大的效率。对手的优势往往从另一个方面来看就是它的弱点。对手的资产同时也可以成为它的行动障碍。所以，在这里可以利用对手的资产、合作伙伴以及它的竞争对手等作为中小企业的行动杠杆。学习先进企业的做法可以让中小企业领悟出这些道理。这些做法已经被许多企业所运用。

**案例分析**

### 杠杆借力——成就自我

格兰仕在自己做自己的微波炉品牌时，也同时给跨国巨头们做贴牌生产，做大规模，将自己打造成了全球的微波炉生产基地。格兰仕利用低成本的优势一方面打击国内其他生产厂商，另一方面抵御了跨国巨头在国内市场的进攻，同时在与跨国公司的合作中引进了先进的生产技术，提升了自己的管理水平，更重要的是通过这种合作"抓住了对手"，将对手的品牌优势转化为自己的规模优势，从而削弱了对手在国内微波炉市场上对自己的进攻，进而在国际市场上和对手竞争。

格兰仕的策略实际上就运用了杠杆借力的原则。我们都知道跨国公司经营的不仅仅是产品，更重要的是品牌。它们最大的资产就是它们的品牌以及品牌带给消费者的价值承诺。格兰仕的"物美价廉"的策略，正好利用了跨国公司看重自己品牌的弱点，借力打力，赢得了国内微波炉市场的70%左右的份额。此时跨国公司的品牌，从"左边"看是它的资产，是它最大的家底，但是如果从"右边"看就是它的弱点，所以就可以成为中小企业行动的筹码。因为那些跨国公司看重品牌，不愿意放下架子跟你打价格战，从而损伤它们的品牌形象。这样对你是轻微的疼痛，对对手来说就是切肤之痛了。这也就是伊莱克斯的前任老总刘小明把伊莱克斯的销售量做上去了，但自己却下台的主要原因。因为他把伊莱克斯做成农村人与城市白领共用的品牌，破坏了伊莱克斯的品牌形象。

戴尔的迅速成功也是利用了杠杆借力原则，通过利用竞争对手与合作伙伴的关系，巧妙地借力打力，击败康柏，迅速成为计算机的最大制造厂商。同样，戴尔又把这种模式带到了中国，以此对付联想等中国电脑巨头们。因为它知道像康柏、联想这些电脑巨头们的最大优势是他们和分销商多年的合作关系和已经成形的分销渠道。联想也认识到了戴尔直销模式的优势，但联想要想利用直销模式，降低自己的库存成本，只有两种选择：一是放弃自己的合作伙伴，利用直销，显然这样就将竞争引入戴尔的领地，从而违背柔道战略的第一个原则；二是两种渠道模式并存，这同样也将联想引入了新的陌生领域，风险也是相当大的。在这里，联想的合作伙伴就成了它进行渠道变革的最大障碍，也就成了戴尔的竞争筹码。在此踌躇犹豫之间，可能就成就了戴尔。

总之，柔道战略是一个理论上简单，但是实用而又系统的战略。就像在柔道比赛中一样，任何一个高手要赢得胜利，都不能只靠其中的一个或两个原则和技巧取胜，他必须将柔道中的三个原则和所有技巧系统有机地结合起来，融会贯通才能最终击败竞争对手。现实中的企业，尤其是中小企业也一样，仅凭其中单个原则也是难以胜出的。但不管怎么说，许多昔日优秀的企业已经利用柔道战略中的某些原则和技巧取得了不错的成绩，也就证明了柔道战略的实用性。

### (五) 生态利基战略

德国著名管理学家沃尔夫冈·梅韦斯说过："如果一家公司把全部有限的资源用于解决精心挑选的一个客户群的问题，那么该公司就能兴旺发达。"寻找专属顾客，发现利基市场有三种方法可循：第一种是见缝插针——找到处于市场"缝隙"中的小众客户群，看准时机，立即"挤"占、"钻进去"，从而形成独特的竞争优势；第二种是无中生有——要挖掘顾客的潜在欲望或深层欲望，用自己的产品定位市场，创造客户新需求，并服务于一个全新的市场；第三种是取而代之——在市场占有者身上找到被他们忽视的客户群，通过采取创造性的进攻性策略，使自己产生巨大的竞争优势和很长的获利阶段，从而稳固地占领市场。

利基战略是适用于弱者、创业企业、中小微企业的成功战略，凝聚了以下战略思想与原则。

(1) 避实击虚。不与大企业、强者展开硬碰硬的直接竞争，而是选择其忽视、不愿做或不会全力去做的业务范围为"战场"。

(2) 局部优势。坚持"单位空间内高兵力比"原则，集中全力于某个狭窄的业务范围内，在这个局部形成相对于强大者的优势，努力成为第一。

(3) 集中原则。分散是战略的大忌，利基战略要求集中于利基业务，集中于战略目标，集中于建造壁垒。

(4) 根据地原则。在某地域市场获取第一并巩固之后，再向其他地域市场扩展，集中全力成为第一之后再扩展，如此持续下去，最终由分散于各地的根据地组成一个大的根据地。

## 任务 2　创业企业战略规划

 引导案例

### 一家超市的转型之路

一个小县城里有一家本土超市。在很长一段时间里，这家超市都是这个县城里规模最大的。但随着城市经济的发展，城镇人口越来越多，人们的消费能力越来越强，吸引了外来大型超市的入驻，其中两家就开在距这家超市不足 200 米的地方。这些大型超市具有先进的管理经验和成熟的进货渠道，又有强大的资金实力。大型超市在购物环境、购物体验、商品价格、质量保证等多个方面都比这家超市具有优势。

面对这种局面，如何应对？如何与这些竞争对手竞争？最终，这家本土超市走上了转型之路，放弃与这些大型超市的正面竞争，转型向社区超市和乡村超市的战略路线发展，将超市开在社区、乡镇和乡村。

**思考和讨论：**
1. 你认为超市的核心竞争力主要表现在哪些方面？
2. 你认为这家超市还有什么其他可以实施的竞争策略？

近年来，社会各界对创业型企业的重视和研究日渐深入。本任务主要从战略管理的角度研究创业企业，分析创业企业的特点及其实施战略规划的必要性，并就创业企业战略规划的特征进行初步探讨。

## 一、创业企业战略特点

进入 21 世纪以来，随着经济全球化的发展，企业界和学术界对创业活动的认识提升到一个前所未有的高度，创业活动作为经济发展的一支重要力量，在科学技术转化为现实生产力方面起着重要的作用。各界对创业企业的重视和研究不断深入。相比处于成熟阶段的企业而言，创业企业战略规划体现出以下显著特点。

### （一）创新性

公司通过创新发掘其他人或其他公司没有发现或开发的机会，进入新市场，获得新客户，或用新的方式配置资源。创新性体现了公司参与新的想法、实验、创造性过程的倾向，并由此产生了新的产品、服务或技术过程。

### （二）机会导向性

机会导向性是指创业活动表现出的识别机会、利用机会、开发机会并产生经济成果的行为的特点，或者将好的创意迅速变成现实行动。

### （三）创业动态性

一方面，企业的创业精神会促使创业行为随着企业的成长而延续并强化；另一方面，机会发现和利用是一个动态的过程。

### （四）创业主动性

创业企业与成熟企业相比，创业型企业体现出积极主动地承担风险，并寻找市场生存发展空间的特点。

尽管创业成功的企业给正处在创业阶段的许多创业者以信心和希望，但仍有许多勇于创新和敢冒风险的企业惨遭淘汰。为此，分析创业失败的原因并提高创业成功率就成了相关学者研究的课题。近年来，在现有的关于创业型企业的讨论中，针对创业型企业的战略规划的讨论日渐丰富：即将创业和战略管理进行有机结合，从战略管理的角度研究创业行为，促使创业企业实施战略规划。

目前，在战略管理研究和创业研究领域，已经出现了二者"交叉"或"融合"的现象。Meyer 等人通过研究发现，这两者融合主要由于两者都是以公司绩效作为主要解释变量，战略管理是以绩效为导向的研究过程，关注企业如何建立竞争优势；而公司绩效对于创业企业而言同样重要，创业方面的期刊也较多地侧重以绩效为基础的研究。另外，不断变化的动态竞争环境要求企业必须灵活调整、快速应变，以满足客户的需求，因此为了创造财富，创业行动和战略行动都必须体现出创新的特点，组织的创新活动必须从战略角度进行有效管理。因此，Hit 等人就提出了"战略型创业"的概念，即："把创业的（即机会寻求行为）和战略的（即优势寻求行为）观点进行综合，计划和实施战略设计活动，从而创造财富"。因此，它是一种以战略的观点从事的创业活动，也是一种富有创业心智的战略活动。

## 二、创业战略规划的必要性

事实上，战略管理更多地关注如何在特定的市场和产业环境下获得竞争优势，创业型企业更多地侧重于开拓别人没有发现或是开发不够的新型市场。因此，对创业型企业实施战略规划，可以使企业既能够有效地发现新机会，也能够高效地开发机会并形成竞争优势，并能持续保持创业精神。

### （一）战略规划是创业企业行动导向

创业企业由于资源和市场限制，在其经营过程中可能面临很多不确定性，不同发展阶段的工作重点也应有所不同，当团队成员针对企业应该开展什么业务存在不同见解时，在开拓市场等行动上存在意见分歧时，战略规划可以有效地帮助团队成员统一行动的方向，达成一致的行为，从而齐心协力获得竞争优势。

### （二）战略规划使创业企业更具计划性、组织性和有效性

进行战略规划的企业首先需要对环境进行系统研究，寻找行动的方向，并就总体发展战略作出规划。尽管许多创业型企业战略规划相对简单，针对总体战略的考虑较少，但对于产品战略、技术战略、市场战略等却进行了较为详细的评估和权衡，也有着详细的计划方案，这就使得创业企业的活动有章可循，便于创业企业更有效地组织管理和安排各项活动。

### （三）战略规划有助于创业企业经营稳定

通过对我国目前创业企业的分析发现，创业企业的特点及经营活动与创业者的特点密切相关。如果创业者性格相对保守，则可能错过许多具有潜在价值的项目，如果创业者具有较强的开拓进取精神，即使对市场机会的识别非常及时，但是在缺乏战略规划的条件下，极有可能因为对市场机会的成分和风险分析不够全面而导致失败或者利用不足。因此，缺乏战略规划的企业表现出较强的行为随意性，或者瞻前顾后、不敢行动，或者做孤注一掷的冒险行为，其结果具有非常强的不确定性。尽管创业团队的构建有助于在一定程度上稳定创业企业的经营，但是如果创业团队整体素质欠佳，或者创业团队难以通过有效的配合达到高绩效，那么通过有效的战略规划可以有力地保障创业企业的稳定经营。

尽管进行创业规划可能需要企业耗费一定的资源，但它却可以使企业的活动具有方向性、计划性和稳定性，避免随意性，因此创业型企业战略规划势在必行。但是，创业型企业毕竟与处于成熟阶段的企业存在很多差异，因此创业型企业也表现出与成熟企业不同的特点。

## 三、创业型企业战略规划特征

#### 1. 创业型企业战略规划相对简单

一般而言，成熟企业的战略规划相当复杂，从其战略分析、选择、制定到实施需要进行严格的控制，而创业型企业战略规划的难度和复杂性要大大降低。一方面因为创业企业通常规模较小，产品开发和市场开拓行为处于摸索阶段，企业从事各项活动的不确定性程度都较高，因此很少有企业制定非常完整详细的战略规划；另一方面市场机会稍纵即逝，很多创业企业的成功在于迅速把握住了一个市场机会，在此之前并没有时间和精力进行详细的市场调查，更不用说对整个行业的竞争结构进行分析。Bhide 曾经在全美国成长最快的 500 家私营企业中选择了 100 家，对这些企业的创业者进行访谈，发现 41% 的人根本没有商业计划，26% 的人制订了一份简单粗略的计划，5% 的人为投资者做了财务预测，28% 的人撰写了一份详细的商业计划。根据统计结果，Bhide 提出，全面计划的方法并不适合创业企业，过多的分析可能会使一些企业错过可能抓住的市场机会。但他同时也认为，所有的企业都应该进行一些分析和计划。因此，对于创业型企业而言，其创业计划介于不做计划与详细计划之间，既非没有计划，同时其规划的复杂程度相比成熟企业而言又大大降低。

#### 2. 创业型企业战略规划侧重于获得生存和发展的市场空间

成熟企业因其经营的稳定性，有条件进行详细的战略分析，在战略选择活动中，无论是公司总体战略还是经营单位竞争战略选择上都可以进行详细的思考，整体战略规划完整而全

面。相比而言，创业型企业面临的最严峻问题是生存，因此创业企业战略规划的重点更侧重于获得企业发展所必需的资源，侧重于获得市场立足的空间，因此创业企业更多地考虑市场经营层面的竞争战略和技术创新战略，对于公司经营层战略较少涉及。

**3. 创业型企业战略规划的动态性**

创业者往往因为拥有某种优势、资源或机遇而创建企业，在成立之初根据其拥有的技术、人员、资金、信息等资源条件制定战略，企业战略规划涉及的期限通常较短，也相对比较具体，随着企业的发展，内部资源条件发生变化，外界产业环境也发生了变化，企业必须结合内外部条件的变化进行发展战略的调整，以适应发展的需要并有力地把握商业机会，从而表现出企业发展路径与创业初期产生了明显差异。此外，企业后期的发展还与企业家的开拓精神和企业的技术学习能力有很大关系。因此，创业企业的成长过程可以看作是企业不断改变战略追求商业机会的过程。企业在成长过程中的不同阶段战略规划呈现出适应资源条件的动态性的特点。

## 案例分析

### 时尚白酒的战略定位

几十年的发展实践证明，传统白酒也与时俱进，以江小白为首的酒企在保持其传统工艺精华、传统风味特点的前提下，不断进行改进与创新，只有这样才能适应人们消费的变化需求，使白酒这一民族瑰宝得到传承，使中国白酒跟上时代的步伐，增加时尚化的色彩。

**一、时尚白酒的特色**

时尚白酒来源于传统白酒，但与传统白酒有许多不同之处，具备共性与特性。

1. 时尚白酒的共同特点

"自然、低度、健康、高雅"是时尚白酒的四个要素，具体的特点有以下六项。

（1）酒精度低。一般应在20%～30%vol之间。低于传统白酒的低度酒，高于黄酒、葡萄酒。这种酒精度对寻求刺激的青年人有作用，还可以扩大饮用的人群范围。

（2）清澈透明。可以是无色，也可以微带颜色，但必须保持酒液清澈透明的特点。带有一定颜色可能是白酒生产者们最大胆的改革，颜色或许能成为时尚白酒最显著的特色。

（3）可以混饮。最简单的就是加冰、加水后不混浊，而且保持基本口味没有大的改变。最高明之处就是可以与各种饮料混饮，制造出一种人为的新口味。

（4）有突出的酒香。可以是酯类的香气为主，也可以是醇类的香气为主，还可以是混合类型的香气。也可以是原料的香气、外加物的香气、贮存产生的香气。

（5）有突出的酒味。这种酒味的构成以高沸点的复杂成分为主体，表现为是越稀薄口味越优雅。酸类是构成口味的重要物质，酸与其他主体香味物质的平衡是追求的最佳标准。

（6）香味物质总量较低。这一点除保持其口味纯净的特色外，主要是对饮者的健康有益。对健康有益的食品才是生命力最强的。

2. 时尚白酒的个性化追求

（1）文化诉求的个性化。情感文化、回归自然文化、休闲文化、健康文化、环境文化、饮用文化等都可以作为新的文化内容与时尚白酒嫁接，其关键是两者结合的自然和谐。

（2）包装文化的个性化。时尚白酒的包装与传统白酒应有很大的不同，它追求的除简单、自然外，还应当达到抽象、高雅的水平。容量上可大小并存，材质上也可以是多样化的。但时尚白酒应注重内外在质量的一致，不必追求过度的外包装。

（3）口味风格的个性化。这可以是原料个性的体现、工艺特色的体现、特有成分作用的体现、水的特点的体现、外加成分特色的体现、贮存容器特点的体现等。可以体现以中国白酒风味为主，也可以兼容国外蒸馏酒的某些特色。

（4）适合现代人及夜场消费的需求。这一点要从生产工艺、酒体设计、包装设计、价格定位、营销方法等诸多方面进行新思维、新工艺、新方法的探索，才能获得现代及未来市场的认可。从市场调研开始，吸取国内外适应夜场消费酒水的成功经验，组成专门科技攻关队伍，大胆探索不断实践，就能生产出能适应现代人需求的新口味、新风格的中国白酒。

## 二、时尚白酒的工艺

时尚白酒要有自己独特完美的生产工艺，才能保证其质量的优秀和稳定。其工艺设计可以有两条技术路线。

一是吸取各香型白酒传统工艺的精华，重新设计专门生产时尚白酒的车间和工艺。这主要有：原料的混蒸可将粮香带入酒中；场地堆积可产生更多的复杂成分；特殊处理的水有减少混浊、延缓水解的作用；特殊的贮酒容器，不但可老熟还可增加香味物质等。

二是采取固液结合的新工艺。可以有两种选择：一为以优级、特级食用酒精为主体，加入少许经特殊传统工艺生产的调味酒及食品、中草药、水果汁加水调配的路线；二为以液态发酵的米酒为主体，加入本身的蒸馏酒或部分各香型的优质白酒，两者恰到好处地结合的生产工艺路线。将中国特有的两个酒种白酒与黄酒结合在一起，取长补短、共同繁荣。当然，时尚白酒的生产工艺不仅仅就这两个方面，有条件的企业都可去创造，未来的时尚白酒应是百花齐放的局面，各地区都有消费者喜欢的时尚酒。

## 三、时尚白酒的饮用

传统白酒的饮用是以餐桌为主体，时尚白酒的饮用以酒吧为主体。餐饮分离必将是未来消费的新趋势。饮用的方式一是与其他酒类饮料的巧妙搭配，二是与水的任何比例调兑。饮用环境讲究温馨浪漫，饮用时有音乐、舞蹈陪伴更为时尚，有酒令、酒诗、酒谜、酒趣的参与更为理想。时尚白酒饮用多以透明玻璃高脚杯为主体，讲究的也是慢饮细酌。文明饮用、科学饮用将是与时尚白酒伴生的新的饮用方法。时尚白酒由于酒度低，香味成分总量相对少，所以饮用量可以大一些。按科学的计算：成年人饮用30%vol时尚白酒，每次最高限量为100毫升，最佳饮用量为150毫升；饮用20%vol时尚白酒，每次最高限量为150毫升，最佳饮用量为300毫升。从量上可以看出，时尚白酒与黄酒、葡萄酒的饮用量接近，这一点就是前者的生命力所在，会得到青年人的青睐，这样一来中国白酒也就有了发展的新天地。

**思考：** 时尚白酒为什么能成功？战略定位上有什么特点？

## 项目回顾

每个企业面临的环境、机会及所拥有的资源和能力不同，所采取的创业战略也不同。行业结构与绩效、创业动机、态度和创业者能力等因素均会对创业战略选择、战略规划造成不同程度影响。创业企业通常更灵活，因而更喜欢探寻优势，而成熟企业则拥有丰富的资源和经验，更喜欢利用优势；高机会成本创业者倾向于采取激进的方式，以在短期内成功，同时也更可能遇到失败；高管团队成员间的认知冲突与创业战略制度呈正相关，这种正相关受功能失调的竞争和高管团队技能调节。

## 复习思考

1. 如何定义创业战略？
2. 创业型企业的特点有哪些？
3. 创业战略有哪些特点？
4. 创业型企业战略规划特征有哪些？
5. 创业战略规划的必要性主要考虑哪些因素？
6. 创业战略有哪些类型？

## 综合案例

### 腾飞的"蒙牛"

中国乳业是目前国内成长最快的行业之一。诞生于1999年的蒙牛乳业集团，硬是在伊利、光明和许多的"地方诸侯"竞争的缝隙中以1947.31%的增长速度连续荣获1999—2001年中国超速成长企业第一名。2004年销售额已达人民币72.138亿元，净利润为3.194亿元。根据权威调查机构AC尼尔森的统计数字，蒙牛乳业占液体奶市场的市场份额已经由2003年12月的17%上升至2004年12月的22%。创立之初蒙牛也面临"生产什么"的抉择。当时市场上满是高价的利乐包牛奶，而低价的巴氏无菌奶也是无孔不入。同城的伊利酸奶在全国已经有了很高的品牌知名度。经过多方调查分析，蒙牛最后选择了一个中价位的液态鲜奶市场，找到了自己的竞争领域。两年后，蒙牛品牌鲜奶的销量全国第一。

同时，蒙牛的逆向经营模式也很好地界定了自己的竞争领域。在企业成立之初，牛根生没有像其他乳品企业一样，到处圈地，占领奶源，而是先做市场，把市场打开。这样最大限度地避免了与那些大企业的面对面竞争。因为谁都知道乳品企业的命根子就是奶源，直接去争夺奶源极易招引对手的注意。同时，这种逆向经营的创新思路容易引起对手的怀疑，而这种怀疑给蒙牛的发展争取了时间。

例如当蒙牛还是小型企业时，在进入上海时就很好地利用这个策略。北京、上海、广东三个地区是中国乳品企业的必争之地。上海又有当时全国排名第一的光明乳业，市场可谓壁垒森严。近十年来随着上海经济增长和居民收入的提高，居民在购买牛奶时更关心牛奶的新鲜度和追求方便。中青年人逐渐疏远了那种每天按时取奶的消费习惯。为迎合与满足消费者购物方便与享受需求，电话订购和网上订购、送货上门已经逐渐成为一种极具竞争力的营销模式。蒙牛根据上海牛奶消费者的购买习惯的变化，借用电子商务网以及家庭饮用水配送网建立了独特的销售网络，使"蒙牛"在牛奶竞争处于高度垄断的上海市场中站住脚，并且市场份额不断地扩大。这就避免了和对手在同一渠道上竞争而引发的对抗。另一个例子就是蒙牛的"航天员广告"的运作。其实在这个广告推出以前，蒙牛已经悄悄地运作了两年多。在同航天部门的一年多的合作中,蒙牛承诺终身免费为14名航天员及其家庭提供牛奶;到了夏天,还有8台专用冰柜,专门给航天员派送冰激凌产品,以及开发的可干吃的奶片,最终取得了"航天员专用牛奶"冠名。经过两年多的悄然运作,蒙牛最后终于"一飞冲天"。"航天员广告"推出以后,蒙牛在全国的销售量有了明显的提高,这次事件营销也成为中国企业事件营销的经典案例。

　　飞速发展,在蒙牛身上体现得最为明显。创业四年,从零开始,以火箭般的速度做到2004年销售额72亿元,从创业之初的无人知晓一下升至行业前三,足以说明蒙牛对"速度"的理解。蒙牛用自己的发展历程诠释自己对"速度"的理解。创建之初,蒙牛资金极度缺乏,无厂房、无产品、无品牌,可是虚拟经营使"蒙牛"这个巧妇实现了"无米之炊"。企业创始人牛根生通过承包、租赁、托管其他企业,借鸡下蛋。借一家冰激凌生产商的工厂为蒙牛打开了市场,利用黑龙江一家美资企业,按照自己设计的先进模式运作催生出了蒙牛牛奶。蒙牛在与这些企业的互利合作中,结成了弹性的合作伙伴关系,用短短两三个月时间就盘活了7.8亿元的资产,完成了一般企业几年才能实现的扩张。这正是虚拟经营"不求所有、但求所用"本质的生动体现。牛根生在北京大学有个演讲,讲的是整合利用社会资源。他说:"所有的社会资源,包括土地、房屋、设备,从国际来的设备、包装、厂房,我们在合作过程中不实行产权转移,只要能够支配就可以,不在于说我非得拥有。别人兜里的钱让我支配,这个钱是最多的。"

　　请思考并回答:

　　1. 为什么蒙牛能发展得如此迅速?

　　2. 案例给你什么样的思考和启示?

## 实训项目

　　学生分组组成项目团队,调查学校周围某创业园区;然后对园区内的初创型企业进行调研(包括创业企业的战略规划、战略定位、市场竞争情况);最后对该初创型企业进行战略定位分析和评价,并据此编制分析报告提交创业园区管理方,辅助园区内初创型企业成长。

# 项目九 创业企业商业模式

## 创业寄语
彼得·德鲁克：如今企业之间的竞争，不是产品之间的竞争，而是商业模式的竞争。

## 学习目标

**素质目标**
1. 学会分析商业模式。
2. 懂得评价良好商业模式的标准，提高企业持续发展能力。
3. 在培养创业意识中增强自我约束能力、企业持续经营能力。

**技能目标**
1. 掌握创业过程中的判断能力、分析能力、决策能力。
2. 懂得创业中的战略管理能力，增强企业的市场适应能力。

**知识目标**
1. 了解商业模式分析对创业企业的作用。
2. 掌握商业模式包含的内容。
3. 掌握商业模式的衡量标准。
4. 熟悉商业模式的创新方法。

## 项目结构

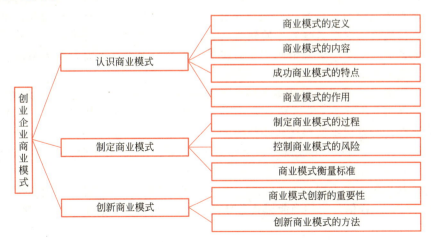

### 职业指引

商业模式是一个企业整体运作体系的核心部分,透过商业模式,便可以大致掌握整个企业是如何赚钱并实现盈利,明确企业成功的关键点,并预测未来发展中可能会遇到的挑战。因此,要掌握创业企业的成功秘诀和失败教训,要了解自己所在企业的现状并进行创新,都需要进行商业模式分析及研究。

## 任务 1  认识商业模式

### 引导案例

#### 出师未捷的"大蒜宝"

"大蒜宝"是一个新开发的快销产品,是陕西的一家创业企业——祥信公司的产品。它是公司在2013年联合医学专家研发并生产出的可以快速去除因食用大蒜带来的口腔异味的奶糖。产品原料从植物和水果中提取,不含添加剂,非常符合当下人们的健康理念。祥信公司为该产品申请了专利,并决定以高价撇脂法进入市场,在2014年春节后通过软文营销、口碑营销以及试吃促销等方式撬开西安市场,再将产品销向全国。然而,到了6月份底,人们依然没有在西安的大小零售店中见到该产品的身影,甚至周围根本就没人听说"大蒜宝"的名字。

"大蒜宝"产品经营者以前一直做机械设备加工,先去大工厂拿订单,然后按需生产,所以企业的传统思想是更注重维系与上游企业的关系。当企业自己生产"大蒜宝"这一新产品时,更应注重的是向下游市场的延伸。而祥信公司尚无健全的渠道,绕过批发商直接与零售端接触,或者采用直销的形式将产品销售给消费者,这种做法对于创业企业,特别是产品尚未建立起知名度的情况下,弊大于利。因此,祥信公司下一步应从渠道设计方面着手改进。

在渠道长度上,祥信公司可以采取二层渠道模式,即生产商—批发商—零售商—消费者。对于祥信公司来讲,短期内无法建立自己的营销队伍,销售渠道不健全,在新产品上市初期需要快速打开销路,传统渠道更加合适。"大蒜宝"是一种糖果,属于食品类,而食品批发商已经建立起完善的销售网络,利用批发商的资源去打开零售终端的大门可节约生产商的成本。随着企业业务的拓展,祥信公司需要有自行拓展渠道业务的能力,但这需要至少2~3年的时间。

在渠道宽度上,可以采取密集策略,特别是在零售商环节上覆盖面应该更为宽泛,即超市、便利店、报刊亭(带零售业务)、饭店(特别是面馆和串串店)同时销售。采用密集分销策略,是希望短期内建立品牌的知名度,配合策划出的热点营销事件,在零售终端迅速销货,加上POP堆头,冲击消费者视线。同时和食蒜量较大的饭店进行对接,前期采用免费品尝和赠送的方式,博得好评度和记忆点。

(资料来源:杨勇岩.小微企业新产品上市渠道物流和制约因素分析及改进策略)

**思考与讨论**:祥信公司的商业模式是什么?推出新产品失败的关键点在哪里?

## 一、商业模式的定义

商业模式，是企业传递价值、诱导顾客进行购买并实现利润的方式。通俗地讲，即公司通过什么途径赚钱。有调查表明，在创业企业中，因为战略原因失败的只有23%，因为执行原因而夭折的只有28%，但因为没有找到盈利模式而走上绝路的企业多达49%。创业企业在创办初期，往往需要找到一个商机，并将人力、物力、财力投入其中，最终获得利润。但并不是所有的商机都能带来成功，一些商机看似诱人，却无法结合自身情况形成较好的商业模式，创业者贸然投入人、财、物，容易承担较大的风险。如果能在投入之前，设计一个合适的商业模式，成功的概率更大。对于一些运营稳定成熟的创业企业，也需要根据变化的市场需求与竞争格局，调整自己的商业模式，通过商业模式创新获得持续的生存与成长。因此，商业模式对于创业企业的生存与发展至关重要。

**案例分析**

### 开家射箭馆让我绝处逢生

在养殖创业中，由于被骗，我所有的投资付诸流水，只好出门打工。我在打工过程中发现了一个现象。器械健身本来有很多人参与，但由于大部分器械损坏严重，来的人越来越少了。如果改造一下，不也是个新的经济增长点吗？突然，我想起自己在北京打工时，有一个国家射击、射箭互动管理中心下属的"京城射箭俱乐部"，以会员制形式，吸引了大批射箭爱好者去健身、锻炼。射箭是一项综合运动项目，不仅锻炼人的身体，还能锻炼人的心智。讲究心态、耐心，培养人的果敢精神。我赶紧写了一份可行性论证计划。我的理由是：

（1）青少年不适合去网吧、酒吧等娱乐场所，却可以进行健康的射箭运动。市场定位面向广大青少年，甚至是事业有成的中年人，消费潜力很大。

（2）射箭馆的经营在我县还是空白市场。

（3）店址无须在繁华地段，故房租费用相对较低，而其他行业对店址要求很高。

（4）一次投资、长期受益，无须重复投资，不占用和准备大量的流动资金和后续资金。

终于，我的射箭馆隆重开业了。我又印了数千张宣传单沿街散发，尤其是商店、学校等公共场所。我给射箭馆起名叫"角斗士大型室内射箭馆"，而《角斗士》是好莱坞一部动作大片，这本身就是一个宣传。在具体经营中，人们边喝茶、边射箭、边等待。射箭馆的消费是按箭支数量来计算的，根据器械的档次高低，以0.5～1元为1枝、10支一组，也就是说每人一次最低消费5元钱。其实，每个人都不是射了10支箭就走的，平均每天30人次，再加茶水、饮料、小食品的收入，我的射箭馆每天最低收入都在200元以上。为鼓励消费，我不断推出各种各样的奖励活动，如10支箭打到80环奖励雪碧、美年达等。每周每月都要举行定期比赛，根据器械种类和积分评选出周擂主、月擂主。年底的时候，还要举行总决赛，奖品更为丰厚。这些活动极大地调动了参与者的热情，也使我的钱袋鼓了起来。

我终于松了口气，从失败的绝境中走出来。投资一家射箭馆，不必承受过大的资金压力，钱赚了，身体也锻炼了，朋友也更多了，心态自然也好了，这难道不是人生的一种境界吗？

（资料来源：王军. 开家射箭馆让我绝处逢生）

**思考**：根据自己的理解，阐述这家射箭馆的商业模式。

## 二、商业模式的内容

要简明、扼要地说明一个商业模式,可以从以下三个问题入手。

第一个问题:卖的是什么?这包括商业模式独特的价值是什么,跟其他公司相比,自己公司卖的产品区别在哪里,主要瞄准哪种潜力巨大的需求,企业能抓到其中哪部分需求。有顾客才会有收入,商业模式是否有足够的市场,顾客是否对其提供的商品或服务感兴趣并愿意购买,是商业模式能否成功需要考虑的第一个问题。

第二个问题:如何防止别人使用同一商业模式竞争?面对这块大蛋糕,其他企业也可能会模仿该商业模式。所以必须找到独自擅长的能力和独享的资源,否则可能只是帮助后面的企业培育市场、启迪智慧,尽管有一定的社会价值,但没有创造出应有的商业价值。

第三个问题:如何从这种用户价值创造中寻找到一种盈利模式?就像修建一条高速公路,如果不建收费口,这条高速公路只是一项公益事业,而不是商业。如果盈利模式没有建立起来,商业模式是不成功的。瑞士的商业模式管理咨询专家亚历山大·奥斯特瓦德(Alexander Osterwalder)将商业模式的构成进行了细化,分为九大要素。奥斯特瓦德认为,企业需要通过市场细分、提供价值、建立分销渠道、管理客户关系赢得顾客,确保收益,还需要分析近期和未来的收益与成本,确保利润的获得;更重要的是,企业需要找到自己的核心资源与能力、关键业务、重要合作伙伴,将想进入这一细分市场分一杯羹的竞争对手挡在门外,起到基业长青的效果。

事实上,有关商业模式的三个简要问题和奥斯特瓦德的九要素相互间是有对应关系的。需要简要地描述商业模式内容时,可以从三个简要问题入手;当需要详细地描述商业模式内容时,可以按照九要素的框架进行。以表9-1为例,按照九要素的框架对射箭馆的商业模式内容进行说明。

表9-1 奥斯特瓦德商业模式九要素分析表

| 简要问题 | 九要素 | 具体内容 | 射箭馆的分析 |
| --- | --- | --- | --- |
| 卖的是什么 | 目标消费群体 | 公司瞄准的消费者群体 | 喜好射箭的中青年人 |
| | 价值主张 | 公司通过产品和服务向消费者提供的价值,满足客户的需求 | 提供射箭场地,举办竞技大赛,以满足人们运动休闲竞技需要 |
| | 渠道通路 | 公司用来接触消费者的途径 | 商店、学校、沿街发布传单 |
| | 客户关系 | 如何获取、保持客户,提高客户收益 | 会员制、定期擂台赛 |
| 如何防止别人模仿 | 核心资源 | 执行商业模式所需的核心资源和能力 | 会员制、器械 |
| | 关键业务 | 公司为了让商业模式运转必须从事的活动 | 会员保持 |
| | 重要合作伙伴 | 如供应商、商业联盟合作伙伴 | 无 |
| 盈利模式 | 成本结构 | 运营该商业模式所需要的所有成本 | 一次性器械投资、场地租金、奖品、器械维护 |
| | 收入来源 | 收入流与定价方法 | 按支收费、茶水饮料小食品 |

 **知识广角**

### 互联网的十大主要运营模式

1. 搜索引擎＋百科知识

代表企业：百度。

百度公司，2000年1月成立，立足于"超链分析"技术专利，发展成为全球最大的中文搜索引擎。百度为客户投放与网页内容相关的广告，从而实现盈利。立足于搜索引擎功能的提供，建立了一个全面完善的百科知识库。

盈利模式：竞价排名、广告、点击。

2. 即时通信＋游戏＋门户新闻＋邮箱

代表企业：腾讯。

腾讯成立于1998年11月，立足于即时通信，打造了一个庞大的亲友互动交际圈，形成了一种在线交流模式，在这个交际圈内推行网游、建立门户。

盈利模式：会员制、游戏、广告。

3. 安全＋浏览器＋搜索引擎

代表企业：奇虎360。

2005年创立，即以免费的互联网安全服务风靡全国，一举奠定中国互联网安全市场的龙头地位。奇虎360立足于网络安全，占据了浏览器近30%的市场，构建了杀毒、防火墙等系列产品；在浏览器市场之上，独创了PeopleRank搜索引擎技术，并发布了具备"自学习、自进化"能力和发现用户最需要的搜索结果的第三代搜索引擎。公司主要依靠在线广告及互联网增值业务创收。

盈利模式：免费＋有偿增值服务。

4. 门户新闻＋微博

代表企业：新浪。

成立于1998年的新浪，立足门户、微博通信及相关增值资讯报务。公司收入大部分来自网络广告，少部分来自移动增值服务。

盈利模式：广告。

5. 邮箱＋新闻

代表企业：网易。

1997年6月成立的网易公司，立足于电子邮件，继而发展门户新闻、游戏，绝大部分收入来自网络游戏。

盈利模式：邮箱、游戏、广告。

6. 下载＋游戏＋视频

代表企业：迅雷。

2003年1月成立，立足于下载。

盈利模式：会员制、游戏、广告

7. 输入法＋地图搜索＋游戏

代表企业：搜狐。

搜狐成立于1998年2月，做得最多、广为人知的是搜狗地图和搜狗输入法。

盈利模式：目前搜狐的收入主要由品牌广告、在线游戏、无线增值三部分组成。

8. 视频

代表企业：优酷土豆。

土豆网于 2005 年 4 月正式上线，优酷网 2006 年 12 月推出，优酷网与土豆网宣布以 100% 换股方式合并，2012 年 8 月 20 日，优酷土豆合并方案获批准通过，优酷土豆股份有限公司成立。

盈利模式：主要收入来源于广告。至今仍未实现盈利，不过亏损在逐渐收窄。

9. 电子商城、平台

代表企业：阿里巴巴。

立足于网上贸易平台，1999 年创立，2003 年 5 月，建立淘宝网；2004 年 10 月阿里巴巴投资成立支付宝公司。

盈利模式：为网上企业对企业（B2B）交易市场提供软件、技术及其他服务（B2B 服务），并获取报酬。

10. 网络文学 + 游戏 + 影视

代表企业：盛大。

立足于网络文学、游戏和影视，1999 年 11 月成立。

盈利模式：游戏、文学平台、广告。

（资料来源：钛媒体）

## 三、成功商业模式的特点

### （一）让客户发自内心地感到满意并得到实惠

商业模式如果能真正帮助顾客解决问题、提供便利、满足需求，顾客会自发地留在企业身边，继续购买商品或服务，商业模式的价值会随着时间的推移而日渐明显。相反，如果商业模式只是以一个漂亮的噱头短期内吸引顾客的眼球，却并没有为顾客带来真正的帮助，是无法长久经营的。

### （二）让企业持续、健康地挣钱

企业大，并不意味着企业强；企业强，并不意味着企业的盈利方式持续健康。良好的商业模式让企业的经营考虑了眼前利益和将来利益，让企业得到持续健康的发展。相反，只是打政策的"擦边球"，或靠短暂的人口红利，可能会导致未来需要商业模式转型，会带来更多的不确定性。

### （三）以"为更多的人谋利"作为发展的重要动力

企业的使命是企业存在价值的定位，也对经营者、员工、投资人形成巨大的号召力。商业模式决定了企业究竟要做什么、要为谁做，因而与企业使命息息相关。

**案例分析**

#### 德胜洋楼："高尚"的成长

德胜洋楼（以下称"德胜"）专门从事美式木制别墅建造，年销售额 4 亿～5 亿元，员工不到 1000 人。目前，它占据了国内木结构别墅 70% 以上的市场份额。尽管在建筑行业，常常出现工作条件恶劣、民工讨薪难、房价高等问题，但在德胜公司，却是另一番景象。10多年来，德胜对客户的报价一直是4950元/平方米，丝毫未变；员工们也拥有有尊严、整洁有序的生活。

1. 不搞商业贿赂：用质量建立口碑营销

德胜对商业贿赂进行了严苛的监管。在德胜，公司规定，公司员工不得接受供应商和客户20支以上的香烟、100克以上酒类礼品，以及20元以上的工作餐，违者属于获取非法收入，一经查实立即开除。杜绝商业贿赂，如何保证业务与销量呢？德胜在营销上从不主动出击。主要是靠质量来进行口碑营销。质量过硬，使得这家在木结构领域报价最高的公司常年订单不断，以至于不需要主动推销，公司常年只有一个销售员的传统维持了下来。

2. 诚信管理系统，报销不用领导签字

在德胜，报销不需要领导签字，员工直接去财务部门报销即可。创始人聂圣哲认为：报销费用是真实还是作假，这纯属个人信用问题，应该由个人承担责任。报销让上级领导签字实际上是委托上级来担保下级的个人信用，这是不合理的。德胜公司专门就报销问题建立了一套"个人信用分析系统"，可以从员工的报销单据中分析出真实性以及费用发生的必要性。同时，员工的信用情况都会记录在系统中，会影响员工在公司的借款额度等福利。

员工珍视自己的信用，因而德胜也给员工更多的自由，例如，员工可以打免费长途电话，可以免费领取药品，可以开公司的车去办私事，但一定要登记。员工在工作时间内必须满负荷工作。如果累了，可以在咖啡馆里喝杯咖啡，或者走到室外抽根烟，但绝不允许"磨洋工"。此外，德胜公司经常发布公告，表彰那些不作假的员工。

3. 建筑工人自豪感的培育

感恩节，德胜停工半天，让工人们召开茶话会。他们表演节目，互致感谢，互赠礼物，歌声不加修饰，甚至有些跑调，但每个人脸上的笑容却十分灿烂。公司还为每个人准备了一份礼物，大家可以赠送给自己想感谢的人。圣诞节，公司专门在喜来登酒店举行圣诞晚宴，款待所有工人。一开始，喜来登的工作人员担心"这么多人涌入酒店会不会造成混乱"，但后来发现，这家公司的工人都穿着西服，打着领带，举止文明，很有教养。

不久前，德胜公司和安徽休宁县第一高级职业中学合办了一所木工学校，所有毕业生都被冠以"匠士"的头衔。除了精神层面的肯定，在德胜，普通木工一年的收入能达到6万～7万元。除此之外，工人们吃住上的花费很少，也不用担心催讨工资，还能够体会到在其他公司享受不到的尊严感，他们对此感到很满足。

4. 对员工的真正关怀，暖到心窝

公司规定，职工发现自己身体不适必须马上请假，否则将被罚款到100元；连续工作一年以上的员工，每年可以代表公司招待家庭成员一次，费用不超过600元；每年可以代表公司向正在上学的孩子赠送一件价格在200元之内的礼物。2006年，一位工人因为煤气泄漏发生爆炸，全身90%的皮肤被烧伤，医院认为已经没必要抢救了。但公司坚持对他进行救治，并让这位工人奇迹般地活了下来，为此公司付出了400万元的医疗费。如今，德胜公司每个月都给受伤工人的母亲支付工资，帮助她照料儿子生活。

（资料来源：中欧商业评论）

项目九　创业企业商业模式

## 四、商业模式的作用

### （一）有助于掌握学习对象成功的关键

标杆管理是一种绩效管理方法，被称为20世纪90年代的三大管理方法之一。标杆管理是指在同行业中确定最佳的学习对象，并进行详细具体的资料收集和调查。然后，与自身情况进行比较分析，找出组织与标杆之间的差距，制定符合自身现实条件与需要的实施方案，并加以实施。方案实施完成后，在绩效测评的基础上进行再标杆，保持持续的绩效改进。

创业企业在发展中，可以寻找行业中的领先企业，或者其他行业的值得学习的对象，通过标杆管理来提升自己。而商业模式是学习内容中的核心部分。在分析标杆学习对象时，需要把握住其成功的核心要素和框架。这便需要精准地把握住对方的商业模式。商业模式分析为分析学习对象提供一种思路框架，当企业掌握对方的目标顾客群、渠道、客户管理方式、提供的价值、核心资源和能力、核心业务、合作伙伴、收入来源和成本结构后，也大致了解了对方得以生存并长期盈利的本质原因，更容易学习到精华。

### （二）有助于规避不良商业模式带来的风险

正如前文中提到的"大蒜宝"案例，如果在创业前厘清商业模式的具体内容，并根据自身情况进行分析和选择，就可以避免不良的商业模式带来的风险，预先通过调整进行弥补。商业模式的转换成本很高，一旦将商业模式运营起来，要转换为另外一种商业模式，有可能需要不得不放弃之前做的准备，固定资产、人员、战略可能都需要重新洗牌，带来巨大的转换成本。

### （三）良好的商业模式有助于说服融资对象

企业的发展需要资金。资金可能来自自我的缓慢积累，也可能来自亲友间的借贷、"天使"投资人的投资、风险投资公司的投资、银行的贷款等。除了自我积累，其他集资渠道都需要对方认可企业的商业模式，确保未来有足够的利润、足够的现金流。有一个良好的商业模式，就能讲一个好故事，能让对方愿意注入资金到企业中。

### （四）有助于对竞争对手制定出针对性策略

有时，突然出现一个新的竞争对手，对方搞得热火朝天，也需要对竞争对手进行分析。商业模式分析有助于把握住对方竞争优势的本质，更能有针对性地制定竞争策略。

### （五）商业模式创新有助于企业脱离困境

市场总是在不断变化，可能去年市场充足，今年便开始萎缩。因此，企业需要根据消费者变化的需求进行商业模式创新，以持续更新获利机制。

## 任务 2　制定商业模式

 引导案例

### 卡当网 C2B，个性定制平台

一些创业者意识到，做标准化产品的空间日益狭窄，而产品定制有更大的创新空间。但创业者大多数会选择开淘宝店起步，往往面临动销率（商品累计销售数量/商品库存数量）低的困境。当动销率非常低时，商家都在为库存而苦恼，无暇去研发新的东西，这对定制化类的商家发展是不利的。

卡当网成立于2006年，定位于提供个性化定制服务平台。目前，卡当网个性化定制的产品线已经囊括时尚饰品、杯子餐具、Zippo打火机、家居饰品、时尚文具、印刷品、T恤、照片冲印等超千款单品，均可实现一件起订、全国配送。卡当网一方面联络优质的有潜力的个性礼品定制电商商家，另一方面通过电子邮件、网络广告等方式让消费者知晓卡当网是专业的个性礼品定制网站，为需要定制礼品的顾客省去在淘宝中海淘的时间。卡当网的历史销售数据也有助于商家更好地了解消费者的需求动向。以消费者为导向，根据浪费者的需求与订单进行定制化生产，库存压力得以减轻，动销率低的困境迎刃而解。

（资料来源：中国经营网）

**思考**：卡当网把握了顾客的什么价值主张？给我们什么启示？

## 一、制定商业模式的过程

奥斯特瓦德在理论研究和实践运用中，开发出帮助创业者、管理人员理清商业模式思路的工具，即商业模式画布，其立体沙盘画布如图9-1所示。画布右上角为商业模式瞄准的目标消费者群体，左边是企业拥有的资本，例如核心资源与能力、重要合作伙伴、关键业务。企业与消费者之间为企业为消费者提供的价值主张，以及维系顾客的客户关系管理、渠道管理。在搭建好企业和消费者之间的关系后，还需要考虑整个商业模式涉及哪些成本，能带来哪些收益，确保收益大于成本，获得预期利润。

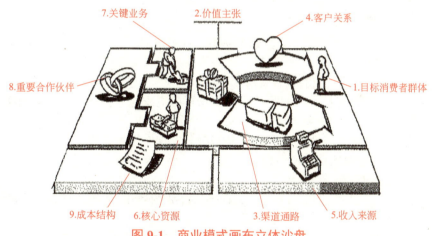

图9-1 商业模式画布立体沙盘

在实际操作中，这一画布也可以设计成平面的规则型表格，用投影仪、白板、海报纸等工具呈现出来，供决策人员进行头脑风暴，随时在相应模块写上分析内容。商业模式画布平面图如图9-2所示。

制定商业模式可以按照商业模式九要素来制定，具体为以下9个步骤。

### （一）锁定目标顾客群

持续利润的产生需要客户对产品或服务的认可与购买，因此细分市场，锁定目标顾客群是商业模式的主要步骤。企业可以把客户细分为不同群体，以便选择某一群体，集中自身优势，针对性提供优质商品和服务，更加精确地满足客户群体的需求。创业企业拥有的资源有限，更需要找准适合自己的顾客群。在进行客户细分时，需要问自己几个问题。

图9-2 商业模式画布平面图

① 我们正在或将要为谁创造价值?
② 谁是我们最主要的客户?
如果客户群体具有以下特征,则可以考虑继续细分。
① 需要提供明显不同的商品或服务来满足客户群体的需求。
② 客户群体需要不同类型的客户关系。
③ 客户群体的盈利能力有本质区别。
④ 客户群体愿意为产品或服务的不同方面付费。

## (二)明确价值主张

在确定了目标顾客群体后,企业还需要进行这些思考:
① 我们该向顾客传递什么样的价值?
② 我们正在或将帮助我们的顾客解决哪一类难题?
③ 我们正在或将要满足客户的哪些需求?这样的需求是否是刚需,究竟有多强?频率有多高?
④ 我们正在提供给客户哪些系列的产品和服务?这些思考有助于根据顾客的需要推出产品和服务的定位,并明确企业的使命。

主要的价值主张有如下几类。

(1)新颖性。产品或服务的新颖性有助于满足顾客的猎奇心理,"吸睛"的同时"吸金"。

(2)性能。一些顾客是实用主义者,注重产品的性能,包括高质量水平、参数更佳、功能多样化等。例如,一些为汽车提供配件的小型工厂,为客户提供的价值是性能满足要求的配件。

(3)定制化。定制化产品有助于满足消费者的个性需求,迎合不同口味。定制化是C2B模式的表现之一。C2B模式(Customers To Business),即消费者对企业,也就是先有消费者提出需求,后有生产企业按消费者的需求组织生产。相对于传统的B2C模式,所有的环节都由厂家驱动,C2B的核心区别就在于由消费者驱动,以消费者的需求为起点。C2B模式更能实现消费者需求和产品服务设计的零距离融合,商品产销对路,更符合消费者的需求,库存也能大幅减少。

(4)身份地位。在一些消费领域,顾客购买商品或服务是为了彰显自己的身份和地位。例如,喜上妆的专业化妆师是平时给明星和艺人化妆的专业级别,其口号"让你和明星拥有同一位造型师"则让人觉得喜上妆所提供的服务时尚、高档，享用这样的服务也不会让自己掉价。

（5）成本控制。在大部分顾客对价格敏感度较高的今天，同样质量和性能的产品如果有更低的价格，对于顾客而言也是一种价值，因为这样的产品或服务帮助顾客降低了生活成本或者运营成本。例如，一些公司把核心业务留给自己继续做，把非核心业务外包出去，原因就是外包公司既花钱少，又干得好。

 **案例分析**

### 讯鸟：呼叫中心外包的性价比优势

优幼母婴用品（以下简称"优幼"）在发展初期，采用"电子商务+400电话"自建市场营销和服务模式。400号码具有的对外统一的公司形象，让起步期的优幼非常满意。但随着业务的发展，庞大的业务咨询量让优幼的400电话不堪重负。所有来电客户都拥挤到400电话，但400电话在单位时间内只能接听一位用户的电话，更多用户的电话打不进来，出现占线，白白流失掉了客户，而且电信的400电话语音导航功能需要额外增加费用，让优幼觉得非常不合算。

经过一番市场搜索，优幼发现了北京讯鸟软件有限公司的"启通宝"托管呼叫中心运营服务，优幼客服中心的负责人巴小姐说："通过比较电传的400电话和讯鸟启通宝，我们发现启通宝功能全面，且价格合理，是一款价廉物美、高性价比的产品。"于是，优幼启用了讯鸟的外包服务。

（资料来源：中国软件网）

（6）健康环保。一些企业的产品和服务吸引人的，是其健康环保的效果。例如，有机农场提供的蔬果不受农药、激素的影响，对人体更健康，因此人们愿意付更高的价格去购买。

（7）便利性。随着人们用于工作的时间日益增多，人们更希望能够从繁琐的日常事务中抽身出来，让自己得以放松和休息。因此，简单便捷的生活也是消费者的需求之一。同样质量的情况下，消费者更愿意用简单快捷的方法获得商品或服务。例如，淘宝推出余额宝，便是为人们提供一个简单便捷的理财产品。用户不用花功夫研究主要理财知识即可获得更高的收益，因而备受人们青睐。

 **案例分析**

### 考拉社区APP：你可以更"懒"一点

考拉APP是在2014年11月上线的一款社区电商APP，主攻"最后一公里"的社区服务，为追求品质的"懒友"带来全面的生活便利，包括优选蔬果、餐饮上门、周边便利店、家政保洁、干洗等服务，邻里二手交易、社区活动等平台。运营初期，考拉社区APP在成都、广州、无锡、上海举办"全速发呆大赛"，受到了火热的关注。首站"发呆大赛"一开始，当天APP的下载数量就超过10万，11月和12月的新增用户均超过100万，次年1月份以来，APP用户量也呈每日10%左右的平稳增幅。

（资料来源：大学生创业网）

**思考**：考拉社区APP的商业模式有什么特点？

## （三）设计渠道通路

渠道是联通客户和企业的途径，良好的渠道通路有助于扩大客户对产品和服务的接触面，并促使顾客对其产生良好的评价，进而购买产品和服务，甚至提升顾客对品牌的好感，培养顾客忠诚。渠道包括自有渠道与合作伙伴渠道。常见的自有渠道有面对面的销售团队、在线销售、自有门店销售，合作伙伴渠道有合作伙伴店铺、批发商。在考虑渠道通路时，应当思考以下问题：

（1）通过哪些渠道可以接触我们的客户细分群体？
（2）我们现在如何接触他们？我们的渠道如何整合？
（3）哪些渠道最有效？哪些渠道成本效益最好？
（4）如何把我们的渠道与客户的例行程序进行整合？

### 案例分析

#### 多利农庄：缩短"食物链"

多利农庄绕开菜场和沃尔玛这些中间渠道，自建车队、引入以冷链配送见长的合作伙伴，形成了一套较为成熟的"从田间到餐桌"的直销模式。

按照常规，最为"省心"的做法，便是蔬菜自田间收获后，交给蔬菜经纪人，再由一级代理、二级代理、零售商等四五个环节，到达消费者的餐桌，但中间物流环节层层传递会带来高损耗，这个数字一般在30%～40%。同时，渠道商占据产业链上大量的利润，甚至会占到终端价格80%以上。此外，菜场的终端混售方式也使得消费者很难将多利的产品从一堆堆蔬菜中区分开来，不仅不利于农庄品牌形象的建立，而且由于市场良莠不齐，销量也有可能因之受累。

有机产品的营销渠道主要有三类，常规超市、直销以及天然（有机）食品专卖。在国内，目前还没有成熟的有机食品专卖渠道。至于与沃尔玛、家乐福等超市合作同样存在中间环节损耗和品牌辨识度不高的问题，而且由于大型超市都"比较强势"，在进场费、返点以及账期等方面的苛刻条件对企业快速扩张也带来现金流上的压力。因此，多利确定了"压缩中间环节"的渠道经营原则，选择了直销的方式，并且采取了会员预售的模式，即会员以月、半年或年度为周期预先付费，打包购买。

但是，直销对物流配送的依存度相当高，而国内市场的物流配送，尤其是冷链配送尚不发达，自建物流对于刚刚涌现的有机食品生产企业而言均属"不可承受之重"。多利农庄的解决方法是，在初期产量较少时，由农庄自己组织车队进行"田间到餐桌"的配送，而随着产量的增加，多利引入了以冷链配送见长的日本黑猫雅玛多宅急便物流为合作伙伴，配送半径已可覆盖整个上海市区。一般而言，多利农庄的蔬菜从采摘到包装到最后配送至会员家中，中间过程不超过24小时。

多利农庄目前的销售渠道主要集中三个方向：一是大型的团购会员单位；二是以礼品卡或者礼券的方式面向普通市民，通过在高端小区举办互动活动等形式来吸纳新的个体和家庭客户；三是利用官网的电子商务渠道进行直销。目前，在多利的销售总额中，三类渠道各自所占比例为4∶4∶2。

与此同时，为了提升用户体验，增加用户黏度，多利农庄正在做出多种尝试。比如应用物联网技术，消费者通过产品包装上的编码，在网络上就可以查知自己购买的蔬菜是如何播种、施肥，又是何时装车配送的，甚至每个环节操作人员的信息。此外，多利还定期邀请一些会员或潜在客户参观农场,在除草、钓鱼的同时增加与消费者的互动。未来的多利农庄还会增加更多用户体验的功能,比如建设一些可供游客留宿的旅社,或者打造一些与"偷菜"相关的旅游项目。

(资料来源:21世纪商评网)

### (四)建立客户关系

企业确定了目标顾客群后,还要思考如何获取客户、维系顾客和企业之间的感情并提升销售额。在设计客户关系管理时,可以考虑以下问题:

(1)我们每个客户细分群体希望我们与之建立和保持怎样的关系?
(2)哪些关系我们已经建立了?这些关系成本如何?
(3)如何把这些客户关系与商业模式的其余部分进行整合?

## 案例分析

### 丽芙家居:陪你生活一辈子

丽芙家居(Life VC)是一个源自欧洲生活灵感的家居品牌,主营家居、家纺等产品,同时根据厨房、宝贝成长、办公项目,衍生并经营多种产品。

在获取客户方面,丽芙家居并未大肆在媒体上炒作,更多是在网络上采用兴趣定向广告的方式,在顾客看过丽芙家居的网站之后,各种网络广告就会精准地向顾客展示广告,提供转入官网的链接,这样的获取客户方法低调又实惠。当顾客点击进入官方网站后,便能直观感受到丽芙家居树立的形象:真诚、温情、简洁、健康舒适。这与顾客对家居的诉求吻合。网站以浅绿色为主色调,"天然""陶瓷""柯木"等文字、干净整洁的图片营造出健康舒适的氛围。周围出现的文字也容易让人产生共鸣,心生暖意与信任。例如,其经营口号"Life VC,陪你生活一辈子"、广告语"累了,就回家,对自己好一点,因为一辈子很短,对家人好一点,因为下辈子不一定还遇见"等更符合目标顾客群——年轻女性的心理状态。

在维系顾客与企业之间的感情方面,丽芙家居做的不仅仅是写这些温情文字,还有良好的服务措施,包括"15天促销差价补偿""质量退换货无时限""30天无理由退换货""8小时快速退款"等。在产品质量上,往往销售的产品质量处于中上水平,即使出现瑕疵品,客服人员也会为顾客提供便捷的退换货渠道,并诚恳地向顾客致歉。

在提升顾客的购买量方面,丽芙家居采用会员晋级制,累计消费额越高,会员级别越高,享受的折扣力度越大。丽芙家居还会针对不到级别的会员,开展不同的活动。例如,向玛瑙会员推荐其他玛瑙会员常买的产品,向已经注册会员但长期未购买的顾客赠送高额的抵用券等。此外,消费额会产生积分,积分能抵扣货款。包邮起始额的设定也会提高每单的销售额。在特殊的节日和换季时节,丽芙家居还会通过免费赠送产品的方式,促使消费者为了包邮凑单,增大购买量。

(资料来源:中关村在线)

### (五)设置收费方式

如果客户是商业模式的心脏,那么收入来源就是动脉。收费方式要设置巧妙,一方面力求让顾客花钱花得满意，另一方面要便于企业计费。在考虑收入来源的设计时，可以思考以下问题：

① 什么样的价值能让客户愿意付费？
② 他们现在付费买什么？他们是如何支付费用的？他们更愿意如何支付费用？
③ 每个收入来源占总收入的比例是多少？

一个商业模式可以包含不同类型的收入来源。例如：

① 实体产品销售。例如饭店的食物、书店的书籍等。
② 使用收费。顾客使用的服务越多，付费越多，如，客栈可以按顾客入住天数计费。
③ 会员收费。如，健身房的按月会员制、手机游戏的包月会员制。
④ 授权收费。如，开特许经营加盟店时，加盟店需要向总店支付加盟费。
⑤ 广告收费。很多手机APP、视频网站（如优酷土豆网、爱奇艺）对用户而言是免费的，收入主要来源于在软件上做广告的商家。

## 案例分析

### 世纪佳缘的巧妙收费方法

世纪佳缘成立于2003年，以严肃的择偶平台为主要定位。用户可以免费注册，登录之后可以浏览到众多异性的资料。该网站收费方法自由巧妙在于，当你点击进入某位异性的数据页，对方的重点信息——包括实际年龄、星座、身高、学历、职业、甚至月薪与购车状况等一览无遗，不需花一分钱。但是，当你在五花八门的选择条件中找到自己心仪的对象，想要与对方联系的那一刻，你就必须付费了。

世纪佳缘的盈利模式关键就是控制会员之间的沟通渠道。当你希望跟心仪的对象即时聊天、打声招呼或写封充满诗意的信时，都必须通过付费机制才能如愿。同样，如果你收到陌生的异性寄来的电子邮件，想打开信件阅读，也需要付费。此外，一些顾客希望提高异性回信的概率，还可以选择为对方付费，对方便能免费开启信封、回复邮件。

（资料来源：陈威如，余卓轩 . 平台战略）

计价方式包括一次性收费、按次收费、按时长收费、按价值收费等。这与开车的收费方式是相似的。如表9-2所示。

表9-2　商业模式的计价方式

| 类别 | 计价方式 | 范例 |
| --- | --- | --- |
| 进场费 | 消费资格 | 会员费、订阅费用、自助费、一次性销售 |
| 过路费 | 消费次数 | 搜索广告按点击数收费，健身卡次卡、投币洗衣机 |
| 停车费 | 消费时长 | 网络游戏按在线时长收费、手机通话按时长收费 |
| 油费 | 消费价值 | 按成本定价、网络游戏销售道具、计件定价 |
| 分享费 | 价值创造 | 加盟费、投资基金、EMC |

 知识广角

### 如何选择付费方

一些商业模式会面临不同类型的顾客,可以选择将一些顾客作为"被补贴方",只需要付出少量的费用甚至免费获取服务,另一些顾客作为"付费方",需要付出主要的费用。免费获得商品和服务有助于提升人气,扩大影响,吸引"付费方","付费方"则是养活企业和"被补贴方"的源头。判断哪方作为"付费方",可以参考以下技巧。

(1)选择价格弹性低的一方作为"付费方"。收入水平较低的用户,如果面对涨价,会比收入水平较高的用户更容易拒绝购买该服务,因此往往选择收入水平高的用户作为付费方。例如,在女性玩家中颇受欢迎的在线手游"暖暖环游世界"中,玩家可以免费玩游戏,收入水平较低的玩家可以通过花费大量时间通关来免费收集精美的服饰和游戏道具,是被补贴方;但收入较高的人可以选择不用辛苦通关直接花钱购买,是付费方。

(2)让最需要服务的一方付费。例如,信用卡体系中的万事达卡(Master Card),面对着持卡人、商家、发卡行、收单行(协助商家处理信用卡交易的银行)四方用户。其中,商家是最需要信用卡刷卡服务的,因为这会为消费者带来便利,进而提升本店的销售额。因此商家需要支付交易额的1.9%作为手续费。世纪佳缘让更急于结婚的用户付费相亲,也是考虑到这一点。

(3)让利给有助于扩大平台影响范围的一方。只要使用平台的用户众多,平台的知名度较高,影响范围广,就能撑起平台运作。有助于提升使用频率的是持卡人,因此信用卡体系中的万事达卡(Master Card),持卡人用信用卡刷卡消费是免费的。发卡行也是第二大受益者,因为发卡行的发卡努力程度直接影响持卡人人数,因此交易额的1.7%分给发卡行,收单行仅抽取1.7%的收益。

对于"被补贴方",可以采用直接免费的方法,也可以采用赠送电子优惠券、填写调查问卷赠送抵用券等间接的补贴方法,让顾客参与其中,增加了互动环节,也让顾客获得了低价的实惠。

### (六)确定核心资源

核心资源是撑起商业模式持续运作的力量,也是将竞争对手阻挡在细分市场之外的力量,甚至是获得顾客垂青的重要原因。在思考时,可以从整个商业模式的各个环节出发,写出所需资源,并挖掘出核心资源。例如,在创意产业中人力资源是核心资源;在客户眼中新东方学校较之其他培训学校更具权威的原因在于其拥有更优秀的教师,这也是其核心资源;快消品企业中的品牌是核心资源;物流企业中的实体资产是核心资源。

### (七)确定关键业务

企业往往需要开展许多活动,但关键的业务需要重点拓展和深入。在思考时,企业可以考虑商业模式中的价值主张、渠道通路、客户关系、收入来源等要素需要开展哪些业务,并进行比较分析,找出关键业务。

关键业务,可能是使自己区别于其他企业、对提供给客户的价值贡献最大的业务,也可能是风险最高、同行最容易死的短板环节。例如,做O2O(即Online To Offline,线上对线下)商业模式,除了所有的商业模式都看重的顾客数量以外,还需要关注物流成本与速度。一些商业模式在前期为了吸引用户降低收费甚至免费,长期处于亏损状态,要在后期才能盈

利，就必须明确融资是自己的关键业务，同行竞争能否生存很大程度上取决于"烧钱"能否坚持到最后。

### （八）寻找合作伙伴

有时，有一些重要的资源或能力企业并不具备，却可以通过合作的方法获得。可能是共同开发一项有难度的技术，可能是购买对方的专利，也可能是使用对方已有的销售渠道。在设计这一要素时，可以考虑以下问题：

（1）我们有哪些供应商、合作伙伴？谁是我们最重要的合作伙伴？

（2）我们正在从伙伴那里获得哪些资源？哪些是核心资源？哪些与我们的关键业务相关？

（3）我们的合作方法还能在哪些方面深入？

#### 案例分析

**有机农庄：土地的来源**

开办有机农场，不得不面对的问题是土地问题。为了解决这一重要问题，业内的企业都各辟蹊径。譬如，为了拿到上游生产基地，上海一亩田的几位创始人驱车在老家崇明岛挨家挨户谈租地事宜，这不仅需要本乡本土的人脉基础，也需要付出大量时间成本。北京正谷有限公司等企业则放弃了自建生产基地的想法，决定异地发展合作社，与种菜的农户或者其他已有土地的农场合作。这虽然能够解决上游产能不足的问题，但也有一定的弊端，一来品类缺乏规划，二来质量管理上具有一定的挑战。总之，对合作伙伴的不同选择，可能会产生不同的经营结果。

（资料来源：21世纪商评网）

### （九）明确成本结构

当前述的八大要素都确定了，每个要素所需要花费的成本也能计算出来。只有估算出成本，才能估算出利润。在估算成本的同时，也可以尽可能想办法减少成本，或者选择成本更低、收益更大的商业模式。获得成本项和具体费用后，可以分析以下问题：

（1）什么是我们商业模式中最重要的固有成本？哪些是可以省去的？

（2）哪些核心资源花费最多？

（3）哪些关键业务花费最多？

#### 使用商业模式画布的技巧

（1）使用商业模式画布的最佳方法是在大的背景上投影出来，这样一群人便可以用便利贴、马克笔共同绘制、讨论商业模式，促进多人相互讨论、理解、分享创意和分析。

（2）一张便利贴上只写一个观点，并用足够粗的马克笔写，粗的马克笔会让字足够大，让所有人能看清，并能保证字数少而简洁。

（3）可以用简单的图画来表达，更生动，利于相互的理解。

## 二、控制商业模式的风险

### （一）确定顾客的需求足够强烈

有的细分市场虽然有商业机会，但也要看看需求是否是刚性的，消费是否是高频次的。一个刚性需求胜过一个好产品。比如地板打蜡，一年一个家庭最多给地板打一次蜡。用户群基数小、消费频次低的项目就不适合做单独的项目，而应当放在整个家政平台上。

### （二）警惕进入壁垒低的行业

如果商业模式选择的是高进入壁垒、低退出壁垒的行业，而自己又有能够进入这一行业的资本，当然非常好。如果进军的领域进入壁垒较低，一方面有利于自己进驻，另一方面也可能引来更多的企业进驻，甚至是大型企业，导致细分市场利润被摊薄，甚至被挤出市场。因此，要通过自己的商业模式不可复制性来保护好自己的领地，尤其是拥有核心资源。如果商业模式容易被复制，则应该迅速树立起品牌知名度，进而融资、聚人、整合资源，持续打造品牌知名度。

### （三）预防合作伙伴离开形成的损失

在与合作伙伴合作时，还需要注意对一些关键资源的控制，以免合作伙伴人去财空。合作伙伴可能会因为各种原因而无法继续合作，因此，基于合作伙伴的商业模式最好为自己设置好退路。

### 案例分析

#### 某连锁店总店与加盟店的合作

在开连锁店时，有的企业自买物业，有的企业签长租合同。某企业的做法却独辟蹊径。每当看好一个店铺，就跟店面谈好，由企业和业主签好租约，加盟店长入驻，店长向业主缴纳租金，但地点的决定权是掌握在企业手里的。零售店面的销售额在很大程度上取决于区位，如果店长退出，企业仍可以通过租约控制店面，保护销售额。企业通过做"二房东"降低了交易风险，提升了控制力。

（资料来源：魏炜等．商业模式的经济解释：深度解构商业模式密码）

### （四）财务规划充足，防止资金链断裂

创业企业的资金实力不如成熟企业雄厚，融资往往也遭遇一些困难。因此，在前期的规划和后期的经营中，一定要注意资金流的持续稳定。否则，即使创业企业拥有良好的盈利模式，也可能因为资金链断裂的原因而倒闭。

### 案例分析

#### 资金链断裂——企业主出走

2011年4月以来，浙江温州五六家知名企业主相继出走，原因就在于当地银行紧缩政策，使得中小企业资金链紧张。更有行业协会负责人预言，年末将有4成以上温州民企倒闭。

据了解，国有三大银行与商业银行均已停止增发贷款。而 5 月 20 日中国银监会（全称为"中国银行业监督管理委员会"）派出调查组低调抵达温州，此后主持召开了 5 场座谈会，据知情人士透露，这次调研的内容主要涉及中小企业的融资情况。

"若不是银行逼得这么紧，我们手里一个浙江省技改重点项目马上就可以开始操作。" 5 月 26 日，接受记者采访的温州市某公司董事长陈某拿着一本厚厚的项目可行性报告书直叹可惜。该公司因为某集团担保的 1600 万元贷款无法偿还受到牵连，眼下正被银行逼债。据记者了解，还有另外两家企业和该公司一样，也面临着资金链断裂的风险，其中一名企业主已经选择了出走。

事实上，类似的企业连环资金紧张，近来在温州并不是个案。温州中小企业促进会会长周德文告诉记者，在温州某镇，近一个月已有 100 多家企业陆续关闭。

由于今年银行严查"借新还旧"，不少向高利贷举债的中小企业老板掉进了高利贷的"黑洞"，周德文说："这段时间很多逃走的温州企业老板，都是因为借了高利贷，最终出现资金链断裂。"

（资料来源：中国中小企业信息网）

## 三、商业模式衡量标准

### （一）盈利性

创业企业毕竟是以盈利为目的，一个商业模式能够带来多少利润，是衡量商业模式的重要指标。这需要经过预算，通过收入预算、成本预算来得出精确的数据。

### （二）可持续性

可将续性，也就是说创业企业按照这样的商业模式，在未来能存活并盈利多久。首先，可持续性体现在收入能否持续，而收入一般会受到市场需求、顾客购买力的影响，也会受到竞争对手争夺市场的影响，因此，商业模式在设计时就应当预想到未来竞争对手加入的可能性，并制定相应的对策。其次，可持续性还和企业自身的实力有关。市场可能前景很好，但自己的核心资源或核心能力是否足够？比如资金或融资能力、人力资源、企业的外部形象等。第三，成本是否会上涨？例如石油、员工工资等。

### （三）退出壁垒

一些创业企业在发展到一定时期后，可能会以各种原因撤出资金，例如重新创业、企业转产，那么，这个商业模式有没有无法撤出的限制因素？例如一次性购买的长期使用权、昂贵的设备等。这些设备、使用权能否转让变现？会损失多少？这都是需要考虑的因素。

## 任务 3　创新商业模式

**引导案例**

### 喜上妆美妆的与众不同

在都市里，大大小小的朋友聚会、酒会和其他需要盛装出席的场景已经成为非常普遍的生活写照。2014 年，主持人汪聪开始筹办喜上妆 APP。喜上妆致力于将专业造型师和爱美的女孩对接在一起，其口号是"让你和明星拥有同一位造型师"。喜上妆产品目前采用用户微信终端下单、造型师在APP端接单的方式。在盈利模式方面，喜上妆不在造型师所得收益上抽成，收入主要来源于与化妆品品牌的合作，以及服务报告生成的数据。服务报告是指每一个客户在造型结束后得到的来自造型师的私人定制的服务报告，报告中会详细列出造型师对于妆容、造型和化妆品的建议，如为什么化妆师为客户选择了这款口红，为什么出席某场合时这个色号是最适合客户的。这些数据对客户和化妆品品牌都很有价值。

但当喜上妆APP正式上线的时候，汪聪就发现市场上非常快速地出现了至少六家做上门做造型服务的项目。不过，喜上妆有自己的核心资源和优势。首先，创业者汪聪近十年的主持人生涯，为她积累了大量为明星和艺人服务的专业造型师的人脉资源。这种专业造型师级别的服务是其他团队无法提供的。尽管艺人专属的造型师往往接单都是3000元以上，但很多造型师一个月大概只有一半的时间在工作，剩下的一半在休息。艺人市场只有那么大，但造型师的规模正在不断扩大，因此专业造型师为普通人接单是可行的。目前喜上妆平台定位为398元和998元两档价位。第二，喜上妆对造型师的筛选十分严格。所有去报名去喜上妆的造型师都需要经过公司的面试，筛选造型师的专业人员首先从底部筛掉了刚从美容学校出来的造型师，在顶端也放弃了一些顶级的但不合适的造型师，如价格要求过高、档期无法错开等。汪聪希望通过初期对于造型师的严格筛选，将喜上妆造型师打造成一个品牌名片。

喜上妆上线不到十天已经接到了不少个人订单、团体订单。在自己的东家——优酷的3000多人的年会上，喜上妆造型师基本接下了所有的造型需求，为200多人提供了造型服务。

（资料来源：青年创业网）

思考：喜上妆商业模式的特点在哪里？你是否有更好的创新模式？

## 一、商业模式创新的重要性

如果说商业模式是指企业为顾客为自己创造价值的基本逻辑，商业模式创新则是指企业价值创造基本逻辑的创新变化。商业模式是企业整体运作的方式，但商业模式的实践意义并不是让企业进行全面到位的优化和流程改造，即使是优秀的企业，如戴尔、麦当劳、联邦快递等也只是在商业模式的某个环节做得比较出色和独特，形成了自己的核心能力或是核心流程，从而胜出的。因此，企业应该从分析商业模式的过程中学会趋利避害，取长补短。商业模式任何一个要素的优化，都能给企业带来更好的效益。

 **案例分析**

### 涮涮锅的转变

深圳的某个社区新开了一家涮涮锅，里面有两条流水线传盘，类似于日式的回转寿司。每个消费者都有一口小锅，可以从流水转盘拿下不同颜色的碟子，碟子颜色不同代表菜品的价格不同。这意味着这家饭店需要盘点每位消费者的消费量，加上相应的一些接待，而这是需要付出执行成本的。过了一段时间之后，这家饭店转型了，变成了自助餐模式。不管消费多少，每位都是48元。盈利模式已经变为一次性的进场费了。老板解释说，自助餐模式虽然可能遭遇消费者大吃特吃，但降低了人员投入，店面上的人工费减少了超过一半。相比之下，后者的节省超过前者的损失，两害相权取其轻，于是选择了自助餐模式。

（资料来源：魏炜等.商业模式的经济解释：深度解构商业模式密码）

## 二、创新商业模式的方法

### （一）不断靠近高价值顾客，为顾客提供更好的价值主张

在商业模式定位的目标顾客中，区分出能够给自己现在和未来带来高价值的顾客群，并通过市场调查了解其需求，再结合自身的优势，充分利用自己在与顾客多年来的交易中树立的信誉和形象，改善自己提供的产品和服务，为顾客提供更好的价值主张。

**案例分析**

**立思辰转型：设备使用—设备销售—外包服务**

1988年，立思辰创始人——几名清华学生开始勤工俭学，在校内开办了一家复印社，唯一的资产是一台价值1000元的二手复印机，收入主要来自个人或单位的复印费。由于个人用户的消费额低，消费量也不稳定，单位用户的消费更大，也更加稳定，因此复印社将目光集中在单位用户。1999年，北京立思辰办公设备有限公司成立，收入主要来源于办公设备销售、零件耗材费用和后续维修保养费用。

随着国内办公设备市场竞争加剧，设备销售毛利率逐步下降。公司经过市场调研，认为中国办公市场将从传统设备销售模式向新型服务模式转变。公司利用在文件设备销售业务中积累的经验，以及与客户和供应商的多年合作关系，从降低客户的复印、打印成本着手，将"设备销售＋零件耗材销售＋后续维修保养"的传统业务模式转化为"整合设计、专业外包、长期服务"的新型业务模式，转型为文件管理外包服务商业模式。

2004年，该项业务转型取得重大突破，确立了中国文件管理外包服务市场的本土领先地位。同时，公司与腾博等国际一流视频通信供应商开展合作，为跨国公司、政府机构等用户提供专业的企业级视频会议解决方案。

经过前期的积累，2005年开始，公司在文件管理外包服务、企业级视频会议解决方案及管理外包服务领域的能力获得较大提升。作为解决方案及服务的设计者和实施者，公司逐步形成集"硬件、软件、服务"于一体的业务整合能力，并在此基础上形成核心竞争力。

2007年以来，公司的业务模式得到市场认可，在部分行业中形成成熟的行业解决方案，并具备行业复制能力。2008年，公司以文件生命周期管理系统为代表的自主知识产权软件研发取得重大突破，在文件管理外包服务市场和视音频管理外包服务市场形成了强大的领先优势。

2009年，公司启用新的VI（视觉识别系统，例如企业标志、宣传口号、员工服装，体现出统一的文化），把"绿色办公，整合服务"作为企业目标，立足中国，持续发展。

（资料来源：荆浩等.中小企业动态商业模式创新——基于创业板立思辰的案例研究）

**思考：** 立思辰在不同阶段对商业模式的哪些要素进行了创新？进行了怎样的创新？

## （二）以技术升级为核心能力，开发出符合客户需求的产品

对于一些技术性强的产品和服务，进行产品或服务的技术升级与创新，并利用专利等限制他人的资源，更容易提升核心资源和能力，稳固商业模式。不过，要注意产品或服务创新应能够为客户带来更大的价值。

### 案例分析

#### 开发的"拳头"产品带来的销量

青岛中科塑机有限公司是一家仅有二十多名员工的小企业。但小企业同样身手不凡。公司开发出了新的"拳头"产品——彩色塑钢门窗异型材共挤机，不仅赢得了无数订单，更填补了国内空白。在此之前，塑钢门窗都是白色的，用这种设备生产的塑钢门窗外层加上 0.15 毫米的彩色玻璃钢，告别了单调的白色，为门窗增添了一抹亮色。彩色塑钢门窗近两三年来才在发达国家兴起，总经理于习臣看到这种带色的塑钢产品后，敏锐地感觉到这将是塑钢材料的一个新发展方向，他立即组织技术人员进行攻关，生产出了 PMMA/ASA 彩色塑钢门窗异型材共挤机。用这种新设备生产的塑钢材料每吨可以多卖两三千元，所以新设备一推出就受到市场的热捧。目前这种设备畅销国内外，销售额占整个公司销售额的 2/3，成为公司的主打产品。看似一个不起眼的创新，中科塑机却获得了很大的收益。

（资料来源：张潜．小微企业的"过冬"之道）

## （三）形式多样化，资源衍生式创新

一般而言，创业企业的资金、技术、人力、设备、商标、企业和品牌影响力、销售网络等企业资源相对不足，因此，创业企业必须比大企业更加注重对资源的有效利用。资源衍生式创新是指企业为了降低成本、提高产品的顾客价值，通过内部业务拓展或与其他企业合作的方式，从不同角度对企业的资源进行开发性应用。对于一些特别的产品，可以通过不同的形式面向顾客，获得更多途径的收益。例如，网络小说，可以出版成纸版小说，也可以拍成电影或电视连续剧；网络漫画，可以出版纸质漫画，发展为视频类动漫，也可以发展为网游，还可以和动漫周边的实体商品合作，例如手办、玩具、文具、礼品等。同一个产品，内容一样，以不同的形式呈现，或许能得到不同途径偏好者的欢迎。

### 案例分析

#### 动漫公司的产品衍生模式

福建育港信息技术有限公司在动漫的研发阶段便与一些服装、文具、生活用品制造厂商接触，并合作开发动漫衍生商品。在情节设计方面，育港也将这些制造厂商的部分产品以适当形式植入动画片。这种前景衍生品开发模式，既可以为动画产品做宣传使之未播先热，也可获得先期的部分资金以投入该片的研发，减少公司的资金压力。该创新是由企业无形资产衍生的商业模式创新，企业的无形资产衍生出新约商品、业务，同时衍生商品又促进了无形资产的研究开发，从而提高公司的竞争实力。

（资料来源：方金城等．我国中小企业商业模式创新的途径分析与研究）

## （四）渠道多元化，广泛接触顾客

如果能够以低成本的方式，拓宽能够接触到目标顾客群的渠道，便有可能获得更多的顾客，进而提升营业收益。在渠道设计中，有一个大方向是线上和线下的结合，也就是O2O（Online To Offline）模式。一般而言，线上的电子商务通过电脑和手机可以接触到更加广泛的顾客，信息传播更加及时而广泛，尤其是对于年轻的消费群体。而线下的实体可以展示品牌和商品的形象，同时线下的物流可以将商品和服务传递到顾客手中。

**案例分析**

### "小仙炖"燕窝的O2O模式

"小仙炖"是一个以北京当地市场为核心，销售鲜炖燕窝为主，提供上门配送服务的细分垂直O2O品牌。"小仙炖"致力于全程把控供应链，保证燕窝品质。"小仙炖"主要在线上以微信公众号、京东、淘宝订购为主，线下提供同城配送服务，让顾客以最便捷的方式享受到最新鲜的鲜炖燕窝。个性化的定制，供用户自主选择配送周期，以满足孕妈、潮姐、生理期女性保养等不同需求，既可以是自己购买犒劳一下自己，也可以是赠送亲友表达心意。

（资料来源：创业邦）

## （五）获得更多、更好的合作伙伴

要实现商业模式的创新，还可以寻求外部力量的支持。在现有情况下，是否还可以寻找到更多更有价值的合作伙伴？经过怎样的利益共享，能巩固这样的合作关系？无论是供应商、顾客，还是竞争对手，都有可能在某些领域成为合作伙伴。

**案例分析**

### 创业企业的"合纵连横"

有些事情，单个创业企业很难办成，众多创业企业"抱团"却可以变得很强大。2012年10月份，位于胶东的鸿光食品联合七八家规模不大的小公司赴辣椒产地联合采购，通过"合纵连横"减少中间环节，不但把原料收购价格压低了7%，更保证了原料质量，小企业们用"一个声音说话"，把主动权牢牢地掌握在自己手中。杜村镇是胶东市实木家具和板式家具的主要生产地区，这几家企业"抱团"开展联合采购、联合熏蒸、联合送检，形成了原料采购集群优势，节省采购成本近400万元，仅一次联合商检就节约费用42万元。

（资料来源：百度文库）

## 项目回顾

商业模式是一个企业整体运作体系的核心部分，简要地讲，商业模式阐释的是企业的目标顾客群是什么，为顾客提供的价值是什么，用什么样的渠道去接触顾客，用什么样的方法建立良好的顾客关系，能赚哪几笔钱，需要做哪些事、拥有哪些资源，其中哪些是核心资源，哪些是关键业务，需要有哪些合作伙伴，需要付出多少成本。在制定商业模式过程中，可以借鉴商业模式画布的工具进行分析，同时要考虑潜在的风险，例如顾客需求是否强劲、进入壁垒高低、合作伙伴的合作关系是否稳定等。商业模式需要根据变化的环境进行创新，创新时，可以从商业模式的各个要素出发，例如提供的价值更贴近顾客需求、产品形式多样化、产品技术升级、渠道多元化、合作伙伴优化等。

1. 商业模式包含哪些内容？
2. 如何制定商业模式？
3. 制定商业模式时需要考虑哪些风险？
4. 商业模式的衡量标准是什么？
5. 简述商业模式创新的技巧。

### 韵达快递 JY 公司的成长史

韵达快递 JY 公司于 2010 年筹建成立，是韵达快递公司在 G 市新设立的公司。该商圈当时尚无快递公司，设立 JY 公司，是希望抢在其他快递公司入驻之前，迅速开展业务，以占领 G 市巨大的市场。

JY 公司创立者之所以选择加盟韵达快递，主要是基于四个方面考虑。第一，市场需求旺盛，发展空间较大。第二，采用加盟方式，可以与总公司共用品牌、网络等。第三，行业准入门槛低。无论技术、人员、管理还是资金都只有极低的要求。第四，资金回笼周期短，回报率高。与总公司结算周期为一个月，因此一个月内的运营资金基本可以保证。由于与客户直接接触，所以每天有业务，就有现金流，盈利的计算可以精确到天。业务的支撑加上总公司的品牌号召力，总体收益情况可以得到保证，对于前期投入的资金可以迅速回笼。

快递的盈利模式是这样的。

（1）收件。当客户发出发货信号后，快递员会在约定时间取货，根据快件重量和需要到达的目标城市收取快递费，快件到达公司后在每天固定时间集中送至中转中心，在录入信息后货物发往目的地。向客户收取的费用减去向中转中心缴纳的费用，就是单件的毛利。

（2）派件。一般总公司会给加盟者按派件件数支付费用，不过盈利空间并不大，需要自己承担通信费、本地区的运输费等成本。

（3）增值服务。例如代收货款、签回单、保险费用等。尽管增值服务毛利率高，但发生的频率较小。

在客户群体定位方面，由于韵达快递公司在国内的货物配送方式以公路运输为主，速度不如空运快，但比空运费用低，且货物可配送的种类更多。因此，JY 公司将客户定位为对服务要求高、价格敏感高、对货物配送要求时效性中等的公司或个人，以及能够专门开辟空运通道的有货物量保证的大型公司。在开拓市场方面，主要采取三种方式：

（1）在派送快递的同时，以统一的着装、标准化的签收流程进行服务，并奉上联络名片，这样，在客户接收快件的同时，体验服务，并获得与公司联络的快速渠道，为以后的收取快件打下基础。

（2）通过拜访的方式，对区域内所有大型商场、购物中心、企业单位、写字楼、街边商铺进行逐一拜访，分发联络名片，并介绍服务。通过优惠的方式，和大型商家取得战略性合作关系，以获得稳定的客源，保持业务的持久性。

（3）与居民区附近的小型食杂店展开合作，让出部分利润，将其设立为公司下属的据点，并悬挂醒目牌匾，以引起小区居民的注意，小区居民可以自行到据点收发快件，为公司节约人力资源和服务资源，并实现区域的扩张。

运营第二个月，在全网开通的威力已经逐渐显现出来，运营第三个月，快件的到货量已经达到新高，收取量也在增加，市场开拓的成果初步显现。但与此同时，公司的人力成本和企业运营成本不断升高，利润增加却有限，由于每日快件的到货量不断增加，公司已经陷入快件派送和收取的巨大工作量之中，碍于成本压力无法继续增加人员，市场开拓基本停止。同时，还产生了两个问题：首先，快递派件的速度要求使快递工作人员压力很大，所以无法保证基本的服务质量；其次，快件派送员开始出现丢件现象。由于人手不够，JY公司负责人需要顶替业务员跑业务，无暇思考解决这些问题。运营的第四个月，其他快递公司涉足这一地区，竞争越来越激烈。由于韵达快递公司JY公司未解决之前的内部问题，再加上竞争的加剧，工作绩效不理想。营运第六个月，由于油价上涨造成的全国物流行业成本上升，也辐射到快递行业，致使总公司不断将压力转移到各加盟公司，但加盟公司短期内无法在客户上释放成本压力，业务量小的加盟公司开始出现运营危机。总公司不得不宣布，G市业务开拓失败，JY公司的负责人将手中的业务和运营权转让，退出快递行业。

（资料来源：百度文库）

请思考并回答：
1. 请用商业模式画布（图9-2）分析JY公司商业模式的具体内容。
2. 如果你是JY公司老板，你会如何完善商业模式？

## 实训项目

学生分组组成项目团队，每个团队选择一个不同的行业，在行业中选取1～2个典型的创业企业进行资料搜集，并用商业模式画布（图9-2）分析其在不同时期的商业模式，对比分析商业模式创新情况，并根据商业模式和大环境预测未来的发展方向。

# 项目十　创业企业市场管理

## 创业寄语

王均瑶：一个真正的企业家，不能只靠胆大妄为东奔西撞，也不可能是在学院的课堂里说教出来的。他必须在市场经济的大潮中摸爬滚打，在风雨的锤炼中长大。

## 学习目标

**素质目标**
1. 掌握良好的创业思维及市场管理理念。
2. 能根据创业企业自身特点因地制宜地制定企业营销策略。
3. 在培养创业意识中增强自我约束能力、企业持续经营能力。

**技能目标**
1. 掌握创业过程中的决策能力、判断能力、分析能力。
2. 懂得创业中的市场管理能力，增强企业的市场适应能力。

**知识目标**
1. 理解产品组合的含义以及产品组合优化策略。
2. 熟悉开发及维护客户的方法。
3. 理解企业核心竞争力的内涵。
4. 重点掌握各种因素对产品价格的影响及定价方法。

## 项目结构

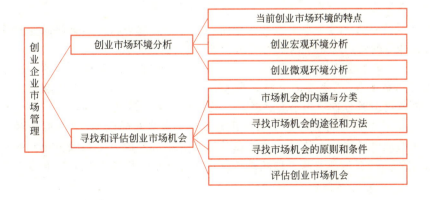

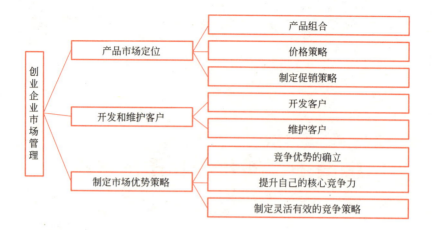

 **职业指引**

  营销是指把握当前或可预见的未来时间内的社会需要，并把这些发展和趋势转化为企业盈利机会的活动过程。不管企业的规模、实力、影响力如何，营销都是企业成功的关键。对创业企业来说，展开迎合市场需求的营销活动更是保持其生命力的奥秘。市场是一个"试金石"，企业的好与差、成与败，都需要放到市场中进行检验。竞争是残酷的也是公平的。企业要想在激烈的市场竞争中生存和发展，必须有与其他对手竞争的本钱和策略，必须形成自己的竞争优势。市场如战场，市场竞争就像是一场战争，打赢的关键无非是两点，一是有实力，二是战术得当。实力是根本，是基础。尽管通过战术运用得当、以少胜多的案例也很多，假如果没有实力，战术运用再好，也很难取胜，更难保持长胜。

## 任务 1　创业市场环境分析

 **引导案例**

### 小市场大机会

  开串串店曾经让不少成都富豪挖到了第一桶金。但在经历了快速扩张后，成都市内的串串火锅店已经达到 2 万家，同时也让串串火锅企业面临着巨大的压力——市场稀释、成本攀升、竞争加剧。

  就在大多数创业者对串串火锅行业望而却步时，成都小伙何新却将眼光转向了互联网，针对在外地的四川人开了网上串串店，迈出了成功的第一步。

  "经营实体串串店的压力实在太大了。"何新告诉记者，2009 年以前，他经营过一家家族式实体串串店。"成都的大牌串串火锅企业太多了，想要寻求发展空间，必须动脑子。"何新说，因为市场竞争太过激烈，他一度萌生了退意。

  2009 年，一个偶然萌生的念头让他开始了网上串串店的经营。"在外地的成都人很难吃到正宗的成都串串，即使很多品牌在外地有连锁店，但为了照顾当地人的口味，也会作一些改变。"在何新看来，这就是传统串串行业中一块尚未开垦的市场。

此后，何新迅速在网上注册了"小郡肝串串"，此时电商行业已经非常发达了，但这种网上串串火锅店，全国还不到3家。接下来，何新整合了自己所掌握的资源，全力做出差异化。首先，串串火锅底料全部选用在超市里找不到的"内部专用"串串火锅底料，再配以毛肚、鸭肠、豆皮等常见串串菜品和串串油碟、干碟，经过杀菌、真空包装之后，通过快递发往全国。而外界很难买到的"内部专用"底料，是网上串串店的王牌。何新说，大部分品牌串串店都在生产底料，但进入流通渠道的产品和串串店里用的产品完全不同。一般串串店里使用的，就是"内部专用"底料。

"也许市场的确小众，但效果真的还不错。"何新说，他的网上串串店一开张就大受欢迎，现在仅底料每天就能卖出五六百斤，每斤售价从35元到45元不等。甚至有外地的串串店为了能做出纯正的"成都味"，长期在他的网店批发底料。如今，何新正在规划注册自己的商标，打算进一步打开市场。

（资料来源：百度文库）

**思考与讨论：** 何新是如何寻找市场机会、成功创业的？

任何创业活动都是在各种环境条件制约下进行的，企业只有不断监测市场环境，才能发现潜藏在环境中的市场机会。分析市场环境就是分析需求，任何做企业的，肯定是要考虑自己的产品是不是能够被客户接受，也就是说客户是不是有这样的需求，而且还应要知道这种需求是多大，因为只有需求量大，一个公司的产品才有可能卖得出去，企业本身才有盈利。

创业企业的市场环境包含以下两个方面：宏观环境与微观环境。宏观环境，包括国家政策、法律法规、经济力量、社会与文化力量、科技力量，即所谓的PEST要素；微观环境包括外部顾客、代理商、分销商、供货商、竞争对手、企业自身等。

任何创业企业总是在特定的市场环境中实现经济行为的，我们需要分析和了解当前市场环境的特点。

## 一、当前创业市场环境的特点

### （一）动态性

动态性是市场环境的基本特征。任何环境因素都不是静止的、一成不变的，相反，它们始终处于变化甚至急剧变化之中。

 **案例分析**

#### "361"定律

由于顾客需求变化的加快及技术更新速度的提高，与十几年前相比，产品生命周期正在以惊人的速度急剧缩短。以前平均生命周期为6～10年的产品其生命周期现在已经短至一两年，有的甚至只有几个月。家用电子消费品行业有个可怕的"361"定律。它描述的是大多数家用电子消费产品的生命周期：即用3个月设计新产品，用6个月的时间进行产品销售，之后即沦为大量泛滥的普及性日用品，为此，生产厂家不得不花1个月的时间来消化剩余的产品库存。产品生命周期的缩短及不断推出新产品对企业的反应速度及灵活性提出了很高的要求，它们要求企业必须在极短的时间内准确把握并满足顾客的需求，否则就只能制造库存，或者干脆被市场淘汰。

**思考：** 家用电子消费品行业的"361"定律说明了什么？在市场环境中还有哪些因素是处于不断变化之中的？

## （二）复杂性

市场环境包括影响创业企业生产经营能力的一切宏观因素和微观因素，这些因素涉及多方面、多层次，而且彼此相互作用和联系，既有机会也有威胁，共同影响着创业企业的经营决策。例如，网络技术的发展改变了人们传统的生活方式，通过互联网，人们可以实现网上购物、网上营销、网上社交、网上办公等，这些改变使得传统企业的销售渠道受到了极大的冲击，但同时也给企业提供了很多机会，比如更多可供选择的供应渠道、更多的消费渠道、更为广阔的消费者市场等。

## （三）不可控制性

相对于创业企业内部管理机制来说，市场环境是创业企业无法控制的外部影响力量，例如，无论是微观环境中的消费需求特点，还是宏观环境中的人员数量，企业都无法加以控制和决定。

## 二、创业宏观环境分析

在分析一个创业企业所处的外部宏观环境时，可以用 PEST 分析方法。PEST 分析方法中的分析是指对宏观环境的分析，P 是政治（politics），E 是经济（economic），S 是社会（society），T 是技术（technology）。在分析创业企业所处的背景的时候，通常是通过这四个因素来分析创业企业面临的状况。

### （一）政治环境分析

政治环境分析是指对企业经营活动具有实际与潜在影响的政治力量和有关的法律、法规等因素的分析。当政治制度与体制、政府对企业所投资业务的态度发生变化时，当政府发布了对企业经营具有约束力的法律、法规时，企业的经营战略都必须随之作出调整。法律环境主要包括政府制定的对企业经营具有约束力的法律、法规，如反不正当竞争法、税法、环境保护法以及外贸法等，政治、法律环境实际上是和经济环境密不可分的一组因素。处于竞争中的企业必须仔细研究一个政府和商业有关的政策和环境，如研究国家的税法、反垄断法以及取消某些管制的趋势，同时了解与企业相关的一些国际贸易规则、知识产权法规、劳动保护和社会保障等。这些相关的法律和政策能够影响到各个行业的运作和利润。对于创业企业而言，创业企业可以通过对国家方针政策的分析，寻找到合适的机会。例如，国家提出的"互联网+""一带一路""粤港澳大湾区"等政策为众多小微企业、创业企业带来了创业机会。

 **案例分析**

### "互联网+行动计划"

"十亿人民九亿商，还有一亿在观望"这首歌反映的是改革开放之初全民下海经商的场景。如今，随着"两会"上李克强总理在政府工作报告中提出"大众创业、万众创新"，创业创新再成舆论焦点。李克强总理在政府工作报告中指出，要制定"互联网+"行动计划，推动移动互联网、云计算、大数据、物联网等与现代制造业结合，促进电子商务、工业互联网和互联网金融健康发展，引导互联网企业拓展医疗市场。国家已设立 400 亿元新兴产业创业投资引导基金，要整合筹措更多资金，为产业创新加油助力。

> "互联网+"行动计划中的"+"是什么？每一个传统行业都孕育着"互联网+"的机会。"互联网+"模式全面应用到第二产业，形成了诸如互联网金融、互联网医疗、互联网教育等新业态，正在向第一和第二产业渗透。
>
> **思考**："互联网+"行动计划的是什么？"互联网+"行动计划为创业企业提供了哪些创业机会？

## （二）经济环境分析

经济环境分析，是指对一个国家的经济制度、经济结构、产业布局、资源状况、经济发展水平以及未来的经济走势等的分析。构成经济环境的关键要素包括GDP的变化发展趋势、利率水平、通货膨胀程度及趋势、失业率、居民可支配收入水平、汇率水平、资源供给成本、市场机制的完善程度、市场需求状况等。由于企业是处于宏观大环境中的微观个体，经济环境决定和影响其自身战略的制定，经济全球化还带来了国家之间经济上的相互依赖，企业在各种战略的决策过程中还需要关注、搜索、监测和评估本国以外其他国家的经济状况。

## （三）社会环境分析

社会环境分析是指分析组织所在社会中成员的民族特征、文化传统、价值观念、宗教信仰、教育水平以及风俗习惯等因素。构成社会环境的要素包括人口规模、年龄结构、种族结构、收入分布、消费结构和水平、人口流动性等。其中人口规模直接影响着一个国家或地区市场的容量，年龄结构则决定消费品的种类及推广方式。

每一个社会都有其核心价值观，它们常常具有高度的持续性；价值观和文化传统是历史的沉淀，通过家庭繁衍和社会教育而传播延续，因此具有相当的稳定性。而一些次价值观是比较容易改变的。每一种文化都是由许多亚文化组成的，它们由共同语言、共同价值观念体系及共同生活经验或生活环境的群体所构成，不同的群体有不同的社会态度、爱好和行为，从而表现出不同的市场需求和不同的消费行为。

自然环境是指企业业务涉及地区市场的地理、气候、资源、生态等环境。不同的地区企业由于其所处自然环境的不同，对于企业战略会有一定程度的影响。我国是一个领域辽阔的国家，这种影响尤其明显，如同一种产品在我国东南部诸如福建地区其市场的营销战略和西藏等高寒地区有较大差别，但很多时候此点会被忽略。

## （四）技术环境分析

技术环境分析不仅要分析那些引起革命性变化的发明，还要分析与企业生产有关的新技术、新工艺、新材料的出现和发展趋势以及应用前景。在过去的半个世纪里，最迅速的变化就发生在技术领域，像微软、惠普、通用电气等高技术公司的崛起改变着世界和人类的生活方式。同样，拥有先进技术的医院、大学等非营利性组织，也比没有采用先进技术的同类组织具有更强的竞争力。

互联网的兴起曾让我们感叹世界原来如此奇妙，但不知什么时候起，生活与移动互联网已经形影不离，我们只需要用指尖轻轻点触，就能够随时随地获取想要的信息。而我们的生活方式也正在被移动互联网所改变。这些改变也带动了国内手机APP市场的快速发展，尤其是iOS和Android系统下，手机APP更加丰富和多元化，除了传统的多媒体、游戏领域外，也逐渐地渗透到衣食住行等与生活息息相关的领域，包括地图、购物、天气、酒店、美食、旅游等，可以看到移动互联网为创业企业创造了无数潜在的发展机会。

### 案例分析
### "超级课程表"——"90后"CEO余佳文的创业经历

随着互联网的发展,"80后""90后"成为创业军的主力。一位来自广州的"90后",用一个小小的课程表做出了很多事情。"我不喜欢总由老师、学校给我们设定好课程,我一直希望有自己的课程表,我需要改变这个事情。"余佳文如是说。从高中就开始写程序的他,是一个有7年资历的老程序员。于是就有了一款他自主设计的"超级课程表"APP应用软件。

这是一款由个人需求拓展到用户需求的产品。打开"超级课程表"的页面,"快速导入课表""校园蹭课神器""下课聊社区""烂笔头""传纸条""考试倒计时"六项内容以漫画的形式展示。想去旁听,用二维码扫一扫,就可以快速复制到同学的课程表,想要认识新同学——传纸条嘛,都可以透过超级课表得以实现。

余佳文的同学纷纷下载"超级课程表"APP应用,使该款APP成为每天必玩的软件,这让他嗅了商机。但当他兴冲冲拿去给学校老师看时,却碰了钉子。学校老师看了一下说,一个课程表而已,能赚什么钱。但后来的结果,却让这位老师大跌眼镜。目前,超级课程表已经覆盖1000多所高校,累计用户已超过3000万,并且每小时可新增1000个用户。2014年8月,"超级课程表"得到了阿里巴巴数千万美元的投资。

从偏远小镇走出来的男生改变了大学生的上课习惯,让超级课程表几乎成了大学生每日的必需品,成为仅次于人人网的第二大校园社交平台。余佳文说:"我很感谢互联网,我觉得我的成功不是因为我,而是因为这个时代,也是因为互联网。"

## 三、创业微观环境分析

在分析了创业企业所面临的宏观环境之后,还应分析创业企业所面临的微观环境。微观环境是指对创业企业服务其顾客的能力构成直接影响的各种力量,包括创业企业本身及其供应商、营销中介、顾客、竞争者和各类公众。如图10-1所示。

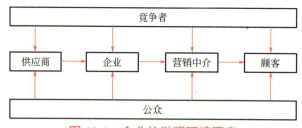

图10-1 企业的微观环境因素

供应商—生产企业—营销中介—顾客,形成一个链式系统。这个"链条"上的每一个环节都是影响创业企业生产经营活动的重要的、直接的因素。同时,竞争者和公众也会对创业企业的生产经营活动产生重要且直接的影响。创业企业与竞争对手在产品销路、资源、技术力量等方面往往是相互对立、此消彼长的。而创业企业在公众心目中的形象,会直接影响其作为消费者的购买决策,从而影响创业企业的产品的销售状况。

## （一）创业企业内在环境

微观环境中的第一种力量是创业企业内部的环境力量。我们要寻找与企业自身能力相匹配的市场机会，必须要考虑企业内部的环境因素。企业是组织生产和经营的经济单位，是一个系统组织。企业内部一般设立计划、技术、采购、生产、营销、质量、财务、后勤等部门。企业内部各职能部门的工作及相互之间的协调关系，直接影响企业的生产经营活动。例如，营销部门与企业其他部门之间既有多方面的合作，也经常与生产、技术、财务等部门发生矛盾。由于各部门各自的工作重点不同，有些矛盾往往难以协调。如生产部门关注的是长期生产的定型产品，要求品种规格少、批量大、标准订单、稳定的质量管理，而营销部门注重的是能适应市场变化、满足目标消费者需求的"短、平、快"产品，则要求多品种规格、少批量、个性化订单、特殊的质量管理。所以，创业企业在制订营销计划、开展营销活动时，必须协调和处理好各部门之间的矛盾和关系。

## （二）供应商

微观环境中的第二种力量是各类资源的供应商，他们与创业企业达成协作关系。供应商是指向创业企业及其竞争者提供生产上所需的资源的企业和个人，包括提供原材料、设备、能源、劳务、资金等。这一股力量对企业生产经营活动的影响是很大的，所提供资源的价格和供应量，直接影响着企业产品的价格、销量和利润，供应短缺、工人罢工或其他事故，都可能影响企业能否按期完成交货任务。从短期来看，损失销售额；从长期来看，则严重损害创业企业的声誉。因此，创业企业应从多方面获得供应，而不可依赖单一的供应商，以免受其控制。

## （三）营销中介

营销中介是指在促销、销售以及把产品送到最终购买者方面给企业以帮助的那些机构，包括中间商、营销服务机构（调研公司、广告公司、咨询公司等）、物资分销机构、金融中介（银行、信托公司、保险公司等）。这些都是市场营销中不可缺少的中间环节，多数企业的营销活动，都需要有营销中介的协助才能顺利进行。比如生产集中和消费者分散的问题，必须通中间商的分销来解决；资金周转不灵，则需求助于银行和信托公司等。随着商品经济的发展，社会分工越细，这些中介机构作用就越大。因而需求企业在营销过程中，必须处理好同这些中介机构的合作关系。

### 1. 中间商

中间商指产品从生产商流向消费者的中间环节或渠道，它主要包括批发商和零售商两大类。中间商对企业营销具有极其重要的影响。它能帮助企业寻找目标顾客，为产品打开销路，为顾客创造地点效应、时间效应、持有效应。一般企业都需要与中间商合作，来完成企业营销目标。为此，创业企业需要选择适合自己营销的合格中间商，必须与中间商建立良好的合作关系，必须了解和分析其经营活动，并采取一些激励措施来推动业务活动的开展。

### 2. 营销服务机构

营销服务机构指创业企业营销中提供专业服务的机构，包括广告公司、媒介经营公司、市场调研公司、营销咨询公司、财务公司等。这些机构对企业的营销活动会产生直接的影响，它们的主要任务是协助企业确立市场定位，进行市场推广，提供活动方便。一些大企业或公司往往有自己的广告和市场调研部门，但大多数企业则以合约方式委托这些专业公司来办理有关事务。为此，企业需要关注、分析这些服务机构，选择最能为本企业提供有效服务的机构。

### 3. 物资分销机构

物资分销机构指帮助创业企业进行保管、存储、运输的物流机构，包括仓储公司、运输公司等。物资分销机构主要任务是协助企业将产品实体运往销售目的地，完成产品空间位置的移动。到达目的地之后，还有一段待售时间，需要协助保管和储存。这些物流机构是否安全、便利、经济，将会直接影响到企业营销效果。因此，在企业营销活动中，必须了解和研究物资分销机构及其业务变化动态。

### 4. 金融机构

金融机构指创业企业营销活动中进行资金融通的机构，包括银行、信托公司、保险公司等。金融机构的主要功能是为企业营销活动提供融资及保险服务。在现代化社会中，任何企业都要通过金融机构开展经营业务往来。金融机构业务活动的变化还会影响企业的营销活动，比如银行贷款利率上升，会使企业成本增加；信贷资金来源受到限制，会使企业经营陷入困境。

## （四）顾客

微观环境的第四种力量就是顾客。顾客是指使用进入消费领域的最终产品或劳务的消费者，也是创业企业营销活动的最终目标市场。顾客对创业企业营销的影响程度远远超过前述的环境因素。顾客是市场的主体，任何企业的产品和服务，只有得到了顾客的认可，才能赢得这个市场，因此，企业需要仔细了解自己的顾客市场。

### 企业的市场类型

按顾客及其购买目的不同来划分市场，可以把市场分为以下几类。如图10-2所示。
（1）消费者市场。指为满足个人或家庭消费需求购买产品或服务的个人和家庭。
（2）生产者市场。指为生产其他产品或服务以赚取利润而购买产品或服务的组织。
（3）转卖者市场。指购买产品或服务用以转售，从中盈利的组织。
（4）政府市场。指购买产品或服务以提供公共服务或把这些产品或服务转让给其他有需要的个人或组织的政府机构。
（5）国际市场。指国外购买产品或服务的个人及组织，包括外国消费者、生产商、中间商及政府。

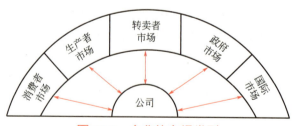

图 10-2　企业的市场类型

这些市场上顾客不同的需求，必定要求创业企业以不同的服务方式提供不同的产品（包括劳务），从而制约着企业经营决策的制定和服务能力的形成。

## （五）竞争者

创业企业微观环境中的第五种力量是企业面对的一系列竞争者。企业竞争对手的状况将直接影响企业经营活动。如竞争对手的营销策略及营销活动的变化就会直接影响企业营销，最为明显的是竞争对手的产品价格、广告宣传、促销手段的变化以及产品的开发、销售服务的加强，都将直接对企业造成威胁。为此，企业在制定营销策略前必须先弄清竞争对手，特别是同行业竞争对手的生产经营状况，做到知己知彼，有效地开展营销活动。

从消费需求的角度划分，企业的竞争者包括愿望竞争者、平行竞争者、产品形式竞争者和品牌竞争者。"愿望竞争者"指提供不同产品以满足不同需求的竞争者。"平行竞争者"指提供能够满足同一种需求的不同产品的竞争者。"产品形式竞争者"指生产同种产品，但提供不同规格、不同款式的竞争者。"品牌竞争者"指产品相同，规格、型号等也相同，但品牌不同的竞争者。在同行业竞争中，卖方密度、产品差异、进入难度的变化是三个特别需要重视的方面，卖方密度是指同一行业或同一类商品经营中卖主的数目，这种数目的多少，在市场需求相对稳定时，直接影响到企业市场份额的大小和竞争激烈的程度；产品差异是指同一行业中不同企业生产同类产品的差异程度，由于差异，使得产品各有特色而相互区别，这实际上存在着一种竞争关系；进入难度是指某个新企业在试图加入某行业时所遇到的困难程度。

知识广角

### 如何分析竞争对手

一般来说，企业在经营活动中需要对竞争对手有所了解、分析的情况有：
（1）竞争企业的数量有多少；
（2）竞争企业的规模和能力的大小、强弱；
（3）竞争企业的竞争优势及其来源；
（4）竞争企业的相对劣势及其原因；
（5）竞争企业所采取的竞争策略及其对其他企业策略的反应程度。

通过上述分析，企业可以了解市场竞争的激烈程度，以及竞争者的优势与劣势，并从中捕获市场机会。

## （六）公众

企业微观环境中的第六种力量，是指所有实际上或潜在地关注、影响着一个企业达到其目标能力的公众。公众对企业的态度，会对其经营活动产生巨大的影响，它既可以有助于企业树立良好的形象，也同时能妨碍企业的形象。所以企业必须处理与主要公众的关系，争取公众的支持和偏爱，为自己营造和谐、宽松的社会环境。企业所面临的公众包括以下6类。

（1）金融公众。主要包括银行、投资公司、证券公司、股东等，它们对企业的融资能力有重要的影响。

（2）媒介公众。主要包括报纸、杂志、电台、电视台等传播媒介，它们掌握传媒工具，有着广泛的社会联系，能直接影响社会舆论对企业的认识和评价。

（3）政府公众。主要指与企业营销活动有关的各级政府机构部门，它们所制定的方针、政策，对企业营销活动或是限制，或是机遇。

（4）社团公众。主要是指与企业营销活动有关的非政府机构，如消费者组织、环境保护组织以及其他群众团体。企业营销活动涉及社会各方面的利益，来自这些社团公众的意见、建议，往往对企业营销决策有着十分重要的影响作用。

（5）社区公众。主要指企业所在地附近的居民和社区团体。社区是企业的邻里，企业保持与社区的良好关系，为社区的发展作出一定的贡献，会受到社区居民的好评，后者的口碑能帮助企业在社会上树立形象。

（6）内部公众。指企业内部的管理人员及一般员工，企业的营销活动离不开内部公众的支持。企业应该处理好与广大员工的关系，调动后者开展市场营销活动的积极性和创造性。

企业只有重点关注宏观环境因素和微观环境因素，不断监测市场环境的变化，才能发现隐藏在环境中的市场机会。

## 任务2　寻找和评估创业市场机会

 **引导案例**

### 苹果改变世界的伟大创新

"三个苹果改变了世界，第一个诱惑了夏娃，第二个砸醒了牛顿，第三个掌握在乔布斯的手中。"一说起创新公司，人们首先想到的是乔布斯创立的苹果公司。可以说，苹果的产品已经彻底改变了人类工作和娱乐的方式，改变了整个行业，创造了一种新类型的计算方式。如今，苹果在硬件、软件以及用户界面等方面的领袖地位迅速延伸，早已开始影响科技之外的文化领域，它已经代表一种生活品质，一种时尚符号。

苹果产品之一iPod的到来使得数字音乐成为主流。iPod拥有精美的外观设计和超强的易用性，再加上苹果不容小觑的营销能力，使得iPod受到很多用户的欢迎。与此同时，苹果还推出了数字媒体播放应用程序iTunes，它能够管理和播放用户的数字音乐和视频。苹果iPad的重要性是不言而喻的，它改变了整个行业，也改变了我们的操作习惯，它基本覆盖了所有的计算机功能，例如浏览互联网页、研发电子邮件、操作表单文件、玩视频游戏、收听音乐或观看视频等。

2007年，乔布斯对外推出iPhone智能手机，它与其他手机设备有很大的差异。当时，乔布斯是这样介绍iPhone的："一个iPod，一部电话，一个互联网移动通信器，它是一款设备，我们将它称为iPhone。"

事实证明，iPhone是非常受用户欢迎，并且拥有巨大影响力的。在iPhone之前，智能手机的外形设计都类似于黑莓或诺基亚。在iPhone推出之后，各大厂商的手机外形和功能都纷纷效仿iPhone。可以说，iPhone改变了整个行业，它使得原本主导市场的黑莓和诺基亚逐渐被淘汰，并且还迫使微软对外推出移动操作系统；iPhone还改变了我们的上网方式，同时也改变了苹果，它的巨大销量成就了苹果为全球最富有的科技公司。

**思考：** 苹果是成功运用功能创新法的典型企业，苹果的成功给了创业企业哪些启示？

### 一、市场机会的内涵与分类

市场机会，指的就是市场上存在的尚未满足或尚未完全满足的需求。它存在于社会的各个方面，是多种多样的。但对某一个企业来说，众多的市场机会中仅有很少一部分才具有实际意义。为了搞好市场机会的发现和分析工作，有效地抓住和利用某些有利的市场机会，就需要了解市场机会的类型。

### （一）显现市场机会与潜在市场机会

在市场上存在着的明显的未被满足的需求称为显现市场机会，而隐藏在现有某种需求后面的未被满足的需求称为潜在市场机会。显现市场机会容易寻找和识别，利用机会的企业较多；潜在市场机会有一定的隐藏性，识别难度大，通常企业把握了这种机会，竞争对手少，机会利用效益较高。

前者又称显性需要，是指人们对某类尚未设计出来的产品的渴望，人们清楚这种产品的功能，但对于它的样式并没有概念。如人们一直渴望能够有交通工具代替步行，于是自行车被设计出来了，汽车、飞机也被设计出来了。后者又称潜在需要，是指人们潜意识里对尚未设计出来的产品的一种渴望，往往这种需要消费者自己也不知道，只有当你把产品拿出来时，消费者才会意识到。虽然消费者并不能告诉你他的潜在需要，但潜在需要并非无迹可寻，它往往会通过人们的一些外在行为表现出来，如牢骚、希望或不经意的行为等。

### （二）行业市场机会与边缘市场机会

出现在本企业经常领域内的市场机会称为行业市场机会；出现在不同行业的交叉点、结合部的市场机会称为边缘市场机会。通常企业对行业市场机会比较重视，而比较容易忽视行业与行业之间的"夹缝"和"真空地带"产生的未被满足的需求。但行业市场机会由于圈内竞争激烈，机会利用的效益低，而在"真空地带"产生的边缘市场机会，竞争不太激烈，机会利用的效果也较好。所以边缘市场机会是企业在行业外寻找市场机会比较理想的选择。

### （三）目前市场机会与未来市场机会

目前市场存在的尚待满足的机会称为目前市场机会；目前市场上还没有或仅表现为少数人的消费需求，但预测在未来某一时间内将出现的大量需求称为未来市场机会。目前市场机会已经出现，故企业容易进行观察和把握，但对未来市场机会的认识和把握则要困难得多。这两种市场机会之间没有严格的界线，任何一个未来市场机会经过一定的时间、在一定的条件下，时机成熟后最终要变成目前市场机会，从营销角度看，企业应该提前预测未来市场机会，并积极做准备，一旦未来市场机会变为目前市场机会时，将准备好的产品抢先被推入市场，获得市场的主动权。

### （四）全面市场机会与局部市场机会

在大范围内（如国际市场、全面市场）出现的未被满足的需求称为全面市场机会；在某一地方、某一地区出现的未被满足的需求称为局部市场机会。全面市场机会反映环境变化的一种普遍趋势，对参与市场经营的企业有普遍意义；局部市场机会代表某一特定市场的特殊变化趋势，往往只对进入该市场的企业具有特殊意义。因此，企业在分析市场机会时，要注意将全面市场机会与局部市场机会区分开来，不能将全面市场机会认为是特定环境中的局部市场机会；相反地，也不能将局部市场机会误认为是具有普遍意义的全面市场机会。

## 二、寻找市场机会的途径和方法

### （一）从供求差异中寻找市场机会

凡是供不应求的商品，无论是生活必需品，还是贵重奢侈品，也不论是小商品，还是大商品，更不论是传统产品，还是创新产品，只要有市场需求，就有发展前途。

企业从供求差异中寻找市场机会的具体方法有以下三种。

### 1. 比例差异法

比例差异法是从市场总容量的尚未被满足的比例量中去寻找市场机会。此方法适合用于一切商品，为厂家、商家所常用。例如，电冰箱的市场需求量为 100%，现生产能力只有 80%，就有 20% 市场机会可供选择。电冰箱的容量可以通过调查测算新家庭建立的平均数及趋势，以及老家庭更新冰箱量来获得；生产能力则可从有关部门计划和统计资料中寻找。

### 2. 结构差异法

结构差异法是从消费需求结构与市场供应的商品结构、品种结构、规格结构、型号结构、式样结构等不一致中寻找市场机会。日本企业就很善于捕捉这种机会。如美国人不注重小型车和低价易携带的小型收音机或电视机等商品，于是这类轻巧小型商品就成为日本企业进入美国市场所选择的目标。

### 3. 层次填补法

不同层次消费者的总需求中总有尚未满足的部分。有的是收入极高而社会上还没有可供消费的极高档商品或劳务，有的则是消费水平过低而社会上忽视的极低档商品，这也是市场机会。温州商人早几年生产一种"再生毛衣"，每件售价仅 3～4 元，"人造革童鞋"也不过几毛钱一双，热销于贵州、云南等边远的贫困地区。可以说是巧妙地填补低层次"空隙"的样板。

## 案例分析

### 小商品大市场

温州有家小厂针对纽扣市场商品紧缺的情况，及时推出小厂不能生产、大厂不肯生产的各种各样的纽扣投入市场，以至该市一个桥头纽扣市场已被世界誉为"东方第一纽扣市场"，小商品打响了"冲天炮"。他们正是钻了市场的空隙，创出了一条名扬世界的路子，不愧是从求大于供，在供求差异中寻找市场机会的典范。

### （二）从市场和市场环境的动态变化中寻找市场机会

市场和市场环境是不断变化的，这些变化会使得市场"空隙"旧的消失、新的产生，从而给企业提供新的市场机会。从市场和市场环境的动态中寻找市场机会主要有以下方法。

#### 1. 梯度预测法

消费需求具有梯度递升的规律性，企业可以据此寻找市场机会。例如，随着消费者生活水平的提高和消费观念的更新，对饮料的需求从解渴型、安全无害型（不含防腐剂等有害物质）逐步上升到营养滋补型，从事饮料生产经营的企业可据此不断研制开发适销对路的新产品，满足市场需求。

#### 2. 时髦追随法

消费需求的时代性或潮流性变化也是企业所要捕捉的市场机会。例如，时装的款式变化，往往与影星、名人的有影响活动有关。中山装因孙中山领导革命时的衣着而兴起。牛仔裤则作为美国某电影明星的剧装流行。随着韩国电视剧《来自星星的你》的热播，里面的男女主角都备受关注。其中男主角金秀贤更是成为众多网友心中的新一代男神，剧中饰演"都教授"的金秀贤拥有一头厚重的刘海发型，不少男孩甚至一些男明星都纷纷模仿他去剪一个这样的发型。这种时尚流行还会因模仿攀比心理，而有从经济发达地区向不发达地区扩散的一般规律性。

### 3. 功能创新法

消费者对商品的消费功能有一定的需求，并希望功能多、价格低。企业可以借此创造市场，寻求机会。

### 4. 关联跟进法

某种商品畅销于市场，与其关联的配套商品也必然畅销。例如，随着手机的普及以及功能的增加，手机的各种关联商品也随之产生，它甚至还带动了一个移动互联网产业的兴起。在开发关联商品、满足用户需求上多做文章，做好文章，也不失为寻找市场机会的一个好办法。

## （三）从市场信息中寻找商场机会

市场信息是市场的"晴雨表"，通过市场调查，是及时把握可靠机会的一个良策。

 案例分析

### 中国的"尿布大王"

宁夏永宁县一个只有43人的合作联营企业——凤凰皮鞋厂，在其主要产品皮鞋、手套和药物鞋垫销路不畅的情况下，从一条介绍日本一家"尿布大王"的经济信息中受到启发，联想到我国每年新生婴儿有2000多万，随着生活水平的提高，独生子女日益受到家庭的宠爱，越来越多的新晋母亲不再满足于破衣烂衫拼凑尿布，中国迟早也会出现一个大的尿布市场。该厂于是迅速转产尿布。婴儿尿布问世后，在市场上很抢手，该厂也由此一跃而成为中国的"尿布大王"。

## （四）从分析本企业经营条件的相对优势中寻找市场机会

企业无论大小都各有其优势和劣势，只是不同企业优劣势不同而已。能扬长者，机缘不断，不能扬长者，有了机缘也会丧失，因此，企业在寻找市场机会时，一定要从实际出发，根据自身的情况，量力而行，做到扬长避短。同时，还要注意研究同行的特点，抓住竞争对手的薄弱环节，以己之长，攻彼之短，善于另辟蹊径，敢于在生产和经营中标新立异新，寻求新的市场机会。具体来讲，几种寻找方法如下。

### 1. 优势夺取法

有些产品的消费近乎饱和，但却可通过发挥企业的优势来夺取机会。"张小泉"刀剪、"小绍兴"鸡粥、兰州牛肉拉面等特色产品都是以优势夺取机会的典型。

### 2. 见缝插针法

小型企业和个体经营者的优势在于"船小好掉头"、经营灵活、反应迅速、易于见缝插针寻找市场机会。例如，一家只有20名工人的乡镇企业瞄准"市场空隙"。在"夹缝"中求生存、图发展，生产极受用户青睐的"扭断"瓶盖一年销售4000万元，创利300万元。这种"夹缝求生术"就很值得效仿。

### 3. 绝技吸引法

有些企业有绝技，只要以信誉为本，只要名扬天下，机会就会找上门来。南通蛇医季德胜，原以捕蛇为生。新中国成立后，政府为发扬其中特有的技艺，挖掘和创造了季德胜蛇

药,从此产品闻名遐迩,经久不衰。

## 三、寻找市场机会的原则和条件

企业在寻找市场机会中必须遵守的基本原则是:市场机会与企业经营条件相对应。任何企业观察市场,都极容易发现市场上有许多机会。然而,适合某个具体企业发展的机会并不多得,只有市场经营机会与企业经营条件相吻合,才能变成企业经营机会,才能给企业带来经济效益。

### (一)企业要调查分析市场信息

企业要发现市场机会,必须要善于收集、整理、加工、分析市场信息。我国企业大多不太重视市场信息的收集,或是缺乏这方面的经验,尤其是外贸企业寻找国际市场机会方面非常薄弱,应该加强。在现有条件下,企业应尽力通过协作交流信息情报、接受宏观指导和寻求专业咨询帮助等途径加以弥补。

企业分析市场机会的动态资料包括以下几类。

(1)对企业所处的人口环境、经济环境、政治法律环境、社会文化环境、科技环境等变动的分析。

(2)对消费者消费需求的分析,如:潜在顾客的需求是什么?哪些是潜在顾客?顾客对有关产品不满意的地方有哪些?顾客对有关产品的价格是否认为适当?对现有的有关产品销售渠道是否感到方便?等等。

(3)对竞争者产品或服务的特征、经营策略、竞争能力的分析。

### (二)要客观地科学地评估企业内部的优势和劣势

既不能过高估计优势,把不能形成创业企业机会的市场机会作为目标;也不能夸大劣势,导致错失良机。创业企业的相对优势和劣势包括:

(1)设备是不是与市场经营机会相适应?

(2)原材料资源是不是与市场经营机会相适应?

(3)人员素质是不是与市场经营机会相适应?有没有调整的可能?

(4)企业的经济实力是不是与市场经营机会相适应?

凡此种种,都应当予以深入分析和比较,并且充分估计成功的把握率和失败的风险率。只有这样,企业才能在市场机会面前做出正确的决策。

### (三)企业具有市场经营机会的储备和转换的余地

这由两方面的因素决定。

(1)市场经营机会从可能性变成现实性的成功率并不大,要有失败转移的准备。如美国有一家大公司曾投资3000万美元,开发人造革产品企图替代天然皮革,但最终失败。

(2)市场经营机会往往持续不久即消失,因此企业必须有向更新的市场机会变化转移的余地。据资料显示,如今世界上任何一项成功的新产品面世,只需要一两年就有许多企业蜂拥而上使市场快速趋于饱和。所以,企业在开发新产品时应当有"吃一、夹二、看三"的准备和"人无我有、人有我优、人优我转"的方针,促市场之变,促产品之变;以产品之变适应市场之变,在当前日趋激烈的市场竞争中才能"常竞常胜"。

## 四、评估创业市场机会

在当今买方市场的态势下,一个创业企业在开发一种或多种产品之前,首先必做的事情是评估市场机会，其评估值越接近实际，取胜的把握越大。那么，如何评估市场机会呢？

## （一）评估市场规模

就市场规模来说，一个好的市场，其规模越大越好。如果市场规模不够大，从生产经济的角度来说，产品的平均成本与零售价必然变得很高，消费者的购买意愿必然低落。例如，平面壁挂式电视机十几年前就已经问世了，但生产厂家为此投入了大量研发成本，所以平均每台售价20万美元，全世界买得起的没有几个人。

10年前的彩色复印机也一样，一台的售价很高，市场需求极低，但生产厂商仔细评估，认为它有市场潜力，不妨改进，终于使它的功能提高，售价降到消费者可以接受的程度，而使它成为普遍型产品。可见，评估市场规模时，产品的价格是否能为消费者所接受，是厂商在推出产品时一定要事先认真评估的。

## （二）评估市场的发展潜力

一般来说，当产品的市场处在导入与增长期的阶段，这个市场是个相对有吸引力的市场。市场是否在增长，可以把过去3~5年的市场需求量标示在平面上，横坐标为时间，就可以粗略看出市场大约是处在何种状况。除客观的销售数字外，还要考虑其他重要的因素，例如，科技的因素、消费倾向的变化等，因为这些因素对市场需求的影响与冲击相当大，但这些冲击不一定能从客观的销售数字上推断出来。尤其是一些生命周期短、流行与文化导向的产品，厂商如不能赶在第一波的峰线上，最好不要贸然赶超潮流。所以厂商对市场潜力的判断一定要谨慎，不要被短期现象所迷惑，必须透过现象分析市场需求的趋势变化。

## （三）评估市场竞争者的数目

对每个厂商来说，当然是竞争者的数量越少越好。如果市场中的竞争者只有一两个，而消费需求的替代性又很低，厂商即使躺着干，也很赚钱。反之，市场中竞争者很多，则厂商要想混饭吃就比较困难了。

### 案例分析

#### "嫦娥"桂花月饼的畅销

"嫦娥饼屋"是广西壮族自治区桂林市的一家民营小型食品企业，该企业的月饼每年都有一定的销量。但随着近年来愈演愈烈的"月饼大战"，企业提升销售量越来越困难，眼见又到中秋节了，企业的赵老板非常着急，于是请来某高校的营销专家出主意。该校专家组织队伍进行了调查分析，建议"嫦娥饼屋"避开高档和低档两种产品市场的竞争，选择中档及旅游市场，产品配以桂花馅和桂花酒，包装上还有风景名胜的宣传，使产品既有了中秋节日的气氛，又突出了桂林的地域特点。果然，产品推出后大受欢迎，不但本地市民喜欢，外地游客也认为是当地一绝，纷纷购买品尝，甚至将其作为礼物送给亲朋好友。结果不但"桂花月饼"大为畅销，"嫦娥饼屋"也打出了企业品牌。

（资料来源：曹成喜．市场营销）

思考与讨论："嫦娥饼屋"成功的秘诀是什么？

### （四）评估市场区隔的程度

对每个厂商来说，市场区隔的程度越低越好。例如，早期奶粉市场就只有一个区隔，后逐渐演变，有成人与儿童之分，儿童市场又区分为婴幼儿与青少年，成人市场也区分为全脂与低脂，再又区分为老年与妇女等。"区隔"可以说是厂商行销策略的一个重要手段，区隔的基础是消费者或产品。从消费者的区隔层面来看，性别、年龄、个人收入、价值观、生活形态等都可以成为市场区隔的变数。产品的属性，如材质、功能等，也可以成为区隔的要素。区隔与定位是现代行销最重要的理念，厂商必须在此理念指导下行事。

### （五）评估市场进入的特殊要件

市场进入的特殊要件要与厂商本身的条件相匹配。如果一个市场的进入没有任何技术与资金的障碍，则这个市场的竞争多数比较激烈，厂商要对自己凭什么进入这个市场先想清楚。许多案例表明，厂商盲目地进入大家看好的市场，却面临经营上的困境，多数的原因都是因为进入一个自己不熟悉的行业所致。基本上，一个企业经营的要素是人才、资金与技术。资金有时可以买到人才、买到技术，人才有时也可以创造技术，但这些既不是绝对的，也不是没有风险的。

### （六）评估市场中需求被满足的程度

当消费者对市场中产品的满足度低时，相对而言，这个市场的潜力与机会就比较大。电视机的市场品牌众多，产品差异不大，消费者对产品的满意度较高，所以电视机市场是一个较难进入的市场。如果市场满意度调查显示，不少消费者对某产品不满，则表明这个市场具有很大的潜力。

### （七）评估市场机会与企业经营条件的吻合程度

任何企业观察市场，都不难发现市场上有许多机会，但要寻找到适合某个具体企业生存和发展的机会并不那么容易。例如，民航事业中急需性能优良的国产飞机，但企业却没有生产这种飞机的条件。佩洛蒙西装的销势看好，在西装市场潜力虽然不小，但能达到此水平或与其相媲美的企业有几个？因此，机会只能提供可能性，而要把可能性变为现实性，使企业所寻找的市场机会转化为企业机会，就必须对市场机会做可行性论证，注意市场机会与本企业的经营能力是否相吻合，以免事与愿违，适得其反。

 知识广角

## SWOT 市场分析方法

最流行的市场机会分析方法——SWOT 矩阵分析法。SWOT 是指机会（opportunities）、风险（threats）、优势（strengths）、劣势（weaknesses）。这种分析方法把企业外部环境所形成的机会和威胁、内部环境形成的优势和劣势 4 个方面的情况综合起来进行分析，从整体上把握企业的机会和威胁的影响因素，识别各种优势、劣势。通过分析这些影响因素，有助于企业把握市场机会成功的可能性和程度大小，有利于开拓市场机会分析的思路，也能对企业的市场机会群进行客观公正的评价。利用 SWOT 分析矩阵进行分析包括以下几个步骤：

（1）列出企业的关键外部机会（8～15 个）；
（2）列出公司的关键外部威胁（8～15 个）；
（3）列出公司的关键内部优势（8～15 个）；
（4）列出公司的关键内部劣势（8～15 个）；

（5）分别将外部因素和内部因素作为纵轴和横轴进行匹配，在中间列出相应的可供选择的策略。如图 10-3 所示。

图 10-3　SWOT 分析矩阵

|  | 内部因素 | |
|---|---|---|
| 外部因素 | 优势 | 劣势 |
| 机会 | SO<br>依靠内部优势<br>利用外部机会 | WO<br>克服内部劣势<br>利用外部机会 |
| 威胁 | ST<br>依靠内部优势<br>回避外部威胁 | WT<br>克服内部劣势<br>回避外部威胁 |

第 1 象限是 SO 战略机会区，它是一种发挥企业内部优势和把握企业外部机会的战略。所有的企业都希望处在这样一种情况，即可以利用自己的内部优势去抓住外部趋势和事件所提供的机会。这通常是 WO、ST 或 WT 战略所追求和努力的方向。如一个资源雄厚（内在优势）的企业发现某一国际市场未曾饱和（外在机会），那么它就应该采取 SO 战略去开拓这一国际市场。

第 2 象限是 WO 战略机会区，是利用外部机会来弥补内部弱势的战略。适用这一战略的基本情况是：存在一些外部机会，但企业有一些内部的劣势妨碍着它利用这些外部机会。

第 3 象限是 ST 战略机会区，就是按照本企业的优势，回避或减少外部威胁的影响。如一个企业的销售渠道（内在优势）很多，但是由于各种限制又不允许它经营其他商品（外在威胁），那么就应该采取 ST 战略，走集中型、多样化的道路。

第 4 象限是 WT 战略机会区，就是直接克服内部弱点和避免外部威胁的战略。例如，某种商品的质量差（内在劣势）、供应渠道不可靠（外在威胁）的企业应该采取 WT 战略，强化企业管理，提高产品质量，稳定供应渠道，或走联合合并之路以获得生存和发展。

SWOT 方法的基本点，就是企业进行市场机会的选择和战略制定时必须使其内部环境产生的优势和劣势与外部环境带来的机遇和威胁相适应，以获取经营的成功。

## 任务 3　产品市场定位

引导案例

**卡特比勒公司的认知价值定价**

卡特比勒公司将自己的拖拉机定价为 10 万美元，竞争者的同类产品可能定价 9 万美元，而卡特比勒公司却能获得比竞争者更多的销售额。因为当一位潜在顾客询问卡特比勒的经销商为什么购买卡特比勒公司的拖拉机要多付1万美元时，这个经销商回答说：9万美元仅相当于竞争者拖拉机的价格；7000美元为产品优越的耐用性增收的溢价；6000美元为产品优越的可靠性能增收的溢价；5000美元为优质的服务增收的溢价；2000美元为零配件较长时间的担保增收的溢价；11万美元为卡特比勒拖拉机总价值的价格；1万美元为折扣额；而10万美元即为最终价格。

卡特比勒的经销商向顾客解释了为什么卡特比勒的拖拉机贵于竞争者。顾客认识到虽免付了1万美元的溢价，却增加了2万美元的价值。他最终还是选择了卡特比勒公司的产品。

（资料来源：屈冠银.市场营销理论与实训教程）

**思考**：上述公司使用了什么样的价格策略？

不少创业企业同时生产、经营多种产品，而这些产品的利润有高有低。创业企业也会在决定生产何种新产品的时候遇到这样的问题：企业可以生产多种新产品，但是并不清楚生产哪几种更好，也不知道如何预测这些新产品的市场前景。创业企业主应当明确生产何种产品，设计什么样的产品组合、价格组合才能增加企业利润，产品策略、价格策略的核心也是创业企业市场营销活动的支柱和基石。

## 一、产品组合

### （一）产品组合的定义

一组产品，它包括所有产品线和产品项目。产品线是许多产品项目的集合，这些产品项目具有功能相似、用户相同、分销渠道同一、消费上相连带等特点。产品项目，即产品大类中各种不同品种、规格、质量的特定产品，企业产品目录中列出的每一个具体的品种就是一个产品项目。

产品组合具体便是企业生产经营的全部产品线、产品项目的组合方式，即产品组合的宽度、深度、长度和关联度。宽度是企业生产经营的产品线的多少；长度是企业所有产品线中产品项目的总和；深度是指产品线中每一产品有多少品种；产品的关联度是各产品线在最终用途、生产条件、分销渠道和其他方面相互关联的程度。产品组合的4个维度为企业制定产品战略提供了依据。

### （二）产品组合的分析工具

评价和选择最优产品组合的评价标准有许多选择。这里主要从市场需要的角度出发，其常用的方法有ABC分析法、波士顿矩阵法、产品梳理矩阵法及临界收益评价法。以下仅对波士顿矩阵法做一些简单介绍。

波士顿矩阵法是一种用来分析和规划企业产品组合的方法。通过这种方法，创业企业可以根据市场需求，决定生产何种产品，高效地运用企业的有限资源，以保证收益最大化，使企业在激烈的市场竞争中脱颖而出。波士顿矩阵法认为，企业实力和市场因素是决定企业生产品种的重要因素。企业实力反映的是产品的市场占有率。实力雄厚的企业一般拥有先进的技术、良好的设备、充足的资金和高水平的人才。这样的企业可以通过自身产品、广告等方面的优势扩大企业的市场占有率。市场因素一般反映在产品的销售增长率上。产品目标市场的容量、竞争对手的强弱、市场环境等因素的变化，会影响某一产品的销售状况，改变产品的销售增长率。通过企业实力和市场因素的相互作用，企业中会出现4种不同性质的产品类型，并形成不同的产品发展前景。如图10-4所示。

图 10-4 波士顿矩阵图

根据市场占有率和销售增长率,我们可以将企业的产品划分为以下4种类型:低市场占有率、低销售增长率的瘦狗类产品,低市场占有率、高销售增长率的山猫类产品,高市场占有率、低销售增长率的金牛类产品,高市场占有率、高销售增长率的明星类产品。在这4类产品中,企业最愿意看到的是金牛类产品和明星类产品。金牛类产品又叫厚利产品,是具有高市场占有率的、处于成熟期的产品。此类产品的特点是销售量大、利润率高、无须增加投资,可以为企业赚取大量利润,是企业现金的主要来源。对于此类产品,企业应注重维持其市场份额,防止此类产品因市场占有率下降而变为瘦狗类产品。明星类产品指销售增长率与市场占有率双高的产品,此类产品可能成为企业的金牛类产品,因此企业要加大投资力度以支持其迅速发展。企业要积极扩大明星类产品的市场份额,提高其市场占有率,增强产品在市场中的竞争力。如果存在瘦狗类产品和山猫类产品,那么企业就应当作出一些改变了。山猫类产品的市场机会多、前景好,但在营销方面存在问题。此类产品一般利润率低,所需资金供给不足,比如正在开发、引进阶段的产品。对于这类产品,企业应重点投资其中有潜力的部分,使之成为日后的明星类产品。瘦狗类产品又叫衰退类产品,此类产品一般利润率低,处于保本或亏损状态。对于此类产品,企业应当采取减产、停产策略。在对瘦狗类产品进行淘汰之后,企业应将剩余资源转向其他产品,也可以将此类产品的生产部门与其他部门合并,以便统一管理。需要注意的是,在制定市场占有率和销售增长率的高低标准时,要以企业自身情况为依据,根据企业自身情况、市场环境等来作出调整。如何选择合适的比率,需要企业进行市场调研和自我分析。此外,相同产品也会因在不同企业而被划分为不同的类型,有的产品在一家企业是明星类产品,但在另一家企业也可能是瘦狗类产品。所以,如何正确运用波士顿矩阵法,如何定义和划分产品类型,还需要企业结合自身情况与市场环境作出决断。

 **案例分析**

### 张某快餐配送公司的饭菜组合调整

张某开了家快餐配送公司,专门给学校、写字楼等配送快餐。经过一段时间的经营,张某发现,公司提供的众多饭菜里,有的饭菜单位利润高但销量少,有的饭菜单位利润低但销量多,还有些饭菜不仅单位利润高,销量也多。面对这种情况,张某停止了一些利润低、销量少的饭菜生产,增加了一些利润高、销量多的饭菜组合,此后,该公司利润一直不断上升。

## 二、价格策略

企业定价的目标常见的有三种：获取利润、提高市场占有率、应对和防止竞争。不同行业、不同企业、不同时期、不同市场条件、不同目标，企业的定价需求都不同，定价方法和策略也就不同。价格的高低直接决定企业盈利水平，也直接影响消费者的购买行为，如何合理定价成为企业经营决策中最重要的决策之一。

### （一）定价的程序

一般来说，企业经营者在制定价格时，可以遵循以下几个步骤。

#### 1. 确定定价目标

企业的定价目标是以满足市场需要和实现企业盈利为基础的，是实现企业经营总目标的保证和手段；同时，它又是企业选择定价策略和方法的依据。一个公司的目标越明确，它定价就越容易。

#### 2. 预测市场需求

价格是影响需求的重要因素。一种产品的定价目标确定之后，必须首先对这种目标下的市场需求进行预测。

#### 3. 估计成本

一般来说，市场的需求为企业定价确定了一个上限，而企业产品成本规定了价格的下限，某种产品的价格应当包括所有的生产、分销和推销该产品的成本，还应包括生产经营和承担投资风险应该获取的正常利润。

#### 4. 分析竞争者的反应

竞争者的价格对企业定价的影响也极大，特别是那些容易经营、利润可观的产品及新产品，潜在的竞争威胁最大。企业在定价时，应该根据竞争对手所提供的价格和产品特点采取相应的对策。如果竞争对手的产品和本企业的产品差别不大，那么二者价格也应大体一致；如果竞争对手的产品优于本企业产品，那么价格就应定得比竞争对手低一些；如果竞争对手的产品比本企业的产品差，那么产品价格可以定得较高。

#### 5. 选择定价策略、方法和技巧

在对市场需求、产品成本和竞争状况进行分析和预测之后，企业定价过程便进入了选择定价策略、方法和技巧来制定最终价格阶段。

#### 6. 充分考虑与各种政策的协调

制定最终价格前还必须综合、全面地考虑企业整个生产经营计划，使定价政策同其他政策协调一致，如企业的产品政策、营销渠道选择策略、推销计划等。

#### 7. 制定最终价格

企业根据定价目标的要求，通过分析成本、需求和竞争因素，选择具体的定价策略、方法和技巧，然后根据与其他政策的协调要求对价格进行修订之后，就可以制定出产品的最终价格。

### （二）产品定价的方法

企业的产品价格高低受成本费用、市场需求和竞争情况三个方面因素的影响和制约。因而也存在着三种定价导向方法，即成本导向定价法、需求导向定价法和竞争导向定价法。

#### 1. 成本导向定价法

基于成本的定价方法是最基本的定价方法，也是企业最常用的定价方法。这种方法以产品的成本为基础，再加上产品的目标利润来确定产品的价格。在这种方法下，产品的销售价格为产品成本和利润的总和。比如，一种产品的成本为10元，希望每卖出一件产品可以收益5元（目标利润），那么这种产品的价格就可以定为15元。这种定价方法比较简单，但是

并不能全面反映市场需求状况和竞争情况。它只是反映了企业自身的获利愿望，而没有结合市场的具体情况。如果市场竞争激烈、市场需求变动大，那么采用这种定价方法会影响企业的产品销售与利润。

### 2. 需求导向定价法

基于需求的产品定价方法是根据市场需求状况和消费者对产品的感觉差异来确定价格的方法。这种方法强调的是消费者的需求和对产品的认知，认为产品的价格由消费者所能接受的最高价格决定。消费者更接受和认可某种产品，那么这种产品的价格就可以定得相对高一些。如消费者对常规饮料的最高价位的期望值是3元/瓶，而某饮料非要定价为4元/瓶，那么这种饮料就很难获得消费者青睐，也很难为企业赢得利润。这种定价方法考虑的是顾客、市场的需求，可以找到利润最大化的价格。但是，这种方法也存在难以掌握的缺点。由于市场需求的变动性和不确定性，多数企业难以找到正确的价格定位。

### 3. 竞争导向定价法

在竞争比较激烈的市场中，许多企业不能仅仅根据成本或者消费者的需求来决定其产品价格，而是需要以市场中竞争者的价格水平为参考来定价。基于竞争的产品定价方法又称为市场定价法，是指通过研究竞争对手同类产品的价格、生产条件、服务状况等，结合企业自身价发展需求，以竞争对手的价格为基础进行产品定价的一种方法。企业采用低于竞争对手的产品定价可以维持或扩大市场占有率，增加产品销量，但有可能减少产品利润；以高于竞争对手的价格进行产品定价，可以提高单位产品的利润，但产品的销量可能会减少。在不同的定价目标的驱动下，企业可以采用不同的市场定价方法。所以，基于竞争的产品定价方法是一种既简单易行又较为实用的方法。

以上三种方法都是企业日常产品定价过程中常用的方法，也适用于大多数产品。

## 案例分析

### 鼎新房地产公司的新楼盘定价

鼎新房地产公司是广州市花都区的一家小型房地产公司。2015年，公司在花都花山附近新建成了一处楼盘，户型以小户为主，刚熬过房地产的寒冬，公司决定趁春季房交会的春风，加快资金的回笼。因此，公司派出业务员到项目周边询盘，发现同类型楼盘的均价都在14000元/平方米左右，在比较周边同档次的竞争性楼盘定价后，公司决定在房交会上推出12880元/平方米的优惠价，如果全款付清还可以再享受九五折优惠。

## （三）常用的定价技巧

创业企业主根据适当的定价方法确定基本价格后，还必须考虑运用一定的技巧，确定最终的价格，即针对不同的消费心理、销售条件、销售数量及销售方式，运用灵活定价技巧对基本价格进行调整，最终实现促进销售的目的。主要的促销定价技巧包括心理定价、新商品定价、折扣定价等。

### 1. 心理定价

心理定价指企业经营者依据顾客购物的心理而确定商品价格。一般常用的具体方法有以下几种。

（1）尾数定价。尾数定价指以零数为结尾的非整数定价。例如，商品的定价为9.98元，而不是10元；或者以199元而不是200元来标价；尾数定价适用于一般生活消费品。对于这种价格，消费者往往认为是一种经过精确计算得出的价格，从而产生信任感。同时，由于没有达到整数价格，又给消费者便宜、合算的感觉。

（2）吉祥数字定价。在各个国家的风俗习惯中，都存在对一些事物赋予特定的寓意的现象，数字也不例外。企业主利用消费者追求吉祥、幸运的心理，以包含这类寓意的数字来标示商品价格。例如，在我国传统文化中，6、8、9都是吉祥数字，包含这些数字的标价的商品通常更容易被消费者所接受。

（3）招徕定价。招徕定价指企业主利用消费者对低价商品的兴趣，有意将若干商品的价格定在市场通行价格之下，甚至低于进货成本，以此来招徕顾客，目的是吸引顾客在购买降价商品的同时，也会即兴购买其他商品，以此扩大总体销售额，增加企业总利润。

### 案例分析

#### 互惠商场的"一元拍卖"

深圳地铁某站口有家互惠商场，每逢节假日都要举办"一元拍卖活动"，所有拍卖商品均以一元起价，拍卖价每次增加五元，直至最后定夺。但这种拍卖活动由于基价定得过低，最后的成交价就比市场价低得多，因此会给人们产生一种"卖得越多，赔得越多"的感觉。岂不知，该商场用的是招徕定价术，它以低廉的拍卖品活跃商场气氛，增大客流量，带动了整个商场的销售额上升。这里需要说明的是，应用此术所选择的降价商品，必须是顾客都需要且市价为人们所熟悉的商品才行。

### 2. 新商品定价

企业主通常会引进一定数量的新商品，而这些商品的定价，会影响到顾客能否接受这些商品，并为以后扩大销售打下基础，对商品的定价可采用以下方法。

（1）撇脂定价法。撇脂定价指高价投放新商品，售价远远高于成本，目的在于短期内补偿全部的固定成本，并迅速获取利润。销售对象主要是那些收入水平较高的创新消费者或猎奇消费者。高价不但可以获取丰厚的利润，而且为今后竞争白热化后的降价留出了空间。

### 案例分析

#### "树袋熊"甜品：30元一个的杯子蛋糕也畅销

"树袋熊"甜品的创始人吴洲和周琳是一对"90后"小夫妻。2018年8月，投入30万元的"树袋熊"在广州时尚地标之一的东站广场开业了。目标顾客群主要是年轻女性，走"高端"路线；产品的特点是好品相加上高定价，甚至是私人定制，比如，一个小小的杯子蛋糕30元，一个婚庆蛋糕动辄上万元，把蛋糕卖出奢侈品的价格。

（资料来源：创业第一步网）

（2）渗透定价法。渗透定价指以低价投放新商品，使新商品在市场上广泛渗透。提高企业的市场占有率，通过薄利多销，实现盈利目标。这种定价方法有利于迅速打开新商品销路，提高市场占有率，树立良好的形象；同时，低价薄利也会使竞争者不愿介入。

（3）满意定价法。满意定价法指零售企业制定介于撇脂与渗透两种价格区间的适当价格，兼顾供应商及顾客利益，使各方面都能顺利接受，其优点是价格比较平稳，正常情况下按期实现盈利目标。

### 3. 折扣定价

折扣定价是指根据不同交易方式、数量、时间及条件，在基本价格的基础上给予顾客适当的折扣而形成的实际售价。此种方法容易让消费者打消对价格表示怀疑而不愿购买的顾虑。企业主给予顾客的折扣形式主要有现金折扣、数量折扣、季节折扣和促销折扣。

（1）现金折扣。现金折扣指对按约定日期付款或提前付款的顾客给予一定的价格折扣，目的在于鼓励企业的老顾客及分期付款的顾客按期或提前支付货款，减少企业的利率风险，加速资金周转。折扣大小一般根据付款期间的利息和风险成本等因素确定。

（2）数量折扣。数量折扣是根据购买数量或金额的差异给予不同的价格折扣，包括非累计数量折扣和累计数量折扣两种形式。前者是对一次购买超过规定数量或金额给予的价格优惠，目的在于鼓励顾客增大每份订单的购买量，使企业组织大批量进货。后者是对一定时期内累计购买超过规定数量或金额给予的价格优惠，目的在于鼓励顾客与企业建立长期固定的关系。

（3）季节折扣。季节折扣是指对在非消费旺季购买商品的顾客提供的价格优惠。目的在于鼓励顾客淡季购买，减少企业的货物积压，以利于商品的均衡流通。

（4）促销折扣。促销折扣是企业主为商品推广所进行的各种促销活动采用的折扣，如对快讯商品、印花促销等给予的一定折扣。

**思考：** 商场打折，有以下几种情况：①满 200 省 100；②满 100 省 50；③打 5 折；④100 元现金换 200 元券。请问哪一种打折力度最大，消费者最划算？

### （四）组合定价策略

商品的组合定价策略，是指根据商品的关联性对组合中的商品制定合适的价格结构的定价策略。创业企业常用的商品组合定价策略为捆绑定价策略。

捆绑定价策略，是指将那些原本并没有多大联系的产品组合成一个整体，按一个统一的价格销售的定价策略。实施捆绑定价策略的各个产品的需求具有一定的负相关性。如果消费者对各个产品的需求是正相关的，捆绑销售并不能带来更多的收入。

## 案例分析

### 普拉斯公司的"文具组合"

普拉斯公司是一家专营文具的企业，经营了十多年仍没有多大起色，虽然可以挣到一点钱维持经营费用，但没有持续发展的希望，经常为积压的各种小文具而头痛。老板为本公司大量文具销不出去而一筹莫展。按原价出售则无人问津；若降价抛售，公司财力承受不了。一位刚刚在公司工作了一年的女孩子，叫玉村浩美，她也在为公司冥思苦想。这姑娘没有经商经验，但她从学校出来不久，对学生们需要文具的心态非常了解，自己亦有切身体会。于是，她根据自己的体会设计了一种"文具组合"销售方法，于1985 年进行试销。

玉村浩美设计的"文具组合"一经面市，立即引起市场轰动，成为划时代热门商品，在短短的一年 4 个月时间，共销售出 340 万盒，不但把普拉斯公司所有存货卖光了，连工厂新的供货也赶不上市场需求。这件事一下子成为日本文具行业的特大新闻。

事实上，所谓"文具组合"只不过 7 件小文具：10 厘米的尺子、透明胶布、1 米长卷尺、小刀、订书机、剪子、合成糨糊。7 件小文具装在一个设计美观的盒子里，定价 200 元。

### （五）价格调整

任何企业在产品销售中都会遇到涨价和降价的问题，在处理产品这一问题的过程中需要很多学问和方法。处理得好，产品销售量不会因涨价而下降，企业的利润也不会因降价而盈利少。处理得不好，企业则会蒙受损失。下面，我们来了解一下什么是降价销售和涨价销售，以及如何运用这两种销售技巧。

#### 1. 降价销售

众所周知，产品降价可以扩大销量，增强产品的竞争力。但如果企业降价幅度过小，则难以扩大销量，反而会减少企业的营业收入；而降价幅度过大，对于企业来讲也是一种损失。怎样确定降价的幅度和时机、选择何种降价方式等问题，都需要创业企业主仔细考虑。

常见的降价方式是直接调低产品销售价格，但也有其他方式可以考虑，比如，将原有产品搭配上赠品一起销售，或者"买得多降得多"等，这些都算是产品的降价销售方式。

企业在实际进行降价操作的时候，应当把握好降价的时机和次数。控制好降价的幅度。降价时机可以分为早降价和晚降价两种。早降价是指在产品热销时降价，这样可以极大地刺激消费者的购买欲望，迅速获得销售资金。晚降价是指在接近产品销售尾期时降价，这样可以使原本积压的、难以销售的产品得到新的销售机会。

创业企业在降价销售的时候，需要根据产品的类型、确定合适的降价幅度。流行性、季节性的产品，降价幅度可以大一些，比如25%～50%，而常用产品一般降价10%就可以了。早降价产品的降价幅度要小，晚降价产品的降价幅度要大。而且，创业企业在制定降价促销策略时，应结合综合库存等环境因素，最好不要降太多。因为一旦降价幅度过大，创业企业难以提供足够的产品来满足市场需求时，客户会认为企业是在用降价做幌子吸引消费者，这会影响企业在客户心中的形象和地位。

#### 2. 涨价销售

涨价相对简单，同量不同价、同价不同量都是企业进行产品涨价的方式。企业进行涨价销售的，可以增加单位产品的利润，在一定程度上改善企业的经营管理现状。涨价会引起销量减少，最终可能会导致企业总利润减少。涨价是消费者不愿看到的，所以涨价销售需要一定的方法和技巧。企业在涨价时，幅度要适中，每次不宜超过原价的10%。当企业因成本上升而涨价销售时，可以考虑将成本上涨的实情告诉顾客。比如，生产食品的厂家可以明确告诉顾客，食用油价格上涨了多少，面粉、鸡蛋价格又上涨了多少，这样就有助于顾客理解企业涨价的原因。另外，企业在涨价销售的同时，可以附送一些馈赠品，比如一些小礼品、抽奖活动等。当然，这些馈赠的价格应该低于涨价所提高的利润。

### 案例分析

#### 休布雷公司巧定酒价

在美国伏特加酒的市场中，休布雷公司的营销是比较出色的，其生产的史密诺夫酒，在伏特加酒市场的占有率达23%。20世纪60年代，另一家公司推出一种新型伏特加酒，其质量不比史密诺夫酒差，每瓶定价却比后者低1美元。按照惯例，休布雷公司的面前有三条对策可用：

（1）降价1美元，以保住市场占有率；

（2）维持原价，通过增加广告费用和推销支出来与竞争对手竞争；

（3）维持原价，听任其市场占有率降低。

> 由此看出，不论休布雷公司采取上述哪种策略，似乎都输定了。但是，该公司的市场营销人员经过深思熟虑后，却采取了对方意想不到的第四种策略：将史密诺夫酒的价格再提高1美元，同时再推出一种与竞争对手所推出的新伏特加酒价格一样的瑞色酒和另一种价格更低一些的波波酒。
>
> 这种产品价格策略，一方面提高了史密诺夫酒的地位，同时使竞争对手的新产品沦为一种普通的品牌。结果，休布雷公司不仅渡过了难关，而且利润大增。实际上休布雷公司的上述三种产品的味道和成本几乎相同，只是该公司懂得以不同的价格来销售相同产品的策略而已。
>
> （资料来源：赵西萍．旅游市场营销学）

创业企业还应特别注意涨价的时机。当市场上的同类产品都在降价时，企业涨价明显是不合适的。一般来讲，当产品供不应求、成本上升、质量提高、难以被其他产品替代时，企业可以考虑涨价销售策略。比如在节假日前夕，顾客要大量购买不同的产品，这时候他们通常不会太在意产品价格的变化，而更关注产品质量。同样对应特定节日的产品，比如端午节的粽子、元宵节的元宵等，这些产品在特定的节日期间就可以适当涨价，因为顾客更关注产品本身，可不是价格。

无论涨价还是降价，创业企业一定要遵守国家相关的法律法规，不能违背社会秩序和国家政策，更不能做出囤积居奇、恶意抬高价格等违法违规举动。

### 三、制定促销策略

在激烈复杂的市场竞争中，促销以其独特的魅力，在促进企业销售、获得消费信赖、建立知名品牌的过程中扮演着重要的角色。促销就像企业的一把利刃，它可以直击市场的要害，刺激消费需求，形成消费拉力，迅速实现销售额的增长。同时，成功的促销活动也能快速而有效地推动品牌成长。那么，创业企业该如何制定有效的促销策略呢？

#### （一）制定促销策略的步骤

**1. 确定促销目标**

促销目标包括长期目标和短期目标，总的来说就是提高业绩、增加销售量、增强企业的竞争力。具体来看又包括增加某一时期的销售额、刺激顾客购买欲望、增加客流量、增强顾客忠诚度、提升企业形象、提高企业知名度等，促销目标不同，促销方式也不同。因此，企业主在开展一次具体的促销活动之前，必须首先确定这次促销活动应该达到的具体目标，而在确定促销目标时，应注意促销目标要尽可能准确地阐述，该目标最好是定量的、可衡量的，这样企业才能精确地评估以后各步骤是否成功。

**2. 确定主题和选择与主题相关联的商品、赠品**

促销商品是否对顾客有吸引力，价格是否有震撼力，都将直接导致促销活动的成败。一般来讲，企业选择促销商品时，既要选择一些敏感性商品，又要选择一些不太敏感的商品组成促销商品组合。这就需要考虑季节的变化、商品销售排行榜、竞争对手的状况等，选择最适合的促销商品。

**3. 决定促销预算**

不同的企业在确定促销费用问题上差异很大，创业企业常用的确定促销预算的方法具体如下。

（1）量力而行法。这是指企业在自身财力允许的范围内确定预算。企业用这种方式确定促销预算，先要预测周期内的销售额，计算各种支出和利润，然后确定拿出多少钱来作为促销费用。这是最保守的预算方法，完全不考虑促销作为一种投资以及促销对销量的直接影响。如果企业的销售额不理想，那么促销就会被视为可有可无。这种方法导致年度预算的不稳定性，从而使长期的促销目标难以实现。小型、保守的企业主要使用这种方法。

（2）销售百分比法。这是以年度预测的销售额为基础，固定一个比例来计算一年总的促销预算，然后再根据一年中计划举办多少次促销活动进行分摊。其中的比例可能是过去使用的比例，也可能是参考了同行业中及其他零售商的预算比例，或者是根据经验确定的。

### 案例分析

#### 易购超市元旦促销费用预算

元旦临近，作为老板的李明想在新年到来之际有个好的开始，以达到本年销售100万元的目标。于是，李明决定拿出销售额的10%来用作促销活动费用，并在1月1—3日期间开展第一次促销活动。考虑到全年的大型节假日共5次，平时周末间隔开展的诸如店展、抽奖等常规性小型促销活动，因此，预留2万元用于常规性小型促销活动，而将余下8万元平均分配，则本次超市元旦促销的费用为1.6万元。

这种方法容易确定，容易控制，可以调整，将促销与销售额联系起来；能激发管理层努力协调促销成本、销售价格和单位利润这三者之间的关系，在此基础上考虑企业的运作；还能在一定程度上增强竞争的稳定性，但这种方法视促销为销售额的结果，不由市场机会去确定预算，而没有考虑每次促销活动的实际需要。

**4. 选择促销方式**

企业可以选用的具体促销方式有很多，如降价、品尝、举办竞赛活动、抽奖、现场示范、优惠券等。企业在拟订一次具体的促销计划时，要根据促销活动的具体目标选择一定的促销方式并组合起来，才能增强效果，达到促销目的。促销手段各有其特点和适用范围。在选择销售工具要考虑如下因素。

（1）促销目标。企业根据目标顾客所处购买决策过程的具体情况来确定特定的促销目标，而不同的促销手段由于具备不同的优势和劣势，对于实现不同的促销目标有着不同的作用。例如，介绍性广告和公共关系对于顾客进入认识和了解阶段影响较大，而进入喜爱阶段后影响较小；竞争性广告、服务人员的态度和商店气氛对于建立顾客的喜爱和偏好有较大影响；而销售促进对顾客的直接购买影响较大。

（2）企业类型及竞争环境。不同类型的企业满足的是不同层次消费者或同一层次消费者不同方面的需要，消费者对不同产品的购买心理会有所区别，于是，企业便投其所好，常用的促销方式也不一样。例如，食品和日用品，最常使用免费试吃试喝试用、降价促销、奖券及连锁性购买计划等方式，而像汽车这样的耐用品则更多使用形象广告、公关宣传和人员促销。竞争条件和环境也影响着促销工具的选择，这包括企业本身在竞争中所具有的实力、条件、优势及劣势及企业外部环境中竞争者数量、实力、竞争策略等因素影响。如果经济条件和市场环境发生变化，促销策划也需要根据变化作出适应性调整。例如，不同产品生命周期，竞争环境不一样，企业所进行促销的方式也不一样。

（3）费用预算。促销费用需要在各种促销方式中进行分配，如广告、销售促进和公共关系，往往会对促销工具的选择形成一个硬约束。此外，同一特定的促销目标可以采用多种促销工具来实现。这里就有一个促销工具的比较选择和优化组合的问题，企业希望以较低的促销成本来实现最优的促销效益。

### （二）常用的促销技巧

#### 1. 价格促销

在所有促销技巧中，价格促销是最直接最有效、消费者最敏感的促销方式之一，也最易于实施执行，但价格促销方式一般很容易因竞争对手的调价而演变成为价格战，易使消费者养成非等到价格促销活动时才购买的习惯。同时，大幅的价格调整也会使消费对商品的定价和质量产生怀疑，而不利于品牌的健康成长。价格促销主要有以下两种方式。

（1）直接折扣。直接折扣是指在购买过程中或购买后给予消费者的现金折扣。一般人比较喜欢物美价廉的商品，特别是现场捡到的这种实实在在的便宜，给绝大多数的顾客以强有力的刺激，以至于消费者有 70% 甚至更多的购买决策都是在超市临时作出的。直接折扣包括以下 4 种。

第 1 种是现场折扣。根据不同的时段，规定优惠的折扣度，如全场 6 折优惠、部分商品 3 折起等。时间的有无相当关键，结果也是大不一样。也可以采取在一段时间内逐天递降的折扣方式，如第一天 9 折，第二天 8 折，第三天 7 折，以此类推。折扣一般要和促销主题配合，使消费者明确这是阶段性促销。

第 2 种是减价优惠。原价多少，现价多少。减价优惠一般需要 POP 的强力配合，如"原 100 元，现价 40 元，您省 60 元或您节省 60%"，再在原价格上打上醒目的叉"×"，以此来吸引消费者。或是在产品包装上标上零售价，再用 POP 标签写上减免后价格，如"仅售 8 元"等。

第 3 种是现金回馈。为了鼓励消费者大量购买，可以规定，消费者只要购买产品达到规定数量，或是一整套系列产品，就可以凭购买凭证现场获得一定金额的现金回馈。如，购买"美的空调＋美的冰箱"就可以现场获得 1000 元的现金回馈等。

第 4 种是统一价。采用取长补短的方式，定出一个比所有商品零售价格都要低的价格，统一销售。在价格上不给消费者任何选择余地，但在款式档次上给予顾客充分的选择空间。

### 案例分析

#### 欣欣婴儿坊"十一"特大优惠活动

欣欣婴儿坊"十一"特大优惠，婴儿奶瓶 10 月 1 日大减价，全系列产品 8.8 折起，美素婴儿奶粉原价 228 元，活动当天价 208 元；服饰类产品清仓大甩卖，全场夏装全部只有 60 元。当天购买 188 元的顾客还可获赠 10 元现金回馈，购买 288 元的可获赠 20 元现金回馈。

（2）变相折扣。不以现金的方式回馈消费者，而是以各种变相折扣的手段来吸引消费者，或买赠或买捆绑，或加量或回购等，变通法则让利消费者。与现金折扣不同的是，变相折扣具有更大的操作空间，无论是实赠还是加量，都是以产品作为载体实现优惠，商家的成本相对更低，也更有利于操作。变相折扣有以下 4 种。

第 1 种是多件数购买赠送活动。如买二赠一、买三赠二、买大赠小等，消费者支付一件商品的价格可以获得两件以上的商品，实质是变相为消费者打折，以此来吸引消费者批量购买。一般来讲，接受度高、需求量大的商品运用这种方式效果最好。

第 2 种是组合销售。两件或多件同一产品或不同产品组合在一起让消费者一次性购买，消费者支付的总价值要比单件购买之和优惠得多，以此来吸引顾客成套购买。

 **案例分析**

### "俏佳人" 店庆大酬宾

"俏佳人"是一家经营化妆品的小店。老板为回馈老顾客，推出店庆大酬宾活动：第一是雅顿绿茶香水买二赠一，第二是化妆套装（含口红、眼线笔、指甲油等），单件价 256 元，套装价仅需 88 元。

第 3 种是加量不加价。制造商在商品包装上标注"加量不加价"优惠细节，如"用 500 克的价格买 800 克商品"和"本商品 35% 产品为免费赠送"等。商品价格不变，而产品的数量增加了，即消费者用同样的价钱，可以买到更多的产品。因此为企业带来更多的消费者，获得更大的市场份额。

第 4 种是回购。承诺在购买该商品若干年后，厂商以同样或稍低的价格回购该产品，或者可以以旧换新。这种方式可以形成顾客的高忠诚度。

### 2. 优惠券、代金券促销

优惠券一般被看作减价的替代品，消费者可以免费获得，凭优惠券购买该商品可以享受一定的优惠。代金券是现金替代品，只在一定范围和时间内使用，它可以用较少的资金购买到面额较大的代金券。无论哪种方式，都是向消费者提供即时折扣或延迟折扣。

（1）优惠券促销。优惠券一般需要通过各种媒介送到消费者手中，其优惠内容如果能够引起消费者兴趣，消费者则会收集保留，可以在下次消费时使用；如果优惠幅度较小或不是消费者即时需求商品，则不能引起消费者兴趣。

 **知识广角**

### 分发优惠券的常见方式

1. 登在报纸上

以广告的形式在覆盖目标群体的报纸上刊登优惠券，消费者剪下报纸即可使用。凭借报纸的高发行量，报纸优惠券可以起到良好的广告效果。其可信度高，但浪费较大。

2. 登在杂志上

杂志优惠券根据杂志覆盖的目标人群，能够有针对性地送到目标群手中。其可信度较低。

3. 定点送发

不同的产品一定具有不同的目标群，先让这些目标群体显化，再有针对性地定点发送优惠券。这种方式针对性强，效果非常明显，促销成本较高。

4. 夹带

企业印刷好优惠券，随同报纸或杂志一同送达消费者手中。它是利用报纸或杂志的渠道而又不需要支付广告费用传送优惠券的方式。其成本低，普及率高，效果好。

5. 邮寄

通过邮政渠道送达优惠券的方式之一。其针对性较强，促销成本较高。

6. 卖场分发

在商品分布的卖场分发，其针对性最强，优惠券的使用率最高。

7. 附于包装

附于包装主要是增加老顾客的重复购买，这种方式够给忠实消费者以回报，对于新用户效果不明显。附于包装的优惠券一般比普通的优惠券价值要大，顾客期望值要高，因为它是以购买产品为前提才能获得。使用包装优惠券一般不通过其他渠道发放，主要用于给忠实顾客的回馈。

8. 即买即赠

其获得方式同附于包装一样，只有购买产品才能获得优惠券；其优惠券不是附于包装，而是由促销人员赠送。

（2）代金券促销。代金券促销包含购买式代金券和赠送式代金券。购买式代金券实指企业为了吸引消费者，往往采取用现金购买代金券的方式，如花100买150、花200买400、买100送100等，代金券仅仅限一定时间内本商场内限制使用。代金券对消费者具有一定的吸引力，但不能设限过多，如时间限制、商品限制等，只要不虚抬价格，切实让利给消费者，代金券促销方式还是具有很好的效果。赠送式代金券是指企业也赠送小额代金券作为现金使用，但也是有使用限制的，如消费500元可以使用50元代金券等。

### 案例分析

#### 米琪时装"双十一"促销

情人节期间，米琪时装为提升女装"双十一"期间的网络销量特推出"双十一节"促销活动。即11月1—15日期间，凡在网店消费168元获赠10元代金券，消费288元获赠20元代金券，消费478元获赠50元代金券。

**思考：** 创业企业主采取优惠券促销和代金券促销应注意什么问题？

### 3. 赠品促销

赠品促销就是消费者购物时，以"赠品"赠送的形式向消费者提供优惠，吸引消费者购买该品牌产品，是一种既能短时间增加销量又能起到长时间建树品牌的极佳促销方式。赠品可以是各种不同的东西，可以是销售的产品样品，也可以是一种标准或特殊产品，可以是一件具有纪念意义的礼物，也可以是一种非常具有实用价值的生活用品；可以是自己的品牌，也可以是其他品牌。也就是说，只要适合促销目标的东西都是赠品促销物的选择范围。随着信息化的发展，赠品出现了新的形式——数字赠品。数字赠品与传统实体赠品的主要区别在于形式上，前者是以数字的方式存在于硬盘、光盘等存储介质上的赠品，如音频视频、图片、文档、软件和电子书等。数字赠品的最主要作用有两个：增强促销效果和深入营销。数字赠品最大的特点就是无复制和运输成本，可反复使用，而且深入营销的功能非常强大。

### 4. 有奖促销

有奖促销在所有促销方式中具有独特的魅力，已成为消费者十分欢迎的促销方式。与价格促销不同的是，有奖促销方式是给予每一位参与者实实在在的优惠，前提是参与购买才能得到实惠。由于参与的门槛较低，所以能吸引大量的人气，对后续在人气中找到商机提供了无限可能。有奖促销只要不是恶意欺骗消费者的行为，一般都比较容易操作成功，只是国家对涉及有奖促销的规定较多。在使用有奖促销活动操作时要特别注意，触犯法律或使消费者失去信任不但会使销售受到极大的影响，而且会使品牌夭折。

## 案例分析

### 校园超市的新年促销

临近寒假，校园超市为了尽快清理库存，开展新年促销活动。活动期间，全场货品8.8折，活动当天还推出了抽奖活动。凡活动期间，消费满20元消费者可获抽奖机会一次，消费满50元可获抽奖机会二次，活动设一、二、三等奖，一等奖50元超市代金券，二等奖暖手抱枕一个，三等奖可乐一瓶，四等奖纸巾一包。

**思考**：企业主常用的促销技巧有哪些？

# 任务4  开发和维护客户

## 引导案例

### 吉拉德和他的"250人法则"

乔·吉拉德是美国著名的汽车推销大王，他在职业生涯中共推销出13000多辆汽车，创下吉尼斯世界纪录。他曾自豪地说："'250人法则'的发现，使我成为世界上最伟大的推销员！"

有一次，吉拉德从朋友的母亲葬礼的主持人那里偶然了解到，每次葬礼来祭奠死者的人数平均为250人左右。后来，吉拉德参加一位朋友在教堂里举行的婚礼，又偶然从教堂主人那里得知，每次婚礼新娘方参加婚礼的人数大概为250人，新郎方大概也有250人参加婚礼。

由此，他总结出"社交圈250人法则"，即认为一个人一生的朋友、亲戚、同学等经常往来的人数平均大约是250人。他联想到他的客户后说，能把产品卖给一位客户，就意味着还可以再卖给250位客户，但关键是要让这位客户将亲朋好友介绍给自己。

为此，吉拉德非常善于让老客户来帮助介绍新客户给自己，并给予一定的"报酬"——如果介绍成功、生意谈成，老客户可提成25美元，就这样他不断开发了许多新的客户。

此外，商业伙伴也可以帮助介绍和推荐。企业和其进货的"上家"以及销售的"下家"都处在同一利益链中，很容易因"唇亡齿寒"的"同伴意识"而"互相捧场"，如果能利用这种心态和利害关系，请"上家"和"下家"帮助介绍客户，将会有不小的收获。

（资料来源：蒋小龙. 商务谈判与推销技巧）

**思考**：乔·吉拉德的"250人法则"给你的启示是什么？

## 一、开发客户

开发客户就是企业将目标客户和潜在客户转化为现实客户的过程。对创业企业来说，要想在激烈的竞争中站稳脚跟，首要任务就是吸引新客户；此外，还要在努力培养客户忠诚度的同时，不断加强新的优质客户的开发。这样，一方面可以弥补客户流失的缺口，另一方面可以壮大客户队伍，增强企业的盈利能力，实现持续性发展。

### （一）寻找目标客户的主要方法

客户关系的开发有两种策略。

第一种策略就是企业主动出击，自己想办法寻找目标客户，并最终说服他们成为现实客户。其中，首要任务是先要能够寻找到目标客户。在寻找目标客户的过程中，企业要掌握和运用一些基本方法，创业企业常用的方法如下。

#### 1. 人际关系网寻找法

该方法是指将自己接触过的亲戚、朋友列一份清单，然后进行拜访，争取在其中寻找自己的客户。每个人都有一个关系网，如同学、老乡、同事等，因此可以依靠人际关系网进行客户开发。

知识广角

**几种快速接近客户的方法**

如何更有效地接近客户呢？下面介绍几种常用方法。

（1）馈赠接近法。它是指通过赠送礼物来接近客户的方法，此法比较容易博得客户的欢心，取得他们的好感，从而拉近推销员与客户的关系，而且客户也比较乐于合作。

（2）赞美接近法。它是指利用客户的虚荣心，以称赞的语言博得客户的好感，从而接近客户的方法。需要注意的是，推销人员称赞客户时要真诚、要恰如其分；切忌虚情假意，否则会引起客户的反感。

（3）服务接近法。它是指通过为客户提供有效的，并符合需要的服务，如维修服务、信息服务、免费试用服务等来获得客户的好感，赢得客户的信任，从而接近客户的方法。

（4）求教接近法。它是指利用对方好为人师的特点，通过请客户帮忙解答问题，从而接近客户。但是要提对方擅长的问题，而不要考问对方。在求教后要及时、自然地将话题导入有利于促成交易的谈话中。

推销员采用人际关系网寻找法能比较容易接近客户，不需要过多地寒暄和客套即可切入主题，较易成功（比陌生拜访的成功率要高出许多倍）；但因为是亲朋好友，可能会害怕遭拒绝、丢面子而不敢提出，进行价格交涉时，患得患失，难以开口。所以在采用这种方法时，推销员要本着对亲友负责的态度，绝不欺骗、隐瞒，努力为其提供最优质的服务，而绝不强迫营销。

#### 2. 资料查询法

该方法是指通过查询与目标客户相关的资料来寻找目标客户，可供查询的资料如表10-1所示。

表10-1 资源查询法寻找客户主要来源

| 资料名称 | 主要内容 |
| --- | --- |
| 电话号码黄页 | 记录了个人、公司或机构名称、地址和电话号码 |
| 团队会员名册 | 如刊物订阅名册、协会会员名册、股份公司股东名册、行业内公司名册等 |

续表

| 资料名称 | 主要内容 |
|---|---|
| 证照核发机构 | 如工商企业名录、企业经营许可证、烟酒专卖证、驾驶执照等 |
| 税收缴纳名册 | 有助于确定一定财力范围人员名单,可向他们营销诸如汽车、楼房一类高档品 |
| 报纸杂志 | 包含新公司成立、新商店开业、新工程修建以及一些公开招标信息等,他们往往需要多种产品和服务,企业可以主动上门,有可能会将他们发展成为企业客户 |
| 信息服务报告 | 利用信息和服务机构、管理咨询公司、数据调查公司所提供的有偿报告来寻找客户 |

资料查询法的优点在于可以较快地了解市场需求量和目标客户情况,且成本较低。但其也有缺点,那就是时效性较差。有些最新的目标客户数据资料,可能无法实时查到。

### 3. 介绍寻找法

该方法是指企业通过老客户的介绍来寻找目标客户的一种方法。人与人之间有着普遍的交往与联系,消费需求和购买动机常常互相影响,同一个社交圈内的人可能具有某种共同的消费需求。只要取得现有客户的信任,给予他们一定好处,就可以通过现有客户的自愿介绍,向其亲朋好友进行产品推荐,寻找到目标客户。

这种方法可减少客户开发的盲目性,由于是经熟人介绍,容易取得客户的信任,成功率较高;但这种方法介绍的客户数量多、质量不一,所以需要进行严格筛选和甄别。这种方法一般只适用于寻找具有相同消费特点的客户,或在销售群体性较强的产品时采用,不适合开发新型客户。

### 4. 电话寻找法

该方法是指以打电话给目标客户的形式来寻找客户的方法。这种方法的优点是成本较低,节约人力。但是,电话寻找法也有缺点,那就是无法从客户的表情、举止判断其反应。

### 5. 网络寻找法

该方法是指借助互联网宣传、介绍自己的产品从而寻找客户的方法。随着上网人数的日渐增多,企业很容易在网络上找到客户,因此该方法前景广阔。网络寻找法的优点是方便、快捷、信息量大、成本低;但其缺点是容易受到网络普及程度、上网条件以及网络诚信的影响,不过这些因素随着我国电子商务的不断发展得到逐步改善。其实施步骤如图10-5所示。

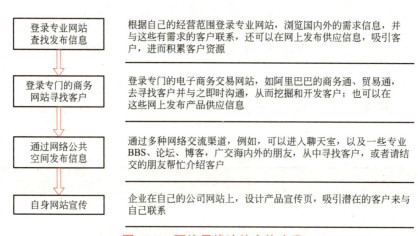

图10-5 网络寻找法的实施步骤

## （二）不同类型客户的说服策略

寻找到客户不等于开发成功，还需要一个说服客户的过程。由于客户的学识、修养、个性、习惯、兴趣及信仰等的不同，自然对于各种人、事、物的反应及感受有相当大的差异，因此必须区别对待不同类型的客户，才能事半功倍。下面的［知识广角］介绍了常见的不同类型客户的主要特点，以及相对应的说服策略。

 知识广角

### 不同类型客户的说服策略

（1）理智型客户。这种客户喜欢思索，对什么都抱着怀疑的态度，他们大都有比较广博的知识，逻辑思维能力特别棒。和他们打交道时，你会发现自己眉飞色舞地讲了半天，他们仍然无动于衷。对这种客户，取信于他们才是关键。一是产品介绍要客观而专业，千万不要夸大其词，因为对方一听就知道了；二是讲两面信息，任何产品都有优点和缺点，适当地讲讲产品瑕不掩瑜的缺点，会让善于做批判性思辨的对方感受到你的真诚。

（2）冲动型客户。这种客户性急、心直口快、心浮气躁、善变，常因一时之冲动而下决定。此时我们就应对其平心静气地透视并判断其心理反应。这一类型的客户往往很冲动，决定下得很快，不待销售人员有说话的机会就下结论。应对策略：销售语言明快，避免唠叨，要注重谈判气氛及综合感染力。尽快结束销售。

（3）顽固型客户。这类客户的自我观念很重，虽然处理事情果断，但因欠思考，往往无法与销售人员的意思相同。销售一方只要以温和的态度，礼貌地引导他向着销售人员的主张即可。

（4）好斗型客户。这类客户其实并没有多少诚意，他们对产品需求并不是很强烈，反倒是把洽谈看成是一场战斗，在这场战斗中能够战胜你，才是他的心愿。这样的客户会百般挑剔，甚至提出很多不合理的要求。对于这样的客户，你只有很冷静且礼貌地对待他，也许更精彩的产品介绍会让他把兴趣放在产品上。

（5）优柔寡断型客户。这类客户疑问较多，外表严肃，反应冷漠，出言谨慎，不易获取信任。神情与动作飘忽不定，难以捉摸，对产品等彻底了解之后，已产生兴趣，仍拿不定主意是买还是不买；说话时，视线不断移动。应对策略：推销人员对这一类客户要耐心解释，详细说明产品的优点，提出各项说明文件及保证，以取信对方。必要时可以求助老客户做见证人来进行促销。推销人员遇到这一类型的客户时，要随时注意将谈话拉回主题，并由对方的谈话找出更多的意见来推销，态度要和善，但不可过于热情，选择适当的时机结束推销。

（6）孤芳自赏型客户。这是一种自作聪明的客户，他喜欢对推销员喋喋不休而不是让推销员喋喋不休。对待这种客户最聪明的做法是倾听，并采取请教的口气和他打交道，让他保持好感的办法是表示尊敬。你可以向他简单做介绍，然后让他自己看，适时进行简短讲解；当他高谈阔论时，即使你不同意也可以用含糊语言赞美他，之后再纠正。

（7）盛气凌人型客户。这类客户主观性强，心思细密，喜欢挑毛病，常对产品的品质、包装、颜色、价格、服务等表达主观意见，提出种种不合理的要求。应对策略：给予适当的恭维，切莫与其争论，可强调一些优惠政策，谈判中要多问"为什么呢？"，探询对方不满意的原因所在，再一一予以详解，用事实来支持自己的论点，并且少谈题外话，以免节外生枝。

（8）生性多疑型客户。这类客户疑问较多，外表严肃，反应冷漠，出言谨慎，不易获取

信任。应对策略：推销人员对这一类客户要耐心解释，详细说明产品的优点，出示各项说明文件及保证，以取信对方。必要时可以求助老客户做见证人来进行促销。这是一类比较难缠的客户，无论你讲什么他都怀疑，从产品的品质到产品的价格，甚至是相关赠品。对于多疑的人，适合的方式就是敬而远之，当你很热情的时候，他马上会觉得你在有所企图。对他很客气，关键的时候将产品的独特优势证明给对方，然后谦恭但是爱买不买的态度，反而更能让他买。

（9）沉默寡言型客户。这一类型的客户只注意听别人说话，不表示意见，对推销人员的话不作反问，无动于衷。应对策略：先引导对方谈些自己的专长，再引起他对商品的兴趣，鼓励他说出自己的想法。

（10）斤斤计较型客户。这类客户对一些鸡毛蒜皮之类的小事看得很重，对于一分几厘能省就省，关心有无折扣、有无优惠、有无赠品等。应对策略：如有折扣或赠品，则取其部分以诱之，切不可让利太大，如无折扣或赠品，则以产品的优惠说明物超所值，以产品的性价比作市场比较，说明产品已经相当便宜，说话姿态可以稍高些。

### （三）吸引目标客户的主要措施

客户关系开发的第二种策略，就是企业通过采取多种不同手段，依靠企业本身的产品、价格、渠道和促销等特色，积极吸引目标客户和潜在客户，使其最终成为现实客户。

#### 1. 提供适当的产品与服务

适当的产品和服务是指企业提供给客户的产品或服务，不仅要确实能满足客户的实际需要，还要有合理的价格。

（1）紧跟潮流创新。对于相似的产品或者服务来说，有足够特色的产品和服务才能吸引顾客的光顾。

**案例分析**

**张三花店的微信预约服务**

张三今年读大二，在学校西门开了家校园花店，由于课程比较多，张三不能时时守在店里，为免因上课而错过订单，张三用自己的店名注册了微信号，并生成了二维码，张贴在店门口，对于通过微信提前预约送花的客户，附赠小礼品，并送代金券5元。开展此项服务后，张三的小店第一月的朋友圈从1人激增至98人。

（2）产品或服务的质量是根本。质量在吸引客户上起着重要的作用。一个质量有问题的产品或者服务，即使非常便宜也没有人愿意购买。相反，对于高质量的产品，即使价格高一些人们往往也愿意接受。

#### 2. 适当的产品和服务分销

适当的分销就是通过适当的渠道，使客户很容易、很方便地购买企业的产品或服务。如商店、电影院、餐厅等，如果能够位于人口密集、人流量大、人均收入高、交通便利的地段，就能够吸引和方便客户的消费，其营业收入和利润也会比较高。

### 案例分析

#### 航空公司的分销策略

航空公司的分销策略很多，以下是随着航空市场的竞争和发展，而不断推出的一些常用分销手段。

（1）在航空市场欠发达的地区建立代销网络。如通过当地旅游部门、民航等代理机票销售，可以方便有需求的乘客，还可在一定程度上使航空公司摆脱因资金和人力有限而对销售网络的发展产生的制约，同时降低机票的销售成本。

（2）在航空市场相对发达的地区建立连锁网络。如在这些地区的主要城市的机场、繁华地段、高级宾馆、银行等开办机票直销处，可以吸引和方便乘客购买机票。同时，增强航空公司自主管理的能力，减少销售代理费的长期支付，降低机票的销售成本，从而增加收益。

（3）开通网上机票销售业务。互联网是一种非常经济的分销渠道，它不需要进行直销点建设，乘客可以通过信用卡来支付票款，航空公司通过邮递系统、传真或专门派员等手段将机票送给乘客。例如，美国易捷航空（Easy Jet）90%的座位是通过互联网销售出去的——无论何时何地，只要你拥有一台可上网的计算机，就能够轻松订购机票。

（4）航空公司还可以广泛地在机场、银行、高级宾馆等地方使用自动售票机，也可以通过咨询电话向旅客进行电话直销，这些都是吸引乘客购买机票的有效渠道。

### 3. 适当的商品和服务促销

适当的促销是指企业利用各种适当的信息载体，将企业及其产品的信息传递给目标客户，并与目标客户进行沟通的传播活动，旨在引起客户注意，刺激客户的购买欲望。

### 4. 网络营销

对创业企业来说，网络营销多倾向于向个体消费者以及个体商户宣传企业品牌及产品。应用广泛、效果突出的网络营销手段包括：关键词搜索、社交网站植入、微博/博客营销、电子邮件营销，具备一定资金实力的创业企业可以采用"百度关键词广告投放""社交网站植入式推广"以及"线下活动赞助"等方式宣传企业网站和产品。

### 案例分析

#### 河狸家——再掀明星营销风暴

明星营销在快消品、时尚界等领域屡见不鲜，但在目前大热的移动互联网领域似乎并不多见，"上门美甲第一大"的河狸家APP独树一帜。虽成立只有短短半年多时间，却风靡北京、上海的时尚女性一族，这与其重视明星营销似乎颇有关联。大S、陈彦妃、李小璐、六六、周冰倩、李艾、张歆艺和刘涛等明星都亲身体验过河狸家美甲，多位时尚圈领袖也在自媒体上盛赞过河狸家美甲。众多明星和时尚人士的追捧对于时尚女性的影响显而易见，河狸家APP的用户数从无到有迅速扩张至数十万，并成为时尚女性圈中热点话题。

（资料来源：易观网）

**思考**：创业企业主在进行大客户开发时应采用什么方法吸引客户？

## 二、维护客户

客户是企业生存和发展的基础,市场竞争的实质其实就是争夺客户资源。但是争取新客户的成本显然要比保住老客户昂贵得多,从客户盈利的角度考虑是非常不经济的。因此,创业企业应保持老客户,把营销重点放在获利较为丰厚的客户群上,即使不在新客户上投资,企业也能够实现大部分盈利目标。

### (一)客户保持的方法

**1. 提高客户保持率**

提高客户保持率的关键是通过确定客户愿意与企业建立关系的本质和内容,加强客户与企业关系中被认为重要的方面。

**案例分析**

#### 小王的胖子女装店的个人专属服务

小王认为光顾特殊服装商店的客户,他们需要获得赞赏和特殊对待,而对价格根本就没有敏感性。于是她推出个人专属服务,即采用指定店员为其服务,店员知道顾客的尺寸和品位,当有新品到货时定期与其联系。经过一段时间的试运营,她发现这种活动比"在特定日子里全场给予15%的折扣"更能维持与顾客的关系。

**2. 分析客户的转换成本**

首先,分析如果客户转到竞争对手那里购买,自己必须放弃什么。然后评估忠诚回报活动是否对优秀客户十分重要。如果重要,那么企业就需要开发这种活动,从而降低优秀客户受到竞争对手诱惑的可能性,并能提高客户维持的可能性和企业的盈利能力;反之,放弃。

**3. 实施特殊的赞赏活动**

如果客户希望受到关心和赞赏,那么特殊赞赏活动就能提升客户保持率。不过,奖励活动通常退化成价格折扣或返回的一种替代形式(如旅客回报活动中的回程票)。因此,现实生活中,企业的优秀客户通常认为其他形式的利益比金钱回报更有价值。如航空公司的售票业务,给予客户"铂金"等级的待遇(如可提前登机,检票时直呼客户姓名),客户认为这样的特殊赞赏和特殊对待活动比奖励飞行里程券和升级至头等舱等回报方式要有价值得多。

**4. 加强与客户的情感联系**

首先要了解客户的爱好,加强与客户的情感联系,并真正领会这种情感联系的重要价值,然后通过这种情感联系,以及口碑推荐所带来的附加利益,来提升客户的情感保持率。

**5. 组织团体活动**

为实施客户保持,企业可组织一些团体活动。实施团体活动前,先要确定客户是否认为团体活动有意义,分析企业是否有明显的"品牌个性"。若有,可考虑组织团体活动。成功的团体活动能提高转换成本,客户会认为整个团体必须成为保护团体利益的组织。

**案例分析**

#### 小王所在社区的520爱民服务日

小王居住的社区每月的20号,物业会在小区里举办"5·20"爱民服务日。服务当天,社区居民可以将家里的剪刀、菜刀等刀具带到指定地点免费磨刀，也可以将自己家中有小毛病的家用电器带到指定地点免费维修。此外，"5·20"期间，社区居民还可以享受到免费的血压测量等社区医疗服务。据统计，"5·20"爱民服务日开展3个月后，社区居民的满意度显著提高。

### 6. 开展知识学习活动

建立学习关系也是维持客户的重要策略。实现知识学习活动前，应确认客户同意使用客户信息来建立个性化的关系；利用获得的客户信息，建立学习关系，向客户提供个性化利益。当客户发现与其他企业建立学习关系的成本很高时，学习活动通常能提升客户黏性。

### （二）做好大客户管理

根据"二八法则"，一个企业80%利润来源于其20%的客户，这些客户往往被企业主视为重点客户、关键客户、优质客户、主要客户。其实这些客户都可以用一个词来概括，即"大客户"。大客户的特点就是对企业产品或服务的消费量大、消费频率高、利润贡献率大，所以对企业的经营业绩能产生相当大的影响。作为创业企业，了解并维护大客户是企业生存发展的重中之重。

案例分析

#### "跳槽"的大客户

浙江温州的徐先生长期经营一家室内装饰塑料花加工企业。2009年是企业成立的第7个年头，春节刚过，徐先生便联系了一批老工人。按照往年的情况，第一季度是企业几个大客户下订单的时候，虽然只有三四家，但这几个大客户几乎占了全年一半以上的订单量，而且6年来年年如此。但徐先生没想到的是，第一季度这几家企业只有一家下了订单，而且数量也少了很多，工人都上岗了却没多少活。徐先生百思不得其解，因为企业这几年产品质量越来越好，价格也没什么变化，与同行业竞争者相比，没有什么差距。

（资料来源：宜信．小微企业生存之道）

在产品和服务过剩的过度竞争时代，大客户对企业的意义是不言而喻的，因此大客户也自然成了各个企业争夺的重点。在这样的背景下，大客户也由于各种"诱惑"，或者出于自身发展战略的考虑，随时都有可能投入其他企业的怀抱或者自立门户，甩掉合作已久的伙伴。可以说，大客户都有足够的"跳槽资本"并且具有极强的不可控性。企业要防大客户"跳槽"，其方法如下。

（1）在企业内建立大客户管理部门。随着企业发展，可逐步组建专门管理大客户的部门并实现管理职能。大客户的服务及业务管理尽可能由专门的大客户管理部来处理，而其他客户的管理工作则由一般的销售队伍来完成。

（2）采取最恰当的销售模式。大客户与企业的合作具有一定的特殊性，主要体现在模式创新性、价格特殊性、服务紧密性等方面。这就要求企业最大化接触大客户并掌握顾客需求，为此衍生出很多销售模式，诸如以直销为基本特征的俱乐部营销、顾问式销售、定制营销等，这对把握大客户的时间投入、精力投入、信息收集、个性化策略制定以及个性化服务大有好处。

（3）建立销售激励体系。企业必须针对大客户建立销售激励政策，通过激励使其深刻感受到合作的"甜头"。其实，很多企业把客户划分为关键客户、重点客户、一般客户等几个级别加以管理，根据不同级别制定不同的管理政策，目的就在于为对企业贡献度高的客户提供激励，包括物质激励（如资金、实物等）和精神激励（荣誉证书、牌匾等）。

（4）建立信息管理系统。优秀企业通常都有大客户管理系统，以大客户的信息资料为基础，围绕大客户进行大客户发展分析、价值分析、行为分析、代理商贡献分析、满意度分析、一对一大客户分析等工作，使决策层及时、准确地把握大客户的发展趋势、价值取向、行为倾向，并能对重点大客户进行一对一分析与营销。

（5）建立全方位沟通体系。大客户管理部门中的大客户营销人员、客户经理及其主管要定期或不定期地主动上门沟通，客户经理要能随时与大客户会面，发掘大客户的潜在需求并及时予以满足。要加强与大客户的感情交流，根据企业实际定期组织企业高层领导。

（6）不断分析、研究大客户。管理大客户要坚持"动态分析、灵活管理"原则，既要把握大客户的动态，也要不断创新大客户管理。大客户分析包括大客户发展分析、大客户服务分析、大客户流失分析、大客户费用分析、大客户价值分析、大客户经理分析等方面，这是制定大客户管理决策的基础，即"防患于未然"。

（7）提升综合服务能力。提升综合服务能力应以客户需求为导向，主要包括以下内容：量身打造服务模式（如顾问服务、驻扎服务等），建立服务沟通平台（如网络、电信等），开通大客户"绿色通道"（为大客户提供便利措施），强化基本服务（基本服务项目保险），提供增值服务（不断为客户创造产品之外的新价值），建设企业服务文化（企业内部文化传播和对客户传播），提供完善的服务解决方案。

## 任务5　制定市场优势策略

### 引导案例

#### 赢得信任的火锅鱼

产品之间的差异可以很大，也可以很微妙，只要这种差异可以在消费者的消费体验中形成与竞争对手不一样的感受，关键是这种差异满足了顾客的物质需要或心理需要。

火锅鱼是四川火锅中的一个分支，是四川火锅市场细分的结果，也是四川火锅行业不断发展的体现。火锅鱼经过多年的发展，在四川火锅市场中已经占有了一定份额，行业趋于成熟，竞争日益激烈，面临行业发展瓶颈，和诸多新派火锅的挑战，改变势在必行。

有这样一家火锅鱼店，在激烈的市场竞争中，凭借在产品上的一个细小改变，赢得了信誉，也赢得了市场。它的做法其实很简单，其他的火锅鱼店，都是将顾客点的鱼经过处理后，切成块送给顾客。这时，顾客心理上就会产生不好的消费体验，怀疑店主会缺斤少两。确实，也曾经发生过这样类似的事情。为了消除顾客的疑虑，改善顾客的消费体验，这家店做了一个小小的改变，将原本切成块的工艺改为"暗切"，即送到顾客面前一条完整的鱼，实际上是经过分切但有部分相连接的鱼。这一小小的改动，消除了顾客的疑虑，增加了门店的信誉，也吸引了更多的消费者。

**思考：** 四川火锅鱼的销售策略有何特色？对顾客能产生何种效果？

竞争优势是消费者选择产品或服务的理由，是市场中搏杀的利器，是决定企业命运的关键。企业是否能够生存和发展，除了政治、经济、技术等宏观环境影响以外，从微观来看，主要是看竞争对手和消费者两个因素，但最终的决定因素还是消费者。因此，企业的竞争优势最终要体现在满足顾客需求上，竞争优势一定是为顾客创造价值的。

## 一、竞争优势的确立

### （一）竞争优势的内涵

所谓企业竞争优势是指企业在市场竞争中，所具有并超越其竞争对手的能力，这种能力可以使企业在这个市场中得以生存和发展，这种能力通常表现为更强的盈利能力和更高的市场占有率。

20世纪80年代以来，竞争优势成为西方管理理论研究的热点。目前，这一理论体系大体上可以分为竞争优势的外生理论与竞争优势的内生理论。外生理论认为，企业的竞争优势是企业在复杂的市场竞争环境中，通过与其他竞争对手的比较形成的，企业可以通过竞争策略确立自己的比较优势。内生理论认为企业内部因素是竞争优势的来源，企业内部知识、资源、能力的形成、积累和更新是企业获取和保持竞争优势的关键。外生理论强调企业竞争优势源于比较，内生理论强调企业竞争优势源于企业的不可模仿性（图10-6）。

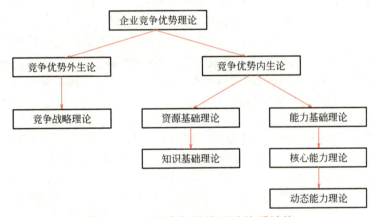

图10-6　企业竞争优势理论体系结构

### （二）建立自己的竞争优势

企业无论大小都需要建立自己的竞争优势，企业无论大小也都可以建立自己的竞争优势。没有竞争优势的企业终将会被市场所淘汰。

**1. 建立竞争优势的方向**

企业的竞争优势主要体现在资源、知识、能力和竞争策略上，换句话说，企业需要从资源、知识、能力竞争策略方面入手，建立自己的竞争优势。创业企业在资源方面存在劣势，因此，创业企业需要着力解决知识、能力和竞争策略的问题，通过知识管理、核心能力建设和竞争策略来建立自己的竞争优势。

**2. 竞争优势需要去识别**

如前所述，竞争优势是在市场竞争中通过比较显现出来的。到底在竞争中企业有没有表现出竞争优势，显示出了哪些竞争优势，都需要企业去发现、去识别。发现竞争优势，同样需要站在企业和消费者两个角度。站在企业的角度看与竞争对手相比，自己具有哪些优势；站在消费者的角度，看在满足消费者需求方面、在吸引消费者方面，企业与其他竞争对手相比具有哪些优势，即消费者为什么会选择你，而不选择其他。

### 3. 竞争优势需要不断强化

市场在变，对手在变，任何优势都是相对的，今天的优势，明天可能就不复存在了。创业企业需要了解市场，了解对手，不断创新，不断调整，使竞争优势不断完善、调整和强化。只有这样，创业企业才能持续成长。

## 二、提升自己的核心竞争力

### （一）核心竞争力

核心竞争力，又称核心竞争能力，最初由普拉哈拉德（C.K.Prahalad）和哈默（Gary-Hamel）于1990年在《哈佛管理评论》中提出。核心竞争力是企业生存和发展的法宝，企业不管大小都可以，也都需要打造自己的核心竞争力，并不断完善、强化和提升它。自从核心竞争力一词被提出以后，便受到了人们的普遍关注，研究众多，目前对于核心竞争力的内涵，存在多种不同看法，归纳起来主要有如下几种。

普拉哈拉德和哈默最先提出："核心竞争力是组织中的累积性学识，特别是关于如何协调不同的生产技能和有机结合多种技术流派的学识。"勃格纳（Bogner）和托马斯（Thomas）指出："核心竞争力是那些与竞争对手相比可以获得最大程度用户满意的公司专门技能。"也有观点将核心竞争力定义为企业依据自己独特的资源（资本资源、技术资源或其他方面的资源以及各种资源的综合），培育创造本企业不同于其他企业的最关键的竞争能量与优势。有观点认为，"核心竞争力是企业能力的一个特定组合，是使企业、市场与技术相互作用的特定经验、技术、组织能力的积累"。也有人认为，"核心竞争力是公司在市场中拥有的独特的技术、知识与技能的组合"。

不管对于核心竞争力的定义如何，核心竞争力应该是一种综合的能力。核心竞争力可以表现为：一是与市场进入相关的竞争力，如价格、商标、营销、服务等，所有这些技能将帮助企业更好地接近客户；二是与内部整合相关的竞争力，如质量、产品周转周期管理、及时库存管理等使本企业与竞争对手相比做得更快、更灵活而又更高更可靠的管理活动；三是与功能相关的竞争力，如使一个公司的服务、产品具有独特功能和显著客户价值。

辨别和界定创业企业的核心竞争力是非常必要的，这不仅有利于企业正确认识与其他企业相比自身的竞争筹码，也便于企业明确强化核心竞争能力的方向。对于核心竞争力的辨识和界定，主要看企业的某种能力是否是有价值的、稀有的、难以模仿的和可延展的。

核心竞争力必须是有价值的。这意味着它能够通过利用公司外部环境中的机会或消除公司外部环境中的威胁为公司创造价值，帮助公司形成和实施那些能够创造特定客户价值或客户感知价值的战略。

核心竞争力必须是稀有的。拥有这种竞争力的现有或潜在竞争对手应该是非常稀少的，也就是说那些行业内普遍存在的、不能提供任何竞争者差异的能力不应该当作核心竞争力，而只能算是加入本行业的"筹码"。

核心竞争力必须是难以模仿的。如前所述，核心竞争力必须是稀有的，如果全行业的企业都具有这种能力，那么这种能力就不能形成企业的竞争优势，也就不能称其为核心竞争力。

核心竞争力必须是可延展的。从公司角度来看，如果不能由某种竞争力衍生出大批新产品或服务，它也不可能是核心竞争力。

### （二）核心竞争能力与竞争优势的关系

#### 1. 核心竞争力是竞争优势的源泉和基础

核心竞争力是与竞争对手相比可以获得最大程度用户满意的公司专门技能。核心竞争力是在竞争中形成的，是在与竞争对手的比较中确立的。核心竞争力是企业形成竞争优势的源泉和基础，企业打造核心竞争力的最主要目的也是为了形成竞争优势。也可以说，核心竞争力与竞争优势具有相似的内涵。创业企业虽然物质资源欠缺，无法和大中型企业相比，但可以通过核心竞争力的建设，形成自己的竞争优势。

#### 2. 核心竞争力是企业保持竞争优势的重要手段

核心竞争力具有不可模仿性的特征，也就是说，竞争对手很难进行复制，在一定时期内，企业因为拥有这种核心竞争力而形成的竞争优势可以长期保持。另外，核心竞争力具有延展性，企业可以围绕核心竞争力打造其他能力，使企业整体的竞争能力增强，在这种情况下，即使企业的核心竞争力被蚕食或弱化，但企业依然可以凭借整体的竞争能力保持自身的竞争优势。

综上所述，企业核心竞争力是企业获得竞争优势的源泉和基础，从某种意义上说，核心竞争力就是企业的竞争优势。另外，核心竞争力不易模仿和复制的特质，以及其具有的延展性，对企业长期保持竞争优势发挥着重要作用。

### （三）创业企业核心竞争力

#### 1. 创业企业核心竞争力的相对性

创业企业可以打造与全行业竞争对手抗衡的绝对核心竞争力，但这种竞争导向可能带来较大规模的成本投入，不符合创业企业的实际情况。创业的目标市场相对较小，真正与某一创业企业形成竞争的企业是有限的。因此，创业企业在一定的发展阶段上，没有必要打造绝对的核心竞争力，可以基于目标市场和目标市场的竞争状况，打造相对核心竞争力。换句话说，就是只考虑与自己真正形成竞争关系或主要竞争关系的企业竞争，只要与它们相比，具有某一特定的、不可替代的、难以模仿的、有价值的竞争优势就可以了。

#### 2. 创业企业核心竞争力打造

（1）核心竞争力的"点"打造。对于一些大企业来说，为了增强竞争力，保持市场的主导地位，可能会多点打造竞争优势，形成综合的核心竞争力"网"，如在品牌、技术、专利、管理、声誉、质量等多个方面具有绝对或相对的竞争力。

如上所述，创业企业缺乏资源，也没有必要采取多点打造的策略，需要考虑企业的实际情况和竞争状况，重点打造一个或少量几个竞争能力点，做精、做细、做强。

（2）重点打造价格、技术和增值服务优势。核心竞争力可以表现为很多方面，如价格、品牌、技术、专利、管理、声誉等。而在品牌、专利、管理等方面，创业企业不占优势，很难和大企业相抗衡。创业企业可以将主要精力放在价格、技术和增值服务上，也就是说创业企业把重点放在与产品本身相关的核心能力建设上，打造成本型和技术型核心竞争力，弥补资源竞争上的劣势。利用创业企业的成本优势，在价格方面取得领先地位。通过独特核心技术打造差异化的产品或服务，并在增值服务方面做文章，提升顾客的消费体验，如送货上门、提高送货速度、免费安装、质量问题迅速响应等，从而增强自己的竞争能力和竞争优势，确立市场地位。

 **案例分析**

### 小餐饮店的味道江湖

餐饮行业的竞争具有自身的特殊性。首先，餐饮企业之间的竞争，主要的竞争点是味道，味道是技术和技能的体现，尽管环境、服务等因素的影响力逐渐加强，但从目前的市场现状来看，味道还是人们外出就餐时选择的主要因素；其次，味道是千差万别的，人们的需求也是千差万别的，这就使餐饮行业很难出现某一企业具有绝对性的垄断竞争力，企业不论大小都可以创造自己独特的味道；最后，餐饮企业的辐射范围具有明显的地域性，跨区域的竞争和影响是有限的。例如：一个小串串店在A县城经营多年，规模虽然不大，却享有良好的口碑，凭借独特的口感，生意一直火爆。尽管县城里增加了许多加盟的大品牌串串店，但并没有因为竞争的加剧，而影响它的客源。

## 三、制定灵活有效的竞争策略

要参与并赢得市场竞争，首先要对市场竞争环境进行分析。一般的企业管理者在分析竞争环境时仅仅想到行业内现有企业的竞争，如开了个餐馆，仅仅能意识到周边餐馆对自己的竞争，这是不够的。我们来看看波特是如何分析竞争环境，并制定竞争战略的，然后，针对创业企业本身特点，提出创业企业的竞争策略。

### （一）一般竞争战略

创业企业首先要解决的是生存问题，其次才是发展问题，所以竞争战略是首先要考虑的。一般竞争战略是由美国哈佛商学院著名的战略管理学家迈克尔·波特提出来的。他认为，企业在面对五种力量综合作用的竞争环境中，为了生存和更好地发展，有三类成功的竞争战略，分别是成本领先战略、差异化战略和集中化战略。企业必须从这三种战略中选择一种，作为其主导战略，要么把成本控制到比竞争者更低的程度，要么在产品、服务等方面与竞争对手差异化，为消费者带来不一样的体验，要么企业集中精力提供某一特定的产品，或服务于某一特定的人群，或某一特定的地理区域。这三种战略架构差异很大，成功地实施它们需要不同的资源和技能。有时企业的竞争战略选择不止一个，波特认为如果这样做，目标实现的可能性是很小的，因为有效地贯彻任何一种战略，通常都需要全力以赴，企业用有限的资源去实施不同的战略，必将造成力量分散且相互冲突。

#### 1. 成本领先战略

成本领先战略也称为低成本战略，是指企业通过有效途径降低成本，使企业的全部成本低于竞争对手，甚至是行业中最低的，从而获取竞争优势的一种战略。成本领先可以抵御现有竞争对手的竞争，缓解顾客讨价还价的压力，更灵活地处理供应商的提价要求，形成进入障碍，树立与替代品的竞争优势。需要特别注意的是，成本领先战略需要长期一贯制的控制成本，而不是为了价格战去临时控制成本。企业需要采取必要的措施以实现和保持成本领先的优势，一般来说，这些措施不是单一的，是综合性的。企业降低成本的途径，主要是控制采购成本、降低生产成本、控制仓储物流成本和降低销售成本。

（1）控制采购成本。采购成本是产品成本的源头，也往往是最大的成本构成，因此，控制采购成本是实施成本领先战略的重要环节。以下介绍几种降低采购成本的方法。

① 选择良好的供应商，并维护好关系，供应商的运营成本是供货价格的重要影响因素，一个懂得如何控制成本的供应商，会为整个价值链条降低成本。

② 建立招投标或其他竞价、比价机制。

③ 对于成本较高的材料，可以考虑使用便宜的替代品替代。

④ 为了提高采购量，达到批量采购的议价能力，创业企业可以考虑进行联合采购。

⑤ 注意性价比。不能只看价格，需要关注采购的TCO成本（即总拥有成本），追求总拥有成本最低，而不是最低价格。

（2）降低生产成本。对于生产型企业来说，降低生产成本也是至关重要的。采购成本的降低往往受市场环境影响，而控制生产成本，企业有较大的自主权。控制生产成本的方法主要有如下几种。

① 通过人力资源的合理分配和充分发挥人力资源的效用来降低人工成本。

② 提高成品率，减少次品率。

③ 厉行节约，减少不必要的浪费。

④ 降低设备故障率，提高设备利用率和产出率。

⑤ 合理设计产能规划，避免长时间停工待产。

（3）控制仓储物流成本。随着场地租金不断上涨，以及物流运输成本不断提高，仓储物流成本在企业总成本中所占的比重越来越大，企业对于仓储物流成本的关注度也是越来越高。以下提出几点控制仓储物流成本的建议。

① 提高采购灵敏度，降低原材料库存。

② 提高物流效率，降低成品库存。

③ 合理规划仓库，充分利用存储空间。

④ 加强仓储安全管理，避免物品的非正常损耗。

（4）降低销售成本。在市场竞争愈演愈烈的今天，企业为了赢得市场，往往会在产品的销售环节投入较大费用。而对于创业企业来说，以销售成本投入带动销售收入增加的方式可行性比较小，创业企业应该灵活运用如下一些比较经济的方法。

① 创业企业的销售区域有限，应该选择有针对性的、经济实惠的推广方式。

② 合理设计销售人员和经销商的激励体系，少保底，多提成，鼓励多劳多得。

③ 充分利用互联网技术，创新销售模式，缩短销售渠道。

### 案例分析

**蚕食大企业市场的小型办公用品批零商**

新华书店是中国国有图书发行机构，网点遍布全国各个城镇。在A城的步行街，新华书店开设有一个图书销售网点和一个办公用品销售网点，两个门店相距200米左右。新华书店实力雄厚，品牌效应大，公司信誉好，运营体系健全，质量有保障，深得老百姓喜爱。但随着市场经济的发展，个体私营企业快速兴起，市场竞争加剧，原有的市场格局被打破。一些小型办公用品批零企业凭借较低的运营成本、较低的市场价格、灵活的经营方式，渐渐蚕食着新华书店办公用品销售公司的市场份额。如表10-2所示，对A城新华书店和个体私营办公用品批零商的成本进行一下简单的比较。

表 10-2 成本差异分析

| 对比项目 | 新华书店 | 个体私营办公用品批发零售商 |
|---|---|---|
| 选址 | 步行街 | 交通便利的背街 |
| 店面装修 | 装修档次高、购物环境好 | 装修简单、购物环境一般 |
| 店面面积 | 200～300平方米 | 50平方米 |
| 商品陈列 | 陈列整齐、美观 | 陈列效果一般、商品较凌乱 |
| 产品丰富程度 | 一般 | 丰富 |
| 员工 | 5～10人 | 3～5人 |

#### 2. 差异化战略

差异化战略，是指企业为了避开与竞争对手之间形成同质化竞争，加剧竞争的激烈程度或引发价格大战，而采取的与竞争对手不同的营销策略。这种战略的核心是取得某种对顾客有价值的独特性。差异化战略包括产品差异化、服务差异化、形象差异化及市场差异化，其中最主要的形式是产品差异化。

（1）产品差异化。主要体现在功能、性能、质量、包装、可靠性、款式、品牌等的某一个方面或多个方面。产品差异化是最常见的差异化形式，随着市场竞争愈演愈烈，市场细分越来越精，产品之间的差异越来越小，产品丰富程度越来越大。

（2）服务差异化。服务差异化一般体现在售前、售中、售后服务上的优化，与产品差异化不同的是，不同的消费者对差异化的产品有不同的评价和不同的偏好，没有优劣的严格标准，但服务却不同，不同消费者对服务的感受和价格是相同的，因此，企业需要格外注意服务质量的改进。

## 案例分析

### 面对年轻人的年轻化服务

餐饮行业是一个低技术、低工资的劳动密集型行业，加之工作环境比较差，因此，餐饮行业服务人员流动很频繁，特别是年轻人不喜欢在餐饮行业工作。很多餐饮店为了降低运营成本，又避免人员频繁流动，普遍采取低工资、低学历、高年龄的人力资源配置方式。这种人力结构固然有好的一面，但也存在很多的问题，例如：工作效率低、服务质量差等。

在某地一个大学城里，集中了很多高校，也吸引了很多餐饮企业入驻，但其中一家生意一直很好，通过观察，发现这家企业的服务方式与众不同。第一，服务人员年轻化；第二，服务流程标准化；第三，服务内容人性化。

大学生群体的消费理念具有其特殊性，他们不光看重产品质量，更看重服务质量，期望良好的消费体验。队伍年轻化、流程标准化、服务人性化，与这家餐厅的目标顾客需求相吻合，因此，吸引了许多大学生前往消费。

（3）形象差异化。形象差异化可以表现为显性形象差异和隐性形象差异，显性形象包括标志、标识、环境等，隐性形象包括员工行为、组织行为、事件等。企业形象不同，影响着企业与公众之间关系，进而影响顾客的消费决策。

 **案例分析**

### 江小白的差异化竞争定位

重庆江小白酒类营销有限公司成立于2011年，以青春的名义创新，以青春的名义创意，以青春的名义颠覆，致力于引领和践行中国酒业的年轻化、时尚化、国际化。

以青春创意吸引消费者，以品质口感留住消费者。"江小白"采用单一高粱小曲酿造工艺，工艺标准化，品质稳定。强调单纯、纯净、柔和、甜润的国际化口感，突出单一高粱酿造的独特口感特征。

"江小白"团队并不是传统意义上的酒企，而更像是一家文化创意公司。"江小白"卖的也不是酒，而是一种有表达的青春态度。颠覆传统，创造符合当代消费者喜爱的品牌和品质精良的产品，带动和实现中国酒业的年轻化、时尚化、国际化是"江小白"团队的奋斗愿景。

"江小白"是对传统白酒的一次重大颠覆，它打破了传统观念中白酒就是商务酒、宴会酒的刻板形象，它的消费人群定位在当下"80后""90后"的年轻人，年轻人时尚、活跃、不拘束的生活态度，与"江小白"的形象定位一拍即合。

单一高粱酿造的单纯酒体和稳定品质，使"江小白"具备了作为调味基础酒的先天优势，任意加冰降度不混浊，也可根据个人喜好，与瓶装冰红茶、绿茶、红牛、王老吉、柠檬、橙汁、苏打水等混合调制充满个性与创意的"小白鸡尾酒"，全新口感体验，全新时尚感觉。

(资料来源：江小白酒业公司网站)

**思考与讨论：** "江小白"是如何在激烈的白酒市场竞争中一鸣惊人的？

（4）市场差异化。市场差异化主要指地域市场差异化和目标顾客市场差异化，前者是地理位置的概念，后者是指某个特定的消费人群。

 **案例分析**

### 只做大学生市场的生活O2O网站

59store（上海欢校信息科技有限公司），2011年由来自上海交通大学的创业团队开始筹办创立，定位为校园生活服务类O2O平台，旨在为全国高校、办公区和社区年轻人群提供本地生活配送上门服务，打造本地化便捷生活方式。2014年12月新项目夜猫店测试上线，专注解决学生夜间饥饿的需求痛点，下单5分钟送货上门，颠覆了原有的59分钟内送货至寝室楼下的配送服务模式。目前59store已覆盖上海、北京、杭州的百余所高校，超过300万在校大学生受益。

企业实施差异化战略，需要对竞争对手的情况进行认真了解和分析，并对消费者的需要进行深入研究，最终确定企业的差异化路线。企业实施的差异化方案，应该是竞争对手不易模仿的，如果竞争对手能够快速模仿，企业应该具有较强的再创新能力，使其可以长期保持差异化的竞争优势。

 **知识广角**

### 实施差异化战略的可能风险及适用条件

企业实施差异化竞争战略，可以帮助企业化解与竞争对手的正面交锋，降低企业的竞争压力，通过为顾客创造差异化的体验，确立企业的竞争优势。但企业实施差异化战略也存在着一定的风险。

（1）可能丢失部分市场。
（2）差异化战略可能会给企业带来较高的成本，包括生产成本和营销成本。
（3）差异一旦被竞争对手模仿，竞争优势将不复存在。
（4）与竞争对手的差异不明显，达不到差异化战略的预期效果。
（5）过度差异化。过度差异化是指企业为了与竞争对手形成差异而刻意改变产品、服务、形象等，没有考虑顾客的需要，反而引起了市场的抵触。

任何战略都不是万能的，任何战略都有它的适用条件，在应用这些战略时，不能生搬硬套，需根据不同情况，选择适合的战略。

差异化战略的适用条件有：
第一，顾客需求是多样的，是有差异的；
第二，企业提供的差异是能够被顾客所接受的，对顾客来说是有价值的；
第三，企业有能力创造出符合市场需求的差异；
第四，企业具有核心能力保持这种差异而不易被他人模仿；
第五，企业具有较强的营销能力进行推广，使市场接受这种差异化。

### 3. 集中化战略

集中化战略也称为聚焦战略，是指企业将经营活动集中于某一特定的目标顾客群、某一特定产品或某一特定的地域市场的一种战略。具体来说，集中化战略可以分为产品集中化战略、顾客集中化战略和区域集中化战略。集中化战略有利于企业集中整个企业的力量和资源将某一特定的目标做好，增加企业在某一领域的竞争力。

企业实施集中化战略的关键问题是找准方向，也就是企业准备将资源集中在哪里，去做什么。企业通过集中化战略，能否使企业在集中的范围内形成竞争优势，能否在集中的范围内获得更大的收益。

 **案例分析**

### 劲霸——专注夹克三十年

劲霸男装专注夹克30年，它用独特设计终结了夹克的单调，从而成为中国高级时尚夹克领先者，让休闲装更时尚。劲霸男装秉持"一个人一辈子能把一件事情做好就不得了"的核心价值观，专注夹克30年的发展历程中，一直专心、专业、专注于以夹克为核心品类的男装市场，以"款式设计领先"和"丰富版型经验"获得消费者良好口碑，并通过精湛领先的产品研发设计，强而有力的品牌运营管理，稳健齐备的专卖销售体系，成为中国商务休闲男装的旗舰品牌。2013年，连续10年入选"中国500个最有价值品牌"，以287.55亿元的品牌价值蝉联中国休闲男装第一价值品牌。

 **知识广角**

### 实施集中化战略的可能风险

由于企业将全部力量和资源都投入到了一种产品、一个市场，或一个区域上，如果顾客的偏好发生变化，或是出现更优秀的替代品，或是产品更新换代，就会对企业的经营造成巨大冲击。另外，企业实施集中化战略是将资源投放在一个比较小的范围内，以期在这个范围内通过全力经营形成竞争优势。但面对现有竞争者和新进入者的威胁，这种竞争优势是否能够保持是企业的一大挑战。

### （二）创业企业竞争策略

#### 1. 低端报价

创业企业受实力限制，在没有历史积累的情况下，可以选择低端低价策略，避开与大企业的中高端产品竞争，满足特定消费人群的需要，并采取低价方式吸引顾客。需要特别强调的是，"低端"是一个产品的"档次"定位，并不是一个"质量"概念，"低端"与"次品"是不同的，"低端"产品也必须是符合商家法律法规、行业企业标准要求的。

 **案例分析**

### 小串串店的平民路线

串串火锅，是成都的特色美食，是享誉世界的成都名片。成都的串串产业非常庞大，同时，竞争也非常激烈。市场经济体制下，涌现了一批知名的串串连锁品牌，如六婆、小郡肝、厕所串串、玉林串串等。这些大型连锁企业，拥有强大的品牌、雄厚的实力和优秀的团队，在知名度、就餐环境、服务质量、产品档次等方面都具有明显优势，为顾客提供了良好的消费体验。但市场是多样化的，需求是多样化的，因此供给也是多样化的。串串火锅市场并没有被这些大型企业所独揽，而是大小并存，小型串串店遍布大街小巷，数量远远超过这些大型连锁企业。

它们没有明亮的灯光，没有奢华的装饰，没有宽阔的场地，没有沙发靠椅，没有透明的中央厨房，没有现代化的订菜系统，没有随叫随到的微笑服务，甚至没有空调。但它们用平民的价格、平民的环境、平民的顾客体验，满足着80%的大众消费。这就是它们的定位，这就是它们的生存之道、竞争之道。

#### 2. 高端高价

对于一些创业企业主来说，他们拥有着一些经过长期积累或传承的不可替代的技能，他们的产品承载着丰富的文化内涵，产品价值又会因为规模化的机械生产而降低。这种情况下，企业可以采取高端高价的策略，集中资源服务极少顾客。高端高价是差异化战略和集中化战略的综合应用。

#### 3. 见缝插针

在现代市场经济中，"商品有限，市场无限"，即商品的有效供给对于人们对商品的有效需求永远是有限的。基于这种思考，日本著名经济学家长岛总一郎通过对几百家企业的管理诊断实践，提出了"市场缝隙战略"理论。他认为，现代市场中，永远存在着市场的

"盲点"，对大多数小企业来说，客观上不具有与大企业相抗衡的技术、资金、营销能力和生产能力，因此在竞争策略上，创业企业、小微企业生产经营活动应围绕着"寻找市场隙缝"而展开，并以新产品开发作为实施市场缝隙战略的核心，即避开竞争对手的优势或强势项目。

 **案例分析**

### 小卖部的生存之道

在大型商超没有发展起来的年代，小卖部是人们重要的购物渠道。近年来，随着大型商超的迅速发展，特别是大型连锁超市的快速扩张，超市已经渗透到了乡镇。另外，一些知名的连锁便利店作为大型超市的补缺者，也在快速扩张。但就是在这样激烈的竞争环境中，小卖部依然存在，街头巷尾随处可见，尽管没有良好的购物环境，也未必占有价格上的优势。是什么原因让这些小卖部生存下来了呢？

首先任何超市都有一定的辐射范围，也就是说，它主要服务超市周边一定区域的消费者。那些大型超市不可能在比较近的范围内设多家门店，即使是小型的便利店也做不到；其次，小卖部给消费者带来的便利性是大型超市不可替代的；最后，人们的购买习惯也给小卖部提供了一定的生存空间。小卖部一般开在社区附近，时间的积累，使它们与社区建立了"乡里乡亲""低头不见抬头见"的特殊客群关系。

#### 4. 与众不同

创业企业既要面对大中型企业的竞争，还需要面对其他同等级别的竞争对手的威胁，再加之创业企业本身竞争能力有限，因此，创业企业生存和发展的压力很大。为了降低竞争强度，采取差异化竞争策略开辟一片"蓝海"，创造一个相对宽松的发展环境，对创业企业来说非常关键。

 **案例分析**

### 一家养生汤锅餐厅的异军突起

成都的餐饮行业一直以来，都是以辛辣口味为主打，而且占到绝对多的比例，川菜和串串火锅是最主要的形式。在成都市下辖的某个区县也不例外，在2003年以前，川菜和串串是最普遍的，随处可见，而且，大品牌不断进入，竞争异常激烈。

但随着当地经济社会的发展，外来人口不断增多，另外，人们越来越注重养生，因此，新的需求产生了，新的市场形成了，新的商机来了。一家小型串串火锅店发现了这个机会，2008年开始转走差异化发展路线，由串串改为养生汤锅，菜品清淡、食材养生。当时，经营这种养生汤锅的餐厅少之又少，竞争压力小，而这种产品又迎合了市场的需要，从此，这家餐厅异军突起，生意火爆，2015年店面扩张，生意依然火爆。

#### 5. 模仿跟随

创业企业作为市场跟随者，可以选择模仿策略。模仿策略是与被模仿企业提供类似的产品或服务，制定相似的价格，选择相似的目标市场。通过模仿，创业企业可以搭乘顺风车，降低决策风险，同时有利于降低产品研发费用和营销成本。

 **案例分析**

### 模仿也不容易

申克尔（Shenkar）是俄亥俄州立大学的一名管理和人力资源教授。他说："科技创业领域中人们习惯于认为创业就是创新，但是这样的想法是错误的。很早以前人们就已经开始通过模仿而非创新成功创建初创企业了。"

脸谱网、苹果公司（Apple）都是这样做的。申克尔说：我们应该把马克·扎克伯格（Mark Zuckerberg）和史蒂夫·乔布斯（Steve Jobs）看作"伟大的模仿者"。扎克伯格并不是社交网络之父。Frienster在2002年就成立了，Myspace和Linkedin成立于2003年，而脸谱网直到2004年才问世。同样，乔布斯于1984年利用其1979年在施乐PARC（Xerox PARC）了解到的创意和技术模仿、拼凑出了苹果（Macintosh）的用户界线。申克尔并不认为这些模仿行为是这两位创业者的问题。相反，他很赞赏两人在企业复制上的开创性工作。

不过，模仿也并不简单，申克尔说，必须要了解如何模仿才行，这就是为什么有些模仿者会失败。模仿型企业如果经营得当，通常会比创新型公司更为成功。这是由于模仿型企业会研究创新企业的问题和错误，并从中吸取教训。脸谱网就从Myspace的教训中汲取了经验。

（资料来源：尚友网）

**思考**：思考模仿策略的好处与风险？

#### 6. 集中精力，做精做细

任何一个企业都只能在一定的领域、一定的行业形成优势，不可能在多个方向、多个方面都有竞争力。对于创业企业来说，更是如此。因此，创业企业可以把有限的资源集中到能够形成自身优势的领域和目标上来，通过分析自身的比较优势，集中力量精心服务于某个细分市场，通过专门化经营来占据有利的市场位置，并持续巩固经营优势，建立防御性壁垒，形成具有长期优势的核心竞争力。

#### 7. 合作共赢

现代市场竞争不是只有你死我活，合作共赢是竞争的又一种结局。合作既可以是创业企业之间的合作，也可以是创业企业与大企业之间的合作。合作不是为了消除竞争，合作是避免一定范围的竞争，整体的竞争格局还是存在的。

 **知识广角**

### 合作共赢策略的形式

#### 一、化敌为友，共同发展

一个企业的发展不仅取决于它分了竞争对手多少蛋糕，还取决于整个市场的蛋糕有多大。因此，企业之间的竞争不要只盯住别人手上的蛋糕，还需要共同合作把整个市场做好、做大。目前，商会、协会、合作社等正式组织普遍存在，而且，企业也越来越重视加入这样的组织，另外，非正式的企业联合组织也很多。在这些组织的统一协调下，企业互通信息，整合资源，合作发展，共向推动整个市场的繁荣。

## 二、分工协作，业务外包

业务外包，也称资源外包、资源外置，它是指企业整合利用其外部最优秀的专业化资源，从而达到降低成本、提高效率、充分发挥自身核心竞争力的目标和增强企业对环境的迅速应变能力的一种管理模式。

随着专业分工更加细化，大型企业为了打造核心竞争力，会将一些非核心业务外包，创业企业可以与大型企业合作，承接外包业务，将原来的竞争关系，转变为合作关系。

### 8. 先入为主

市场往往是以快取胜。谁先研发出新产品，谁先满足需求，谁先抢占市场，谁就能在市场角逐中占据主动。同类、同质、同价产品，谁先把它投放市场，谁就能控制市场高点，其他企业若想拿下这个制高点，需要花几倍、几十倍的努力，投入几倍、几十倍的成本。先发制人，捷足先登，靠的是速度。中小企业发展自己，需要用较低的成本抢占市场，需要提高快速反应能力。这就要求企业主重视对市场的分析研究。随时把握市场脉搏，及时调整经营策略；对市场要有极高敏感度，同时增强对市场反应的灵敏度，及时捕捉先机；要充分发挥创业企业灵活、船小好调头的长处，在"速度"上赢得优势。

 **项目回顾**

分析市场环境要分析一个企业面临的宏观环境与微观环境，从中找出市场机会。宏观环境分析可以运用 PEST 分析方法：P 是政治（politics），E 是经济（economic），S 是社会（society），T 是技术（technology）。微观环境分析是分析企业本身及其供应商、营销中介、顾客、竞争者和各种公众。市场机会，指的就是市场上存在的尚未满足或尚未完全满足的需求。企业可以从供求差异中寻找市场机会，从市场和市场环境的动态变化中寻找市场机会，从市场信息中寻找市场机会，从分析本企业经营条件的相对优势中寻找市场机会。评价市场机会需要评估市场规模、市场的发展潜力、市场中竞争者的数目、市场区隔的程度、市场进入的特殊条件、市场需求被满足的程度、市场机会与企业经营条件的吻合程度，以及运用 SWOT 分析方法分析市场机会中企业自身的优劣势，进而对企业的市场机会进行客观公正的评价。

产品组合是指消费者购买的一组产品，它包括所有的产品线和产品项目，好的产品组合不仅能最大化企业利润，还能使企业获得可持续的发展。产品梳理矩阵和波士顿矩阵能很好地为创业企业主解决应当生产何种产品，设计什么样的产品组合才能增加企业的利润的产品分析和决策。如何合理定价成为企业经营决策中最重要的决策之一。企业必须依照确定定价目标，预测市场需求，估计成本，分析竞争者防御，选择定价策略、方法和技巧，充分考虑与各种政策的协调的程序制定最终价格，在制定初始价格时，企业可以采用成本导向定价法、需求导向定价法及竞争导向定价法，为了赢得竞争，企业也可以采用心理定价、组合定价等一系列定价策略。当竞争者价格发生变化时，企业需要根据实际进行涨价或降价处理。

客户是企业主生存和发展的基础，市场竞争的实质其实就是争夺客户资源。在客户开发中，创业企业主可以采用人际关系网寻找法、资料查询法等多种方法来找寻目标顾客，对于不同的顾客采用不同的说服策略，但总的来说，为了吸引顾客，企业必须做到提供适合的产品和服务、采用适当的产品分销渠道和营销策略等，客户关系管理的策略主要在于维持现有客户，而不是一味地争取新客户。所以创业企业主可以用实施特殊的赞赏活动等方法来提高顾客的保持率，对于不同的客户采用不同的维护策略，尤其要做好大客户的开发和维护。

促销是企业通过人员推销或非人员推销的方式，向目标顾客传递商品或劳务的存在及其性能、特征等信息，帮助消费者认识商品或劳务带给购买者的利益，从而引起消费者的兴趣，激发消费者的购买欲望及购买行为的活动。常用的促销方式包括：价格促销、变相折扣、优惠券/代金券促销、赠品促销、有奖促销、活动促销、赞助促销等。竞争是残酷的，同样，竞争也是公平的。对于每个企业来说，竞争也许是残酷的，但我们不得不承认，竞争促进了企业的进步，也让整个社会变得更好。创业企业需要面对问题，直面竞争。

波特五力模型提出供应商、购买者、潜在竞争者、替代品、现有竞争者构成了企业的竞争环境。面对如此复杂的竞争环境，创业企业需要去重视，并勇于面对。在激烈的市场竞争中敢于亮剑。亮剑，是勇气和能力的表现，是一种信心。

## 复习思考

1. 宏观环境因素有哪些？
2. 微观环境因素有哪些？
3. 什么是市场机会，市场机会可以分为哪些类型？
4. 企业如何寻找市场机会？
5. 企业应从哪些方面来评估市场机会？
6. 面对市场机会，企业如何运用SWOT分析进行分析？
7. 什么是产品组合？
8. 产品定价的步骤有哪些？
9. 创业企业如何进行客户开发？
10. 创业企业如何防止大客户流失？
11. 创业企业怎样合理运用促销组合？
12. 知识管理的内容是什么？
13. 核心竞争力的内涵及表现形式有哪些？
14. 一般竞争战略有哪些？
15. 创业企业竞争策略是什么？

## 综合案例

### 郑先生的宾馆该如何起死回生

某家宾馆共有20个房间，地理位置优越。但由于市场竞争激烈，空房率常常超过50%。走进宾馆一看，楼梯狭窄，不够整洁，而且有点儿阴暗。店主郑先生坦言，由于建筑格局如此，无法改变；一层住的都是附近商店的店主，生活用品等胡乱堆放，这些人又是长期住户，不好评说，而且门口街道扬尘等不可避免。二层客房内部，被罩颜色发黑，房间设施简陋，只有一张标准床、一个电视柜和一台20英寸的电视机，没有独立的卫生间。郑先生说，由于还处于起步阶段，投资少，床单被褥以及设备也比较简陋，服务质量比较差。当然，也有房间带独立卫生间和空调，可以接网线，价格不一，床单被褥也会按时清洗。

宾馆多次换店主却一直经营不善。现在的店主郑先生是一个30岁出头的年轻人，中专学历，虽然有宾馆接待经验，但缺乏经营管理经验，面对困境时总是手足无措。谈到是否想过装饰一些主题房间时，郑先生表示曾经想过，但还是觉得众口难调，一直没敢做。至于宣传，附近几家宾馆的门面设计者都一样，而且很少有哪家店搞过促销、会员制或者发放宣传单之类的活动，促销还是主要靠口碑。但是，一旦宾馆不能给人以舒适的感觉，便很少会有人来。郑先生说，有顾客希望拖鞋是一次性的，但是由于资金问题，还需一段时间才能实现。如果提供毛巾等洗漱用品，住宿价格就要提高，就失去了价格更便宜的优势。好的口碑也是很难建立的。对于许多好的经营方式，郑先生都因成本太高而不敢轻易尝试。

请思考并回答：

1. 本例中，宾馆经营不善的原因何在？
2. 如你接手这家宾馆，你将采用什么措施来吸引顾客？

## 实训项目

1. 老李的奶制品加工厂新出厂了一种新的袋装酸奶，市场调查分析都已经做好，但一直没有决定新品的销售价格。每袋酸奶的成本是 0.5 元，老李希望每袋酸奶的利润是 0.5 元，所以想把价格定为 1 元。但是，市场上的袋装酸奶的价格大多在 1.5 元左右，老李又担心低价策略会让消费者误认为自己生产的酸奶质量不佳；他想把酸奶的价格调为 1.5 元一袋，又担心因为品牌不够知名而失去价格优势。所以，老李一直在为定价发愁。请你为老李设计一个新品价格方案。

2. 小罗在广州大学城附近租了家店铺，打算开家自助洗衣店，但苦于无法让更多的人知道小店开业的消息。请你为他设计一个开业促销方案。

3. 以班级为单位，将班级同学划分为若干个小组，每个小组成员在 6 人左右。每个小组为一个虚拟的经营团队。任务：（1）每个小组虚拟经营一家创业企业（经营项目由每个小组自由选定）；（2）制定核心竞争力打造方案；（3）拟定竞争策略方案。

# 参考文献

[1] 杨波. 小微企业管理. 上海：复旦大学出版社，2019.
[2] 蒋小龙. 企业通用管理实务. 北京：化学工业出版社，2016.
[3] 张国良. 小微企业经营与管理. 北京：清华大学出版社，2020.
[4] 赵丽生. 小微企业管理指南. 大连：大连出版社，2013.
[5] 岳双喜. 创业企业融资管理. 北京：中国纺织出版社，2018.
[6] 马鸣箫. 创业者与创业企业战略管理. 西安：西安电子科技大学出版社，2017.
[7] 边文霞. 员工招聘实务. 北京：机械工业出版社，2011.
[8] 李炎炎. 国际商务沟通与谈判. 北京：中国铁道出版社，2006.
[9] 周俊宏. 世界500强企业培训精粹. 武汉：华中科技大学出版社，2012.
[10] 惠顿·卡梅伦. 管理技能开发. 第8版. 戴维智译. 北京：清华大学出版社，2011.
[11] 李嘉珊. 国际商务礼仪. 北京：电子工业出版社，2011.
[12] 财政部会计资格评价中心. 财务管理. 北京：中国财经出版社，2012.
[13] 张雪松. 高绩效团队的模型构建. 人力资源开发，2005.
[14] 龚剑. 如何进行团队建设. 北京：北京大学出版社，2004.
[15] 姚裕群，等. 团队建设与管理. 北京：首都经济贸易大学出版社，2006.
[16] 朱宏亮. 项目进度管理. 北京：清华大学出版社，2002.
[17] 威廉·J. 史蒂文森. 生产与运作管理. 张群，张杰译. 北京：机械工业出版社，2000.
[18] 科兹纳. 项目管理：计划、进度和控制的系统方法. 第11版. 杨爱华，王丽珍，洪宇，译. 北京：电子工业出版社，2014.
[19] 赵道致. 资源运营能力. 北京：北京大学音像出版社，2013.
[20] 宋锦州. 决策管理. 上海：东华大学出版社，2014.
[21] 陈劲，等. 创新管理. 北京：北京大学出版社，2016.
[22] 石川馨. 质量管理入门. 刘灯宝译. 北京：机械工业出版社，2016.
[23] 威廉·爱德华兹·戴明. 戴明管理思想精要：质量管理之父的领导力. 裴咏明译. 北京：西苑出版社，2014.